China's E-commerce
中国电子商务报告
(2013)

中华人民共和国商务部

中国商务出版社

内 容 简 介

  本书是商务部组织编写的反映中国电子商务发展状况的权威性报告。报告从不同角度反映了中国电子商务的最新发展，发布了国家级权威性统计数据，阐述了电子商务发展特点和发展趋势，提出了全面提升中国电子商务发展水平的思路与措施，主要内容包括 2013 年中国电子商务发展概况、电子商务发展环境、电子商务服务业发展状况、电子商务在各行业中的应用、地方电子商务发展状况等方面内容。本书的附录提供了电子商务交易额的计算方法、已颁布实施的电子商务标准目录、2013年颁布的电子商务相关政策与法规、商务部 2013—2014 年度电子商务示范企业名单，以及全球电子商务发展概况。

  本书资料来源广泛、内容翔实可靠，具有较高的文献价值和实用价值，可供各级政府和行业协会推动电子商务、各类企业应用电子商务、各种科研和教学机构研究电子商务时参考。

图书在版编目（CIP）数据

  中国电子商务报告 . 2013 /中华人民共和国商务部编 . —北京：
中国商务出版社，2014.5
  ISBN 978-7-5103-1041-6

  Ⅰ. ①中… Ⅱ. ①中… Ⅲ. ①电子商务—研究报告—中国—2013
Ⅳ. ①F724.6

  中国版本图书馆 CIP 数据核字（2014）第 079228 号

中国电子商务报告（2013）
ZHONGGUO DIANZI SHANGWU BAOGAO（2013）
中华人民共和国商务部

责任编辑： 赵桂茹 胡志华 汪 沁
出 版： 中国商务出版社
发 行： 北京中商图出版物发行有限责任公司
社 址： 北京市东城区安定门外大街东后巷 28 号
邮 编： 100710
电 话： 010—64245686（编辑二室）
     010—64266119（发行部）
     010—64263201（零售、邮购）
网 址： www.cctpress.com
邮 箱： cctpress1980@163.com
照 排： 北京科事洁技术开发有限责任公司
印 刷： 北京市松源印刷有限公司
开 本： 787 毫米×1092 毫米 1/16
印 张： 11.5 **字 数：** 252 千字
版 次： 2014 年 5 月第 1 版 2014 年 5 月第 1 次印刷

书 号： ISBN 978-7-5103-1041-6 **定 价：** 39.00 元

《中国电子商务报告(2013)》
编委会名单

编委会

主　任　王炳南　　商务部部长助理

副主任　李晋奇　　商务部电子商务和信息化司司长

　　　　朱小良　　中国国际电子商务中心主任

编　委 （排名不分先后）

　　　　顾大伟　　国家发改委外资司司长

　　　　张大良　　教育部高教司司长

　　　　胡世辉　　科技部高新司副司长

　　　　董宝青　　工业和信息化部信息化推进司副司长

　　　　李昌健　　农业部信息中心主任

　　　　吴秀媛　　农业部信息中心副主任

　　　　王素珍　　中国支付清算协会副秘书长

　　　　白建军　　海关总署中国电子口岸数据中心副主任

　　　　谭　珩　　国家税务总局政策法规司副司长

　　　　杨洪丰　　国家工商行政管理总局市场规范管理司副司长

　　　　徐　磊　　国家质检总局信息中心总工程师

　　　　蔺　涛　　国家统计局贸易外经司副司长

　　　　李　黎　　国家统计局服务业司副司长

　　　　唐　兵　　国家旅游局综合协调司副司长

　　　　高英战　　民用航空局人事科教司副司长

　　　　王雪坤　　商务部政研室副主任

　　　　魏胜梓　　商务部综合司副巡视员

　　　　唐文弘　　商务部条法司副司长

吴国华	商务部流通发展司副司长
包　玲	商务部对外贸易司副司长
张佩东	商务部电子商务和信息化司副司长
蔡裕东	商务部电子商务和信息化司副司长
聂林海	商务部电子商务和信息化司副巡视员
刘立群	中国国际电子商务中心项目总监
孙　尧	北京市商务委员会副主任
赵光通	天津市商务委副主任
史玉强	河北省商务厅巡视员
孙兆岚	山西省商务厅巡视员
翟友军	内蒙古自治区商务厅副厅长
曾晓非	辽宁省对外贸易经济合作厅副厅长
查太森	辽宁省服务业委员会副主任
刘德春	大连市对外经贸合作局局长
尼松发	大连市服务业委员会党委副书记
张长新	吉林省商务厅副厅长
刘国辉	黑龙江省商务厅副厅长
顾嘉禾	上海市商务委员会巡视员
仲锁林	江苏省商务厅副巡视员
陈如昉	浙江省商务厅副巡视员
洪茂林	宁波市贸易局局长助理
刚　勇	宁波市外经贸局副局长
潘万金	安徽省商务厅副厅长
刘德培	福建省商务厅副厅长
陈李升	厦门市商务局代局长
朱元发	江西省商务厅省贸促会副会长
庞魁霞	山东省商务厅副厅长
张　莉	青岛市商务局副局长
张雷明	河南省商务厅副厅长
胡道银	湖北省商务厅副厅长
周　船	湖南省商务厅副厅长

蔡　勇	广东省商务厅副厅长
彭新叶	深圳市经贸信息委副主任
熊家军	广西壮族自治区商务厅副厅长
王克强	海南省商务厅副厅长
何　为	重庆市外经贸委副主任
廖红军	重庆市商委副主任
杨春轩	四川省商务厅副厅长
张俊平	贵州省商务厅副厅长
朱　非	云南省商务厅副厅长
吉桑顿珠	西藏自治区商务厅副厅长
贾银生	陕西省商务厅副巡视员
任福康	甘肃省商务厅副厅长
王旭斌	青海省商务厅副厅长
梁万荣	宁夏回族自治区商务厅总经济师
敖由特	新疆维吾尔自治区商务厅副厅长
尤小春	新疆生产建设兵团商务局副局长

顾问组（排名不分先后）

高新民	中国互联网协会常务副理事长
荆林波	中国社会科学评价中心专职副主任
陈　进	对外经济贸易大学现代服务业研究中心主任
杨京英	国家统计局中国经济景气监测中心高级顾问
李　黎	国家统计局服务业司副司长
郑　敏	亿邦动力网 CEO

《中国电子商务报告（2013）》
编写组名单

主　编　杨坚争　　上海理工大学管理学院
副主编　龚炳铮　　中国电子信息产业集团公司六所
　　　　李鸣涛　　中国国际电子商务中心

编写组成员（排名不分先后）

　　　　洪　涛　　北京工商大学商业经济研究所
　　　　郭　杰　　浦发银行总行投资银行部
　　　　王　健　　对外经济贸易大学国际经贸学院
　　　　杨立钒　　华东政法大学商学院
　　　　盛振中　　阿里研究中心
　　　　张　健　　工信部电子科学技术情报研究所
　　　　闫德利　　京东集团政策研究室
　　　　阿拉木斯　网上交易保障中心
　　　　赵　楠　　亿邦动力网
　　　　万以娴　　上海权亚智博律师事务所
　　　　郭卫华　　中国国际电子商务中心
　　　　陈晶晶　　中国互联网络信息中心
　　　　郑　欣　　赛迪顾问股份有限公司
　　　　丁佳琪　　艾瑞咨询集团
　　　　林文斌　　易观国际集团
　　　　张　璇　　中国国际电子商务中心
　　　　赵　征　　中国国际电子商务中心
　　　　马丽红　　中国国际电子商务中心
　　　　李　阳　　中国国际电子商务中心

胡　凡	中国国际电子商务中心
陈　亮	阿里研究中心
王　林	上海理工大学管理学院
谌　楠	上海理工大学管理学院
巨程晖	对外经济贸易大学国际经贸学院
方有明	北京天元律师事务所上海分所
刘春泉	上海泛洋律师事务所
洪　勇	商务部研究院信用评级与认证中心
王亚男	北京工商大学经济学院

报告参编人员

(排名不分先后)

刘　勇	国家发改委高技术产业司副处长
栾　婕	国家信息中心信息化研究部战略规划研究室主任
吴爱华	教育部高教司理工处处长
王光辉	科技部高新司副调研员
杨志刚	工业和信息化部信息化推进司副处长
张博宁	农业部信息中心办公室副主任
杜晓宇	中国支付清算协会业务协调三部副主任
王玉雄	中国支付清算协会业务协调二部副主任
李　彬	海关总署中国电子口岸数据中心办公室副主任
孙　群	国家税务总局政策法规司税制改革处处长
刘宝恒	国家工商总局市场规范司网络商品交易规范处处长
肖扬文	国家质检总局信息中心综合规划处副处长
卢　山	国家统计局贸易外经司行业处处长
严先溥	国家统计局贸易外经司综合处调研员
王　萍	国家统计局服务业司服务业二处处长
信宏业	国家旅游局信息中心副主任
张西武	民用航空局人事科教司科技处副处长
余　艳	国家邮政局市场监管司快递管理处副处长
赖启胜	商务部政研室改革处处长
韩　曦	商务部综合司政策协调处处长
刘　红	商务部条法司市场流通法律处处长
赵　涛	商务部流通发展司企业发展处副处长
周　勋	商务部对外贸易司贸易促进处副处长
赵晚明	商务部电子商务和信息化司统计监测处处长

王中辉　　商务部电子商务和信息化司统计监测处调研员

仇妍蕾　　商务部电子商务和信息化司统计监测处副处长

张　阁　　商务部电子商务和信息化司统计监测处副调研员

于　文　　北京市商务委员会电子商务处处长

刘海东　　天津市商务委电子商务与信息化处处长

陈永祥　　河北省商务厅电子商务和信息化处处长

郭小中　　山西省商务厅电子商务和信息化处处长

陈吉淑　　内蒙古自治区商务厅流通业发展处处长

李　军　　辽宁省对外贸易经济合作厅科技服贸处处长

赵庆源　　辽宁省服务业委员会市场建设处处长

周洪涛　　大连市对外经贸合作局信息处处长

郑　斌　　大连市服务业委员会党办副主任

侯建东　　吉林省商务厅电子商务和信息化处处长

郑雪瑾　　黑龙江省商务厅信息化处处长

陈晓明　　上海市商务委员会办公室副主任

耿云祥　　江苏省商务厅电子商务和信息化处处长

卢成南　　浙江省商务厅电子商务处副处长

尹秋平　　宁波市贸易局流通业发展处处长

周　宏　　安徽省商务厅电子商务和信息化处处长

余立威　　福建省商务厅电子商务和信息化处处长

杨清榕　　厦门市商务局规划财务处处长

王宏光　　江西省商务厅电子商务处处长

许冰波　　山东省商务厅电子商务处处长

李莉莉　　青岛市商务局电子商务和信息化建设处副处长

吴源奇　　河南省商务厅电子商务办公室主任

石　翔　　湖北省商务厅市场运行与商贸服务处副处长

胡松强　　湖南省商务厅电子商务处处长

李雪飞　　广东省商务厅电子商务处副处长

陈跃群　　深圳市经贸信息委生产服务业处副主任科员

翁华斌　　广西壮族自治区商务厅商务信息化处副处长

李学锋　　海南省商务厅商贸流通处处长

冉渝佳　　重庆市外经贸委信息化处处长
王迎曦　　重庆市商委电子商务处处长
苏代林　　四川省商务厅电子商务与信息化办公室处长
章淼青　　贵州省商务厅信息化处处长
施雪梅　　云南省商务厅信息宣传处处长
德吉卓嘎　西藏自治区商务厅商贸服务处副处长
周　峰　　陕西省商务厅信息中心主任
邹　军　　甘肃省商务厅电子商务处处长
马　俐　　青海省商务厅电子商务处处长
唐河林　　宁夏回族自治区商务厅电子商务处处长
杨　欣　　新疆维吾尔自治区商务厅信息化处副处长
金晓东　　新疆生产建设兵团商务局政策法规信息化处处长

序

　　电子商务作为当前中国最具活力的经济活动之一，近年来保持了持续快速发展势头，在过去的一年里取得的进展更加有目共睹。2013年全国电子商务交易额突破10万亿元，同比增长26.8％。其中，网络零售市场交易规模超过1.85万亿元，同比增长41.2％，相当于社会消费品零售总额的比重已达到7.8％；网络零售市场交易规模跃居全球第一，中国已经成为世界上最大的网络零售市场。

　　2013年，在互联网、云计算、大数据等新一代信息技术的引领下，电子商务的商业模式不断创新，市场竞争愈发激烈，行业集中度进一步提升，电子商务向商贸、物流、金融、生活服务等传统行业的渗透与融合不断深入。移动电子商务和O2O成为电子商务发展的热点；大数据在电子商务领域的探索应用初见成效；互联网金融迅速崛起，金融产品和服务电子商务化成为可能；网络零售中B2C所占比重进一步提高；B2B领域有越来越多的服务企业开始向在线交易平台转型。

　　2013年，中国进入全面深化改革的新阶段。按照党的十八届三中全会精神，我国政府出台了一系列政策措施促进和规范电子商务的发展。电子商务法立法工作正式启动，新修订的《中华人民共和国消费者权益保护法》更加注重保护网络消费者的权益；电子商务示范和应用促进工作深入开展，信息消费促进政策的出台进一步拓宽电子商务发展空间；各地将电子商务提升到战略性新兴产业的高度加以扶持和培育；跨境电子商务的监管和服务机制建设取得重大进展，迎来新的发展机遇，必将对我国外贸转型升级和可持续发展产生重要影响。

　　当前，我国电子商务发展速度令世界瞩目，已成为提振内需、扩大消费、解决就业的重要途径，但是仍然处在发展的初级阶段，还存在着许多制约产业健康发展的因素。下一步，我们将按照深化流通体制改革、建设法制化营商环境的要求，不断完善政策和法规体系，逐步解决我国电子商务发展所面临的产业环境、市场秩序、网络安全、消费者权益保护等方面的问题，引导电子商务持续健康快速发展。未来，我国电子商务对国民经济和社会发展的影响将继续深入，国际竞争力将不断增强，电子商务将助力整体经济提升，助力实现中华民族伟大复兴的"中国梦"。

《中国电子商务报告》作为政府部门发布的全面反映中国电子商务发展成果的综合性报告，力求全面及时地总结上一年度中国电子商务的发展情况，总结经验、发现问题，不断促进电子商务发展环境的改善，引导和规范电子商务市场健康发展。希望本书成为政府发布行业信息的平台，成为联系电子商务企业及广大读者的桥梁和窗口。

欢迎大家批评指正。

2014 年 5 月

目　　录

第1章 2013年中国电子商务发展概况

2013年，中国电子商务继续保持快速发展的势头，电子商务交易额突破10万亿元[①]大关，达到10.28万亿元；网络零售交易额达到1.85万亿元[②]。在新技术和模式创新驱动下，电子商务通过各种渠道广泛渗透到国民经济的各个领域，成为国民经济转型发展的新动力。

1.1 2013年中国电子商务的主要进展

1. 中国网络购物用户规模突破3亿人

截至2013年12月底，中国网民规模达6.18亿人，全年共计新增网民5358万人；互联网普及率为45.8%，比2012年增长3.7个百分点；手机网民规模达5亿人，全年共计新增8009万人；网民中使用手机上网的人群占比提升至81.0%。商务类应用继续保持较高的发展速度，其中网络购物以及团购尤为明显。2013年，中国网络购物用户规模达到3.02亿人，同比增长24.7%；网购使用率达到48.9%，相比2012年增长6.0个百分点（参见表1-1）；团购用户规模达1.41亿人，团购使用率为22.8%，相比2012年增长了8.0个百分点，用户规模年增长68.9%，是增长最快的商务类应用[③]。

表1-1 中国网络购物用户规模与网络购物使用率（2010—2013年）

年份	网购用户（亿人）	增长率（%）	网购使用率（%）
2010	1.61	48.6	35.1
2011	1.94	20.8	37.8
2012	2.42	24.8	42.9
2013	3.02	24.7	48.9

资料来源：历次《中国互联网络发展状况统计报告》。

2. 中国电子商务交易总额突破10万亿元

2013年，中国电子商务交易总额突破10万亿元，达到10.28万亿元，相比2012年的8.1万亿元（修正值）增长26.8%，电子商务已经成为中国在国际市场上具有较强竞争力的领域。图1-1显示了中国电子商务交易总额近年来持续增长的强劲势头。

[①] 本书所用的"元"，若无特别说明，均为"人民币元"。

[②] 2013年，中国电子商务交易总额达到102 834亿元，相比2012年的81 091亿元（修正值）增长26.8%；网络零售交易额达到18 517亿元，同比增长41.2%（参见附录A）。

[③] 中国互联网络信息中心. 第33次中国互联网络发展状况统计报告 [EB/OL]. (2014-03-05) [2014-04-20]. http://www.cnnic.net.cn/hlwfzyj/hlwxzbg/hlwtjbg/201403/t20140305 _ 46240. htm.

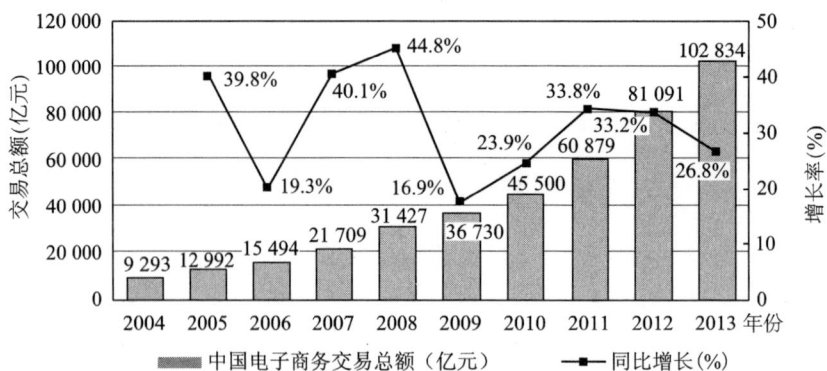

图 1-1　2004—2013 年中国电子商务交易总额

资料来源：历年《中国电子商务报告》。

3. 中国网络零售交易额超过 1.85 万亿元

2013 年，中国网络零售市场继续保持快速发展的态势，全年网络零售交易额超过 1.85 万亿元，同比增长 41.2%（参见图 1-2），增速约为当年社会消费品零售总额增长率（13.1%）的 3.1 倍[①]。

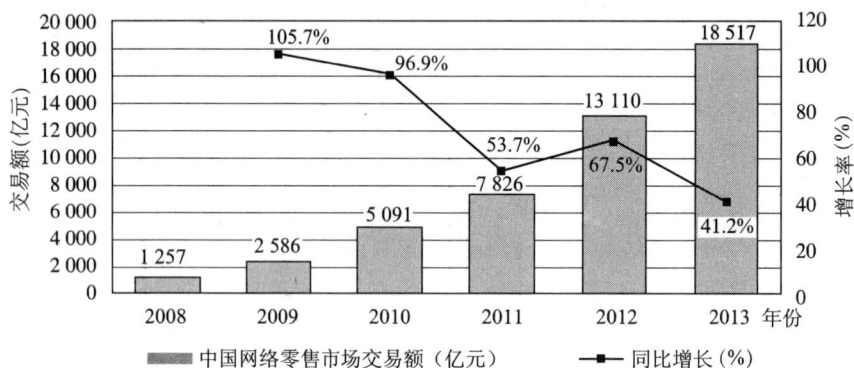

图 1-2　2008—2013 年中国网络零售交易额

资料来源：历年《中国电子商务报告》。

4. 跨境网络零售交易额超过 200 亿美元

2013 年，中国进出口总额达到 41 600 亿美元，同比增长 7.6%。其中，出口额为 22 096 亿美元，增长 7.9%；进口额为 19 504 亿美元，增长 7.3%[①]。据测算，在进出口总额中，跨境网络零售交易额达到 214 亿美元，同比增长 43.3%[②]。

[①] 国家统计局. 中华人民共和国 2013 年国民经济和社会发展统计公报［EB/OL］（2014-02-24）［2014-04-20］. http://news. xinhuanet. com/fortune/2014-02/24/c_119477349. htm.

[②] 根据《中国电子商务报告（2012）》中 2012 年跨境网络零售市场规模计算快件客单价，假设 2013 年客单价不变，参照海关 2013 年进出口快件、邮件总量及增长率推算出 2013 年跨境网络零售交易额。

5. 电子支付规模超过 1000 万亿元

2013 年，全国共发生电子支付①业务 257.83 亿笔，金额 1075.16 万亿元，同比分别增长 27.40％和 29.46％。其中，网上支付业务 236.74 亿笔，金额 1060.78 万亿元，同比分别增长 23.06％和 28.89％；电话支付业务 4.35 亿笔，金额 4.74 万亿元，同比分别下降 6.59％和 8.92％；移动支付业务 16.74 亿笔，金额 9.64 万亿元，同比分别增长 212.86％和 317.56％②。

2013 年，支付机构③累计发生互联网支付业务 153.38 亿笔，金额 9.22 万亿元，同比分别增长 56.06％和 48.57％。④

1.2　2013 年中国电子商务的主要特点

1. 中国成为世界最大的网络零售市场

2013 年，中国网络购物用户规模达到 3.02 亿人，中国网络零售延续了爆发式增长态势，全年网络零售交易额达到 1.85 万亿元，同比增长 41.2％，网络零售交易额跃居全球第一，占全球网络零售市场份额（1.25 万亿美元）的 23.9％，中国成为世界上最大的网络零售市场。阿里巴巴"双 11"网购节创下单日销售 350 亿元（约 57.4 亿美元）新的世界纪录。

中国电子商务交易总额五年来翻了两番，网络零售交易额五年来平均增速为 63.6％。2013 年，中国网络零售交易额相当于当年社会消费品零售总额的 7.8％，较 2012 年提高 1.6 个百分点。网络零售交易额的增速约为当年社会消费品零售总额增长率的 3.1 倍。

2. 电子商务拉动内需、促进就业作用明显

在国内外经济增长乏力的背景下，电子商务拉动内需的作用日益凸显。淘宝天猫"双 11"一天销售额达 350 亿元，已相当于全国日均社会消费品零售额的一半。同时，网络零售的触角已经延伸到全国的各个角落，电子商务产业外延加速拓展。研究表明，2013 年县域网购消费额同比增速比城市快 13.6 个百分点。2012 年县域人均网购 54 次，超过一二线城市的人均网购 39 次。相应地，县域人均网购金额也超过一二线城市⑤。电子商务通过方便的购买方式和廉价的商品吸引了越来越多的低收入消费者进入

---

① 电子支付是指客户通过网上银行、电话银行和手机银行等电子渠道发起的支付业务，包括网上支付、电话支付和移动支付三种业务类型。
② 中国人民银行 . 2013 年支付体系运行总体情况［EB/OL］（2014-02-17）［2014-04-20］.
　　http：//www.pbc.gov.cn/publish/goutongjiaoliu/524/2014/20140217090448334460050/20140217090448334460050＿.html.
③ 支付机构是指依据中国人民银行《非金融机构支付服务管理办法》规定，取得《支付业务许可证》，获准办理互联网支付业务的非金融机构。
④ 中国人民银行 . 2013 年支付体系运行总体情况［EB/OL］（2014-02-17）［2014-04-20］.
　　http：//www.pbc.gov.cn/publish/goutongjiaoliu/524/2014/20140217090448334460050/20140217090448334460050＿.html.
⑤ 阿里研究院 . 2013 年中国县域电子商务发展指数报告［R/OL］（2014-01-21）［2014-04-20］.
　　http：//www.aliresearch.com/? m-cms-q-view-id-75912.html.

新的消费领域，从而带动了整个社会消费水平的提高。

电子商务的发展有力地带动了就业创业工作。中国就业促进会发布的数据显示[①]，全国网店创业就业总人数约 962.47 万人。其中，个人网店占 96.3%，带动网络创业就业人数达 600 万人。尽管总量巨大，但网店创业就业总体仍处于起步阶段，近八成网店为自我经营，仅两成多直接带动就业，网店未来一年将带来超过 300 万个就业机会。

3. 技术创新成为电子商务保持快速增长的重要动力

移动互联网、云计算、大数据等新一代互联网技术的创新应用成为电子商务发展的新热点。截至 2013 年 12 月，中国网络购物用户规模达到 3.02 亿人，较 2012 年增加 5987 万人，增长率为 24.7%，使用率从 42.9% 提升至 48.9%[②]，2013 年的"双 11"购物节的 350 亿元交易中，有 25% 左右是通过手机或平板电脑等移动终端完成的。京东、1 号店等主流 B2C 网站提供的信息也显示，目前移动端交易额或订单量占网站整体比例多在 20%～30% 之间。与此同时，大众点评网等一部分与线下企业关系密切的 O2O（Online to Offline）电商，移动端使用率占比早已超过 PC 端。用户对移动电子商务的接受程度明显提高。

2013 年，云计算在电子商务领域的快速渗透，作为信息基础设施的基础作用开始凸显。阿里巴巴、京东、苏宁等服务商将云计算作为战略方向，微软、IBM、亚马逊先后进入中国市场提供云计算服务，极大地促进我国信息基础设施升级。电子商务平台企业"云计算"应用进一步普及，如"阿里云"为阿里巴巴"双 11"购物节产生的海量交易提供了强大支撑。

大数据技术的发展，成为电子商务企业发展的新机遇。在大数据应用方面，阿里巴巴基于网络交易数据编制的网络零售价格指数在物价统计中扮演越来越重要的角色；我的钢铁网定期发布的螺纹钢价格指数已与上海期货交易所的螺纹钢期货一起，共同成为国内钢材市场频繁波动时的风向标；百度公司分析消费者的消费行为，解决企业在营销过程中品牌定位或传播策略问题，帮助中小企业借助大数据开展网络营销。

4. 电子商务与传统产业融合发展，促进产业转型升级

传统零售商向互联网转型步伐明显加快，正在成为网上零售的重要力量。2013 年，各大电子商务网站，如天猫、京东等越发重视吸引传统零售企业特别是品牌企业入驻；另一方面，苏宁、国美、国联等传统零售企业也在大力开拓网络零售市场，网上零售额增速势头持续强劲。传统零售商转型互联网，推动了网络零售服务的多元化，有助于实现线上线下零售服务体系快速融合。在转型发展中，O2O 成为传统商业企业的主要模式，"苏宁电器"更名为"苏宁云商"，宣布"双线同价"，启动开放平台"苏宁云台"，确定"电商＋店商＋零售服务商"发展模式。银泰商业与天猫达成战略合作，实

---

① 中国就业促进会. 中国就业促进会发布《网络创业就业统计和社保研究报告》[R/OL]（2014-03-03）[2014-04-20]. http://www.zgjy.org/newlist/newshow.asp? MessageID=1616.
② 中国互联网络信息中心. 第 33 次中国互联网络发展状况统计报告 [R/OL]（2014-03-05）[2014-04-20]. http://www.cnnic.net.cn/hlwfzyj/hlwxzbg/hlwtjbg/201403/t20140305_46240.htm.

现线上线下交易的结合。"双 11"购物节当天，银泰的天猫旗舰店成交额超过 2800 万元，是 2012 年同期的 6 倍。万达集团万汇网也于 2013 年 12 月上线，业务涵盖了百货、美食、影院、KTV 等领域。

电子商务进一步促进了物流配送服务水平的提高。国家邮政局公布的数据显示，2013 年全年快递业务量达到了 91.9 亿件，同比增长 61.6%，其中约 70% 业务量来自于网络购物。电子商务的超速发展对快递业务也提出了更高的要求。一方面，电子商务公司自己打造物流配送系统：阿里巴巴打造"菜鸟"配送系统；京东建立大物流仓储基地；苏宁易购不仅申请了国内快递牌照，还获得了国际快递业务经营许可。另一方面，传统物流企业全方位提升自身能力以适应新的竞争需求：顺丰快递融资 80 亿元购置全货运飞机；百利威推出"钻石模型"仓储物流网络布局战略；圆通速递试水台湾快件，开创了电商商品两岸跨境速递新业务；上海市冷链物流企业增长 60%。快速、准确、低损耗已经成为电子商务公司和快递公司共同追求的目标。

互联网金融倒逼传统金融业创新发展。2013 年，互联网金融以及余额宝、P2P（Peer to Peer）网贷、比特币成为社会高度关注的热点。支付宝与天弘基金合作推出"余额宝"不到半年即成为国内最大的基金，客户达 4303 万人，存款规模达到 1853 亿元。年底风行的微信红包使得腾讯公司的微信支付几天之内普及到亿万用户。财付通与华夏、广发、易方达和汇添富四家基金合作推出"微信理财通"，百度百付宝与华夏基金共同推出金融理财产品"百发"等，也给传统金融机构带来不小的震动。互联网金融业务所具有的小额、快捷、便利特征，解决了许多传统金融体系不能很好解决的问题。互联网所带来的"创新基因"，给商业银行带来了创新的动力，引发了商业银行对自身经营模式的重新思考。很多银行不断加大创新和变革的力度，充分发挥自身的优势，抢占互联网金融市场新的发展机遇。

5. 电子商务市场竞争日益激烈，企业服务能力和行业集中度均有提升

2013 年，中国电子商务的市场竞争日益激烈，经营范围得到拓展，服务水平不断提高。

在 B2B 领域，在线交易服务成为平台转型的主要方向。阿里巴巴、慧聪网、我的钢铁网等相继推出在线交易服务。阿里巴巴 1688 平台日均交易额突破 3 亿元，我的钢铁网钢铁日交易量超过万吨，慧聪网单笔订单最高交易额达 156 万元。B2B 电子商务平台也正在将金融服务发展成重要的增值服务，"电子商务＋金融"相结合的模式，有助于解决小企业贷款难题。截至 2013 年第三季度，阿里小额贷款向小企业累计贷款 208 亿元，共约 150 万笔，获贷小企业达 30 余万家。

在网络零售领域，淘宝通过"双 11"购物节占据了网络营销的重要地位，苏宁易购则把每月 18 日定为"0 元购"日，京东推出"618"促销活动。大型综合型电商企业的过度竞争，使垂直电商的生存空间不断受到挤压。

在平台开放竞争中，京东开放平台的卖家数量季度复合增长率达到 60%，已从最初的数百家上涨到接近 3 万家，商品品种数量已扩展到约 1100 万个。2012 年平台交易额突破 120 亿元，2013 年"618"店庆月期间，交易额相比 2012 年同期增长了约 2.5

倍；苏宁云商推出苏宁云台，并同步推出"双线开放"、"统一承诺"、"精选优选"和"免费政策"四大全新举措，用成本优势和服务优势吸引商家入驻；截止到 2013 年年底，腾讯推出的腾讯开放平台共计为第三方开发者创造总收益达 50 亿元。其中，10 家开发者总收益超过 1 亿元，有 26 款应用月流水超过 1000 万元，有 100 多款应用月流水超过 100 万元，营销助手应用宝"微下载"一经推出便有超过 10 000 家开发者申请接入。

2013 年是中国互联网行业投资并购较为活跃的一年。在经历了野蛮式生长后，电子商务大多数细分行业的洗牌已经完成，拥有资本和先发优势的巨头在行业类的领先地位得到巩固，格局走向稳定，行业集中度逐渐提高。2013 年，共发生 317 起互联网并购案件。其中，IT 领域发生 86 起，占比约 27%；电子商务和移动互联网领域分别发生 22 起、21 起，均占总数量约 7%[1]；在这些并购案中，百度、阿里巴巴、腾讯三大龙头企业是最活跃的买家。百度围绕移动互联网、百度地图、O2O 等相关领域，斥巨资进行了大规模的资本布局，形成"移动搜索＋地图 LBS＋APP 分发"的移动互联网三大入口；阿里巴巴强调生态圈的布局，主要围绕产业链纵轴来展开，在 O2O、互联网金融、移动互联网、平台入口、社会化电商等领域均有涉及；腾讯在移动互联网上围绕微信、搜索、互联网金融等持续投资和布局，通过创新服务应用，力图打造基于开放平台的商业模式。此外，南京商圈网入主麦考林、唯品会入股乐蜂网、当当网与 1 号店达成合作协议也在业内引起较大关注。

6. 跨境电子商务的管理和服务体制建设取得重大进展

我国政府高度重视跨境电子商务发展，将其作为当前外贸稳增长、调结构的重要手段。近两年，我国出台了一系列的扶持政策促进跨境电子商务发展，尤其是在 2013 年 8 月商务部联合多部委共同出台《关于实施支持跨境电子商务零售出口有关政策的意见》之后，我国促进跨境电子商务的政策不断细化。此外，自 2012 年至今，海关总署还确定了上海、重庆、杭州、宁波、郑州等 10 余个开展跨境电子商务通关服务的试点城市。这些举措在一定程度上创新和突破了传统贸易的管理体制，较好地解决了我国跨境电子商务在海关、检验检疫、税务和收付汇等方面的问题，为跨境电子商务的阳光化运行和便利化通关提供了政策保障，为今后我国跨境电子商务行业的发展创造了一个良好的开端。

随着各地方跨境零售出口政策的落实，我国跨境网络零售出口正在迎来一个全新的快速发展阶段。在跨境网络零售出口方面，海关通过"清单核放、汇总申报"管理模式，解决电商出口退税、结汇问题。截至 2014 年 3 月 3 日，出口业务已在杭州、郑州、广州、重庆等地开展，累计验放出口清单 21 万份，归并形成出口报关单 1359 票，价值约 2200 万元。零售进口业务也在上海、重庆、杭州、郑州、宁波等城市开展，累计验放进口包裹约 2.4 万票，货值 852 万元。2013 年，中国出口快件和邮件的总量同比增长了 42.7%，国际及港澳台快递业务收入已达到 270.7 亿元，比 2012 年的 205.6

---

① 清科研究中心. 2014 年中国互联网行业并购专题研究报告［R/OL］(2014-01-28)［2014-04-20］. http://research. pedaily. cn/report/free/893. shtml.

亿元增长了 31.7％，已经占到全部快递收入的 18.8％[①]。围绕跨境电子商务的平台企业超过 5000 家，带动相关的企业群体已经达到 20 万家的规模。

1.3　2013 年中国电子商务发展过程中的主要问题

1. 电子商务市场秩序有待进一步规范

我国电子商务服务业还在成长期，平台企业赢利模式较为单一，线上产品同质化现象严重，价格战异常激烈，网络营销成本急剧上升，假冒伪劣、侵犯知识产权、恶意欺诈、虚假促销、售后服务差、用户信息盗用滥用等问题日益凸显；电子商务还缺乏必要的行业自律机制，恶性竞争时有出现，大型电子商务平台有垄断发展的倾向，行业领先者滥用市场支配地位，损害其他竞争对手、产业链上下游和消费者利益的现象时有发生。

电子商务以其便利性和价廉物美吸引了大量消费者，但也带来了网络购物的投诉数量大幅增加。2013 年，非现场购物（包括互联网购物、电视购物以及邮购）投诉 2.03 万件，同比增长 24.51％。其中，有关互联网购物的投诉量较大，为 1.7 万件，同比增幅为 59.4％[②]。消费者投诉的问题集中在信息不实、虚假宣传、侵犯知识产权、售后服务不及时、不履行"三包"规定等问题上。

在网络营销过程中，电商企业为自己提升商业信誉雇用水军虚构销量，请差评师恶意损害竞争对手，对竞争对手的网站或网页进行非法技术攻击等不正当竞争行为仍然大量存在。上海家帝豪公司借助"消费养老"项目进行非法网络传销活动，短短 3 年间就发展了代理商 6 万余人，范围波及全国，收取参与传销活动人员缴纳的传销资金共计 10.9 亿余元。

目前，我国电子商务纠纷调处机制尚不健全，完善相关立法迫在眉睫。2013 年 12 月 27 日，全国人大财经委召开电子商务法起草组成立暨第一次全体会议，确定中国电子商务立法的时间表，要求到 2016 年 6 月完成电子商务法律草案起草。这一举措对于我国利用法律手段规范电子商务市场秩序，保障电子商务健康发展具有极为重要的现实意义。

2. 企业电子商务应用水平和普及程度仍然较低

2012 年，国家统计局的调查显示[③]，在所调查的 30.8 万家企业中，有电子商务交易活动的企业仅为 22 573 家，占调查企业总数的 7.3％。其中，既有电子商务销售又有电子商务采购的企业 9577 家，占 42.4％；只有电子商务销售的企业 5331 家，只有

---

① 国家邮政局.国家邮政局公布 2013 年邮政行业运行情况［EB/OL］.（2014-01-15）［2014-04-20］.
　http://www.spb.gov.cn/dtxx＿15079/201401/t20140115＿274540.html.
② 国家工商总局.2013 年全国消费者投诉十大热点领域［EB/OL］.（2014-03-14）［2014-04-20］.
　http://www.saic.gov.cn/ywdt/gsyw/zjyw/xxb/201403/t20140314＿142960.html.
③ 国家统计局.我国企业电子商务增长快发展空间大［R/OL］.（2014-01-07）［2014-04-20］.
　http://www.stats.gov.cn/tjsj/zxfb/201401/t20140107＿495862.html.

电子商务采购的企业 7665 家。另据调查显示，我国大型工业企业基本处于协同商务阶段，少部分企业开始进入精准营销、商务智能应用阶段，只有个别企业进入制定智慧商务规划阶段；传统大中型商业企业仍然处于转型发展的起步过程中。中小微企业电子商务普及率整体不高，部分中小微企业受到世界经济疲软的影响，赢利能力下降，导致 IT 投资增长率下降；电子商务服务商在 B2B 领域仍停留在信息服务的阶段，对国外市场的开发规模也较小。

3. 跨境电子商务发展的实际问题需要逐步解决

从全国情况看，跨境电子支付对企业跨境电子商务方式的选择没有大的影响；而产生主要影响的是企业自身在跨境交易流程中的网络营销、电子通关以及国际电子商务物流三个环节的运用程度。网络营销活动中对国外情况了解不全面，特别是中小企业问题更多；电商出口产品主要集中在科技含量较低的产品上，缺乏具有核心竞争力的产品；各类规模企业对快速通关、精简成本、便利征税退税有不同的需求；在国际市场上，销售假冒伪劣产品、恶意欺诈以及违法犯罪等问题相对于国内电子商务更难追责，有关市场监管、信用体系建设以及法律法规体系构建等亟待推进。

政府应针对企业三个运营能力薄弱的环节有针对性地加以解决。一是建立完善的外贸信息发布平台，提供及时准确的国际市场动态行情，帮助中小企业，尤其是对贸易流程不熟悉的企业提高跨境电子商务运营水平；二是鼓励第三方跨境电子商务服务平台做大做强，为较弱的中小企业提供更便捷、更有效的跨境交易服务；三是加快电子口岸及配套设施的建设，提高电子通关的便利化程度和通关效率；四是鼓励物流企业通过各种形式进行资产重组，培育出一批服务水平优良、国际竞争力强、科技含量高的大型现代跨境物流企业。

4. 电子商务人才培养方式有待继续探索

2013 年，电子商务专业教改进入深水区，培育目标、教育制度、教育方法与人才培养需求矛盾突出，陷入两难境地。

一方面，随着电子商务行业的快速扩张，电子商务领域人才缺口持续扩大。对人才提出综合性的要求：既要了解计算机网络技术，又要懂得商务管理。而高等院校培养出来的电子商务专业学生，一种是偏重计算机技术，商务管理知识偏弱；另一种是偏重市场营销、商务管理，技术问题解决能力不强，二者都难以适应电子商务对专业人才的要求。

另一方面，电子商务专业，特别是本科专业的发展仍然存在严重问题。电子商务专业的高职高专学生侧重于电子商务的技能训练，能够满足电子商务企业对操作工的要求；电子商务专业的研究生侧重于电子商务企业的规划和管理，也能够满足电子商务企业中层管理的需求。但位于二者之间的电子商务本科生，既不具备电子商务所需要的综合性素质的要求，又不愿到大部分是民营性质的电子商务企业中工作，因此招生和毕业分配都遇到较大困难，以至于部分省市限制电子商务专业教育的发展，将其列为"预警专业"，从而进一步加剧了电子商务人才匮乏的状况。

电子商务的专业教育必须解决学生综合能力的培养问题，这也是各类专业都应当考虑的问题。电子商务专业应围绕电子商务对技术性人才、商务性人才和综合性人才的不同人才需求，围绕三类不同的人才需求，提出具有相同专业基础和不同专业技能方向的人才培养教学标准。同时，高校人才培训体系还应解决与电子商务企业实践严重脱节的问题，缓解电子商务行业对人才实践能力的需求。

1.4　2014 年中国电子商务的发展动向

2013 年 8 月，国务院公布了《国务院关于促进信息消费扩大内需的若干意见》[①]，提出了信息消费的主要目标："到 2015 年，信息消费规模超过 3.2 万亿元，年均增长 20％以上，带动相关行业新增产出超过 1.2 万亿元，其中基于互联网的新型信息消费规模达到 2.4 万亿元，年均增长 30％以上。"《意见》明确提出了"拓宽电子商务发展空间"的工作部署，以进一步发挥电子商务在扩内需、促转型和惠民生等方面的积极作用。

1. 新一代信息通信技术将推动电子商务迈上新台阶

2014 年，新一代网络技术将在电子商务领域得到更广泛的应用。

（1）移动电子商务将成为电子商务重点发展的新领域。随着 4G 技术的普及，移动电商将成为电商企业未来的发展重点。这也是新生企业跨越式发展的新机遇。2013 年，百度与阿里巴巴在地图方面的布局，阿里巴巴与腾讯在手机社交应用客户端的竞争，都是重视移动电子商务的典型案例。电子商务与移动智能终端相互促进，正在推动整个信息消费市场的快速发展。

（2）大数据技术将推动电子商务向精细化运营方向发展。依托大数据分析，电子商务企业能够更好地把握交易规模，更为准确地判断消费者的需求，制定更具体的市场竞争的营销方案，更有效地提升自己的服务水平，提高市场的运行效率。

（3）云计算技术将带来经营方式和服务模式的变革。通过云计算技术，电商平台企业不仅可以规模化地处理海量增长的信息，提升资源利用效率，同时还可以吸纳更多电子商务应用企业加入云计算平台之中，实现电子商务平台与电商买家和卖家合作共赢的产业生态系统。云计算在搜索引擎、数字内容、电子政务、中小企业信息化等应用领域也将取得突破性进展。

（4）物联网技术应用范围将急剧扩大。目前，二维码在货物跟踪、网络购物、电子门票、网络交互等方面的应用已初见成效。2014 年，物联网技术还将拓展智慧交通、智慧医疗、电子支付等方面的应用，物联网在经济社会信息化建设领域的需求将迅速膨胀。

2. 电子商务产业将加速外延拓展

2014 年，电子商务产业的外延拓展将着重两个方向：

---

① 中华人民共和国中央人民政府.国务院关于促进信息消费扩大内需的若干意见（国发〔2013〕32 号）[EB/OL]（2013-08-08）[2014-04-20].http://www.gov.cn/zwgk/2013-08/14/content_2466856.htm.

（1）跨境贸易。发展跨境电子商务对于扩大国际市场份额、拓展外贸营销网络、转变外贸发展方式具有重要而深远的意义。在国内市场电子商务竞争日益激烈的现状下，电子商务向海外拓展，寻求更大的发展空间成为中国电子商务2014年发展的重点。对跨境电子商务零售出口的支持政策，也将促进外贸产品出口企业与电子商务企业的深度融合，提高中国外贸产品在国际网络市场的占有率。

（2）跨界经营。2014年，将有更多的电子商务企业开展跨界经营，其业务需求将向物流、金融、广告等其他业态延伸或渗透。跨界经营已经成为大型电商企业下一步经营发展的战略选择，这种战略将对众多传统行业产生巨大冲击。传统企业需要深刻认识未来市场发展的趋势，重新思考自己行业的发展战略。

3. 电子商务新模式引领传统企业转型发展

2013年，电子商务新模式不断涌现。其中，O2O模式成为人们关注的焦点。2013年，O2O已从网上团购扩延到线下有实体店的实物类领域，适合能定制、预订的服装、家居、餐饮、食品、运动健身、文化休闲等需要面对面亲自接受的体验型产品与服务，这些领域成为O2O发挥优势的舞台。众多企业和创业者从中看到了电商衍生出的新机遇，积极探索转型发展的途径。例如，商场企业利用WiFi网络，吸引移动终端客户打折消费；超市企业利用自身的冷链物流优势，开创生鲜食品网上销售的新市场；很多便利店也积极与电子商务企业合作，成为电子商务企业的配送网店。不同类型的企业在O2O模式的探索中，积极调整原有的价格和利润体系，妥善解决线上与线下的利益冲突问题，从而为实体企业的电子商务应用打开了新思路。

4. 互联网金融将走向健康、快速发展的轨道

2013年，除了阿里巴巴、百度、腾讯三巨头强势进军互联网金融领域外，新浪、京东、苏宁等电子商务和互联网企业在金融创新领域也十分活跃。"阿里小贷"、"余额宝"、"百发"、"微银行"等新名词成为2013年中国电子商务发展炙手可热的新亮点。

互联网金融是借助于互联网技术和移动通信技术实现资金融通、支付和信息中介功能的新兴金融模式，是信息化、电子商务和金融创新发展的结果。互联网金融对于加快发展我国多层次资本市场体系、促进金融包容性发展具有重要意义。

2014年，将是互联网金融快速、健康发展的一年。互联网金融企业与传统金融企业的合作与竞争将逐步走向深入。互联网金融涵盖的第三方支付、小额信贷、新型电子货币、金融电子商务等业务将通过大型电商平台、网上商城、自建平台等形式延伸到电子商务的各个角落，从而形成对金融生态重大的补充和完善。中央金融管理部门将在控制风险、有效监管、完善机制的基础上支持互联网金融的更快的发展，支持互联网与金融业的深度融合，利用互联网金融促进实体金融机构的改革。

5. 电子商务将成为各地经济发展方式转变的突破口

2013年，很多地方政府高度重视电子商务的发展，把发展电子商务作为推进产业结构调整、促进经济发展方式转变的重要抓手之一。上海市政府常务会议通过《上海市贯彻落实〈国务院关于促进信息消费扩大内需的若干意见〉行动纲要（2014—2017

年)》，从深化信息技术应用、激发信息消费需求潜力的角度，提出了十项重点行动、八个重大专项和五项支撑工程。山东省 2013 年电子商务交易额站上 1 万亿元的新台阶，下一步的发展思路是如何"抢占未来竞争的战略制高点"，依托区域经济、产业优势，打造一批国内领先的电子商务平台。合肥市政府通过了《关于加快电子商务发展的意见》，帮助合肥本地的传统企业抢抓电子商务发展的新机遇，实现经营方式的转型升级。哈尔滨市将跨境贸易电子商务试点城市建设列为转型发展的重点，建设俄罗斯卢布网上快速结算中心，推动哈尔滨发展成为远东地区重要的贸易、金融和电子商务中心。

可以预见，2014 年将有更多的地区、更多的城市将电子商务列入发展的重点，以电子商务为突破口，带动产业结构的调整和经济发展方式的转变。

6. 政府将继续重视政策与机制创新

李克强总理在 2014 年政府工作报告中强调[①]：要促进信息消费，鼓励电子商务创新发展，充分释放十几亿人口蕴藏的巨大消费潜力。2013 年 1 月，温家宝总理邀请电子商务企业代表对政府工作报告提出意见和建议；同年 10 月，国务院总理李克强又邀请电子商务企业代表参加经济形势座谈会，反映出政府部门对新经济形态和新兴增长点的高度重视。

2013 年，国家发布的一系列促进电子商务发展的政策措施，如《全国人民代表大会常务委员会关于修改〈中华人民共和国消费者权益保护法〉的决定》、《国务院关于加快促进信息消费扩大内需的若干意见》、国家发改委《关于进一步促进电子商务健康快速发展有关工作的通知》、商务部《促进电子商务应用的实施意见》、《国务院办公厅转发商务部等部门关于实施支持跨境电子商务零售出口有关政策意见的通知》、《工业和信息化部关于推进物流信息化工作的指导意见》。这些政策的全面落实将有力推动电子商务进入一个新的高速发展期。

---

① 李克强 . 政府工作报告（2014 年 3 月 5 日在第十二届全国人民代表大会第二次会议上）［EB/OL］（2014-03-05）［2014-04-20］. http://www. npc. gov. cn/npc/xinwen/2014-03/15/content _ 1855927. htm.

第2章　2013年中国电子商务发展环境

优化电子商务发展环境是电子商务健康快速发展的重要保证。2013年，中国电子商务发展环境进一步得到改善。各级政府相继出台各项政策和法律，鼓励电子商务的发展，规范电子商务的经营行为；网上交易条件继续得到改善，基于3G、4G、云计算和物联网的新一代信息技术在电子商务领域获得广阔的发展空间；电子商务的信用环境建设取得突破性进展，电子商务的发展有了更可靠的保证。

2.1　政策法律环境

2.1.1　起草电子商务的基本法律

2013年12月27日，全国人大财经委召开电子商务法起草组成立暨第一次全体会议，正式启动电子商务法立法工作，明确了电子商务立法的指导思想、原则、框架设想和主要内容[①]。会议首次确定中国电子商务立法的时间表，即从起草组成立至2014年12月，进行专题调研和课题研究并完成研究报告，形成立法大纲。2015年1月至2016年6月，开展并完成法律草案起草。

目前，我国电子商务领域仅有的法律是电子签名法。这部法律解决了电子签名的合法有效问题，但该法未能与全流程电子商务有效衔接，并未解决电子商务交易环节的重大问题。虽然近年来，国家有关部门，如工信部、工商总局、商务部等单位均出台了一系列政策法规，但仍缺乏一部具有全局性、整体性的调整电子商务法律关系、保障电子商务健康有序发展的基本法律。而随着我国电子商务蓬勃发展，市场规模迅速扩大，电子商务已与实体经济深度融合，成为新的经济增长点和结构调整的重要着力点。这些分散的、部门的政策及规定显然不能适应电商发展的需要。

考虑到电子商务领域立法的滞后，本次全国人大着手起草《电子商务法》，将有力推动我国电子商务基本法律制度的建立。根据我国近年来的电商发展和已有政策规定的实践，本次起草《电子商务法》将从电子商务监管体制、电子商务市场准入及退出制度、数据电文及电子合同问题、电子支付问题、在线数据产品知识产权保护问题、电子商务消费者权益保护问题、电子商务中的税收问题、电子商务纠纷解决机制、电子交易信息安全保障制度、电子商务立法的国际比较、跨境电子商务研究、电子商务可信交易环境等12个方面开展工作，以尽快建立具有中国特色的电子商务法律体系。

电子商务立法工作的全面开展，将从法律层面对电子商务活动进行规范，对于加快经

---

① 中华人民共和国全国人民代表大会. 电子商务法立法启动［EB/OL］（2013-12-30）［2014-04-20］. http://www.npc.gov.cn/npc/xinwen/tpbd/2013-12-30/content_1822039.htm.

济发展方式转变，实现经济结构调整和转型升级，加快创新型国家建设有着重要的意义。

2.1.2 积极扶持示范主体和创新活动

1. 积极培育电子商务示范主体

2011 年启动的第一批电子商务示范城市在全国电子商务发展中起到了重要的示范作用。2013 年 9 月，国家发改委、财政部、商务部、中国人民银行、海关总署、税务总局、工商总局、质检总局等八部门发布了《关于启动第二批国家电子商务示范城市创建工作有关事项的通知》[①]，决定启动第二批国家电子商务示范城市创建工作，并明确提出了创建示范城市的主要工作任务，包括完善电子商务法规政策环境、健全电子商务支撑体系、加强电子商务基础设施和交易保障设施建设、积极培育电子商务服务、深化电子商务应用。江苏省无锡市人民政府和安徽省芜湖市人民政府专门出台了市政府关于创建国家电子商务示范城市的实施意见。

2013 年 10 月，商务部发布了《促进电子商务应用的实施意见》[②]，明确提出要结合商务领域应用需求，大力推进项目试点，开展政策先行先试。国家电子商务示范基地要发挥电子商务产业集聚优势，创新公共服务模式，建设和完善面向电子商务企业的公共服务平台，搭建完整的电子商务产业链条，提高区域经济核心竞争力。要培育一批网络购物平台、行业电子商务平台和电子商务应用骨干企业，发挥其在模式创新、资源整合、产业链延伸等方面的引导作用；要结合电子商务统计、监测、信用体系建设推进电子商务示范企业建设；各地应按照国家电子商务示范城市、示范基地、示范企业的有关要求，积极开展本地电子商务示范体系的建设。

2013 年 9 月，商务部发布《商务部办公厅关于进一步做好电子商务示范企业工作的通知》[③]。各地商务主管部门积极开展工作，完善示范企业动态管理机制，遴选推荐了 2013—2014 年度电子商务示范企业。截至规定时间，商务部共收到 35 个省级商务主管部门（含计划单列市、新疆生产建设兵团）推荐的 198 份企业申报材料。经专家组对申报材料进行评审和量化打分，结合各地经济发展水平，遴选出 2013—2014 年度电子商务示范企业 100 家（参见附录 E）。

2. 不断鼓励电子商务创新创业活动

2013 年 4 月，国家发改委、财政部、农业部、商务部、中国人民银行、海关总署、税务总局、工商总局、质检总局、林业局、旅游局、邮政局、国家标准委等部门联合

---

① 中华人民共和国中央人民政府. 关于启动第二批国家电子商务示范城市创建工作有关事项的通知
（发改高技〔2013〕1772 号）[EB/OL]（2013-09-13）[2014-04-20].
http://www.gov.cn/zwgk/2013-09/23/content _ 2493038. htm.

② 中华人民共和国商务部. 商务部关于促进电子商务应用的实施意见 [EB/OL]
（2013-10-31）[2014-04-20]. http://www.mofcom. gov. cn/article/b/fwzl/201311/20131100398515. shtml.

③ 商务部. 商务部办公厅关于进一步做好电子商务示范企业工作的通知 [EB/OL]
（2013-03-15）[2014-04-20]. http://www.gov. cn/zwgk/2013-04/24/content _ 2388045. htm.

发布《关于进一步促进电子商务健康快速发展有关工作的通知》①，提出了加快完善支持电子商务创新发展的法规政策环境建设的 14 项措施，包括统筹推进电子商务发展环境建设、推动电子商务企业会计档案电子化试点工作、推进商贸流通领域电子商务创新发展、完善跨境贸易电子商务通关服务、加快网络（电子）发票推广与应用、深入推进电子商务可信交易环境建设工作；建立完善电子商务产品质量安全监督机制、推动移动电子商务支付创新发展、完善电子商务快递服务制度、推进电子商务标准化工作、促进农业电子商务发展、促进林业电子商务发展、促进旅游电子商务发展、各地区加快支持电子商务发展的环境建设。

2013 年 5 月，工业和信息化部发布《工业和信息化部办公厅关于开展电子商务集成创新试点工程工作的通知》②，决定实施电子商务集成创新试点工程。该项工程涵盖了大企业电子商务和供应链信息化提升、行业电子商务平台服务创新、跨境电子商务、移动电子商务、产品信息追溯等方面。经过评审，南京南钢钢铁联合有限公司申报的"钢铁 E 化供应链集成服务平台"等 342 个项目为 2013 年电子商务集成创新试点项目。

北京市出台《北京市人民政府关于促进电子商务健康发展的意见》③，提出 23 条具体工作措施，分解为 26 项重点工作。《意见》强调推动电子商务创新发展，鼓励电子商务经营模式创新，以消费者需求为导向，整合公共服务信息资源，开展专业化、特色化服务；鼓励电子商务技术创新，加强下一代互联网、移动互联网、物联网、位置服务等关键技术在电子商务领域的研究与应用；支持电子商务机制创新，鼓励建设电子商务工程实验室、工程研究中心和企业技术中心，形成政产学研用相结合的创新推动机制。

广州市工商行政管理局出台了《广州市工商行政管理局关于鼓励扶持我市电子商务市场促进健康发展的若干意见》，提出了降低市场准入门槛，推行有利于电子商务发展的注册登记制度的具体措施，包括鼓励自然人开办网店、鼓励企业开办网店、允许使用个性化名称登记、放宽住所（经营场所）限制、放宽经营范围限制等。④

上海市工商行政管理局发布了《上海市工商行政管理局关于支持本市电子商务健康发展的若干意见》⑤，从支持经营范围表述多样化、放宽经营场所登记条件、拓宽企业融资渠道、支持配套服务业的发展、引导企业向电子商务园区集聚、助推农产品网上产销对接，支持各类专业市场发展电子商务，促进电子商务平台服务企业发展等八个方面支持电子商务的创新创业。

---

① 中华人民共和国中央人民政府. 关于进一步促进电子商务健康快速发展有关工作的通知［EB/OL］
（2013-04-15）［2014-04-20］. http://www.gov.cn/zwgk/2013-04/24/content_2388045.htm.
② 中华人民共和国工业和信息化部. 工业和信息化部办公厅关于开展电子商务集成创新试点工程工作的通知
［EB/OL］（2013-05-24）［2014-04-20］. http://www.miit.gov.cn/n11293472/n11293832/n12843926/
n13917087/15432615.html.
③ 北京市政府. 北京市人民政府关于促进电子商务健康发展的意见［EB/OL］（2013-06-26）［2014-04-20］.
http://www.bjmbc.gov.cn/nsjg/ltfzhch/zwxx/201306/t20130626_60624.html.
④ 广州市工商行政管理局. 广州市工商行政管理局关于鼓励扶持我市电子商务市场促进健康发展的若干意见
［EB/OL］（2013-05-17）［2014-04-20］. http://www.gzaic.gov.cn/spjy/zcfg/201305/t20130517_648584.html.
⑤ 上海市工商行政管理局. 上海市工商行政管理局关于支持本市电子商务健康发展的若干意见［EB/OL］
（2013-05-14）［2014-04-20］. http://www.sgs.gov.cn/shaic/html/govpub/2013-06-18-0000009a201305290001.html.

厦门市商务局、发改委、财政局联合发布《厦门市电子商务扶持资金管理暂行办法》[①]，专门设立扶持资金，主要用于培植厦门市电子商务集聚载体、培育壮大网络零售业、扶持电子商务第三方支付、扶持第三方电子商务公共服务平台、鼓励传统企业开展电子商务应用，鼓励利用电子商务对贸易模式、贸易流程进行创新再造及具有对台特色的电子商务服务等其他符合国家电子商务示范城市创建要点的项目。

2.1.3　进一步改善电子商务基础设施环境

2013年，电子商务发展的基础设施环境建设引起各级政府的高度重视。

2013年8月，国务院印发了《"宽带中国"战略及实施方案》[②]，旨在加强战略引导和系统部署，推动我国宽带基础设施快速健康发展。

2013年9月，国家发改委发布了《国家发展改革委办公厅关于组织实施2013年移动互联网及第四代移动通信（TD—LTE）产业化专项的通知》[③]，明确了支持重点和要求。具体包括：①移动智能终端新型应用系统研发及产业化；②面向移动互联网的可穿戴设备研发及产业化；③移动互联网和智能终端公共服务平台建设；④移动智能终端开发及产业化环境建设；⑤高速宽带无线接入设备研发及产业化；⑥高速宽带无线接入技术研发及创新应用示范；⑦移动互联网大数据关键技术研发及产业化；⑧基于TD—LTE的行业创新应用示范。

2013年10月，国家发改委发布了《国家发展改革委办公厅关于组织开展2014—2016年国家物联网重大应用示范工程区域试点工作的通知》[④]，确定了两类重点建设领域：一类是物联网专业服务和增值服务应用示范类项目，包括支持优势服务企业通过建设物联网应用基础设施和服务平台，提供工业制造、农业生产、节能环保、商贸流通、交通能源、公共安全、社会事业、城市管理、安全生产等领域的物联网应用服务。另一类是物联网技术集成应用示范类项目，包括支持有条件的企业围绕生产制造、商贸流通、物流配送、经营管理等领域，开展物联网技术集成应用和模式创新。鼓励企业积极利用物联网技术改造传统产业，提升生产和运行效率，推进节能减排，保障安全生产，促进产业升级，带动物联网产业发展。

2013年1月，工业和信息化部发布《工业和信息化部关于推进物流信息化工作的指导意见》，强调推进煤炭、钢铁、粮食等行业电子商务与物流信息化集成健康发展，重点依托工农业商品集散市场，促进现代流通体系建设；开展网络零售与物流配送一体化服务建设试

① 厦门市商务局.厦门市电子商务扶持资金管理暂行办法［EB/OL］（2013-06-26）［2014-04-20］. http://www.xmtdc.gov.cn/bmcs/ghcwc/zcfg/277610.htm.
② 中华人民共和国中央人民政府.国务院关于印发"宽带中国"战略及实施方案的通知（国发〔2013〕31号）［EB/OL］（2013-08-01）［2014-04-20］.http://www.gov.cn/zwgk/2013-08/17/content_2468348.htm.
③ 中华人民共和国中央人民政府.国家发展改革委办公厅关于组织实施2013年移动互联网及第四代移动通信（TD-LTE）产业化专项的通知（发改办高技〔2013〕2330号）［EB/OL］（2013-09-22）［2014-04-20］. http://www.gov.cn/zwgk/2013-10/10/content_2503495.htm.
④ 中华人民共和国中央人民政府.国家发展改革委办公厅关于组织开展2014—2016年国家物联网重大应用示范工程区域试点工作的通知（发改办高技〔2013〕2664号）［EB/OL］（2013-10-31）［2014-04-20］. http://www.gov.cn/zwgk/2013-11/08/content_2524053.htm.

点，提高网络零售配送效率，改善消费者体验；通过政策和资金支持，带动信息服务企业、电子商务企业、电信运营企业、软硬件厂商和系统集成企业积极参与物流信息化建设。

2013 年 12 月 2 日，中国人民银行出台了《关于金融支持中国（上海）自由贸易试验区建设的意见》①，明确上海地区银行业金融机构可与区内持有《支付业务许可证》且许可业务范围包括互联网支付的支付机构合作，按照支付机构有关管理政策，为跨境电子商务（货物贸易或服务贸易）提供人民币结算服务。

2013 年 7 月 8 日，宁波市贸易局与市财政局联合印发了《宁波市电子商务专项扶持资金管理暂行办法》②，鼓励企业使用宁波甬易宝等支付工具进行交易结算，鼓励商贸主管部门委托协会、院校和专业机构开展的人才培训、课题调研、项目研发和重大活动等工作。

2013 年 12 月 27 日，深圳市政府印发《深圳市关于进一步促进电子商务发展的若干措施》③，提出构建网格化现代物流配送体系、建立多元化第三方支付体系、发展电子商务专业服务、打造安全诚信的交易环境、拓宽电子商务集聚化发展空间等基础环境建设的相关措施。

2.1.4 积极保护电子商务消费者权益

2013 年 10 月，第十二届全国人民代表大会常务委员会第五次会议通过了《全国人民代表大会常务委员会关于修改〈中华人民共和国消费者权益保护法〉的决定》④。修改后的法律增加第二十五条："经营者采用网络、电视、电话、邮购等方式销售商品，消费者有权自收到商品之日起七日内退货，且无需说明理由，但下列商品除外：（一）消费者定作的；（二）鲜活易腐的；（三）在线下载或者消费者拆封的音像制品、计算机软件等数字化商品；（四）交付的报纸、期刊。除前款所列商品外，其他根据商品性质并经消费者在购买时确认不宜退货的商品，不适用无理由退货。消费者退货的商品应当完好。经营者应当自收到退回商品之日起七日内返还消费者支付的商品价款。退回商品的运费由消费者承担；经营者和消费者另有约定的，按照约定。"这是该法出台20 年来的首次修改，明确规定了对网络购物消费者的保护措施。

2013 年 7 月，工业和信息化部发布了《电信和互联网用户个人信息保护规定》⑤，明确了在互联网活动中个人信息收集和使用规范、安全保障措施、监督检查以及法律责任。

---

① 中国人民银行. 中国人民银行出台《关于金融支持中国（上海）自由贸易实验区建设的意见》积极促进实验区实体经济发展［EB/OL］（2013-12-02）［2014-04-20］. http://www. pbc. gov. cn/publish/goutongjiaoliu/524/2013/20131202094934794886233/20131202094934794886233 _ . html.

② 宁波市人民政府. 关于印发《宁波市电子商务专项扶持资金管理暂行办法》的通知［EB/OL］（2013-07-08）［2014-04-20］. http://gtob. ningbo. gov. cn/art/2013/7/11/art _ 17351 _ 122. html.

③ 深圳市人民政府. 深圳市人民政府印发深圳市关于进一步促进电子商务发展若干措施的通知［EB/OL］（2013-12-27）［2014-04-20］. http://www. sz. gov. cn/zfgb/2014/gb865/201401/t20140108 _ 2301298. htm.

④ 中华人民共和国中央人民政府. 中华人民共和国主席令（第七号）［EB/OL］（2013-10-25）［2014-04-20］. http://www. gov. cn/flfg/2013-10/25/content _ 2516547. htm.

⑤ 中华人民共和国工业和信息化部.《电信和互联网用户个人信息保护规定》发布［EB/OL］（2013-08-08）［2014-04-20］. http://www. miit. gov. cn/n11293472/n11293832/n11293907/n11368223/15513450. html.

2013 年 9 月，国家工商总局就《网络商品交易及有关服务管理办法（征求意见稿）》向社会公开征求意见①，旨在规范网络商品交易及有关服务，保护消费者和经营者的合法权益，促进网络经济持续健康发展。

2.1.5　促进行业电子商务的健康发展

2013 年 7 月，国家工商总局提出了《关于加快促进流通产业发展的若干意见》②，支持鼓励中小企业和公民个人开展网上商品交易，引导和促进中小企业发展和个人创业。积极支持农业龙头企业、农产品批发市场建立农产品网上交易市场，开展农产品网上集中交易活动，实现传统市场升级转型，并鼓励网络商品交易平台向农村延伸、发展，提高农村市场流通效率，方便农民群众生活。

2013 年 8 月，国务院办公厅发布了《国务院办公厅转发商务部等部门关于实施支持跨境电子商务零售出口有关政策意见的通知》③，出台了支持跨境电子商务零售出口的七条具体措施：一是确定电子商务出口经营主体；二是建立电子商务出口新型海关监管模式并进行专项统计；三是建立电子商务出口检验监管模式；四是支持企业正常收汇结汇；五是鼓励银行机构和支付机构为跨境电子商务提供支付服务；六是实施适应电子商务出口的税收政策；七是建立电子商务出口信用体系。为进一步落实上述措施，2013 年 12 月，财政部、国家税务总局发布了《关于跨境电子商务零售出口税收政策的通知》④，对跨境电子商务零售出口有关税收优惠政策予以明确。

2.2　经济环境

2.2.1　电子商务市场环境

1. 网民数量不断增长

随着我国宏观经济的不断快速增长，互联网的用户规模不断扩大。截至 2013 年 12 月底，我国网民数量达到 6.18 亿人，比 2012 年 12 月底增加了 5358 万人，同比增长了 9.5%；比 2005 年 12 月底增加了 50 658 万人，年平均复合增长率达到 23.9%（参见图 2-1）⑤。我国网民数量的持续增长，形成了我国电子商务巨大需求。

---

① 中华人民共和国国家工商行政管理总局. 关于《网络商品交易及有关服务管理办法（征求意见稿）》公开征求意见的公告［EB/OL］（2013-09-11）［2014-04-20］. http://www.saic.gov.cn/zwgk/zyfb/qt/xxzx/201309/t20130910_137955.html.

② 中华人民共和国国家工商行政管理总局. 工商总局关于加快促进流通产业发展的若干意见［EB/OL］（2013-07-23）［2014-04-20］. http://gkml.saic.gov.cn/auto3743/auto3749/201308/t20130802_136993.htm...

③ 中华人民共和国商务部对外贸易司. 国务院办公厅转发商务部等部门关于实施支持跨境电子商务零售出口有关政策意见的通知［EB/OL］（2013-08-21）［2014-04-20］. http://wms.mofcom.gov.cn/article/xxfb/201309/20130900279911.shtml.

④ 中华人民共和国中央人民政府. 关于跨境电子商务零售出口税收政策的通知（财税〔2013〕96 号）［EB/OL］（2013-12-30）［2014-04-20］. http://www.gov.cn/zwgk/2014-01/09/content_2562892.htm.

⑤ 中国互联网络信息中心. 第 33 次中国互联网络发展状况统计报告［EB/OL］（2014-03-05）［2014-04-20］. http://www.cnnic.net.cn/hlwfzyj/hlwxzbg/hlwtjbg/201403/t20140305_46240.htm.

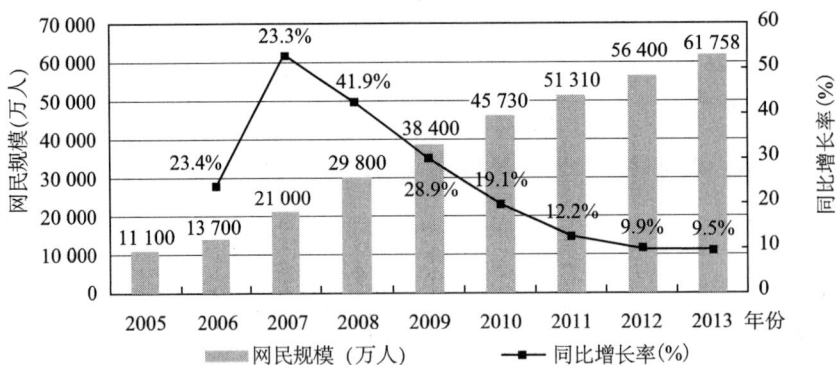

图 2-1　2005—2013 年中国网民数量增长态势

数据来源：历次《中国互联网络发展状况统计报告》。

2. 互联网渗透率不断提高

在网民数量规模不断增长的同时，我国互联网渗透率也持续提高。2013 年年底，我国互联网渗透率达到了 45.8%，比 2012 年年底增长了 3.7 个百分点，比 2005 年增长了 37.3 个百分点（参见图 2-2）①。

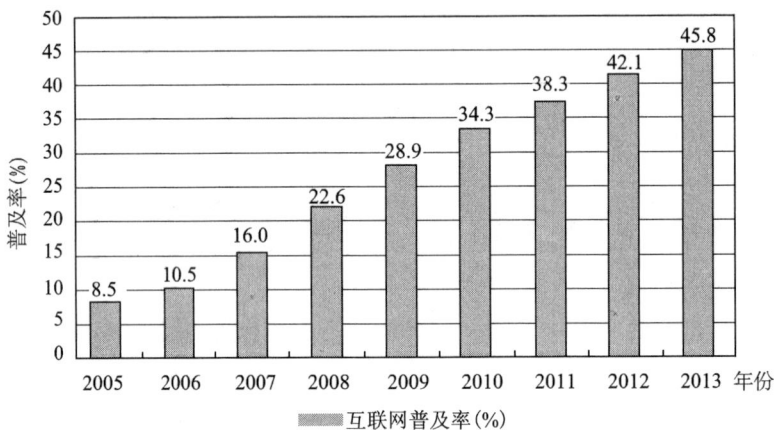

图 2-2　中国互联网普及率逐年不断提高

数据来源：历次《中国互联网络发展状况统计报告》。

2.2.2　电子商务投融资环境

1. 互联网仍是中国创投市场投资最多的行业

从投资案例数量来看，2013 年中国创投市场所发生的 1148 起投资分布于 23 个一级行业中。其中，互联网、电信及增值业务、生物技术/医疗健康行业获得投资案例数

---

① 中国互联网络信息中心．第 33 次中国互联网络发展状况统计报告［EB/OL］（2014-03-05）［2014-04-20］．http：//www.cnnic.cn/hlwfzyj/hlwxzbg/hlwtjbg/201403/t20140305_46240.htm.

量最多，分别为 225 起、199 起和 144 起（参见图 2-3)[①]。与 2012 年一样，互联网行业仍是中国创投市场投资案例最多的行业。

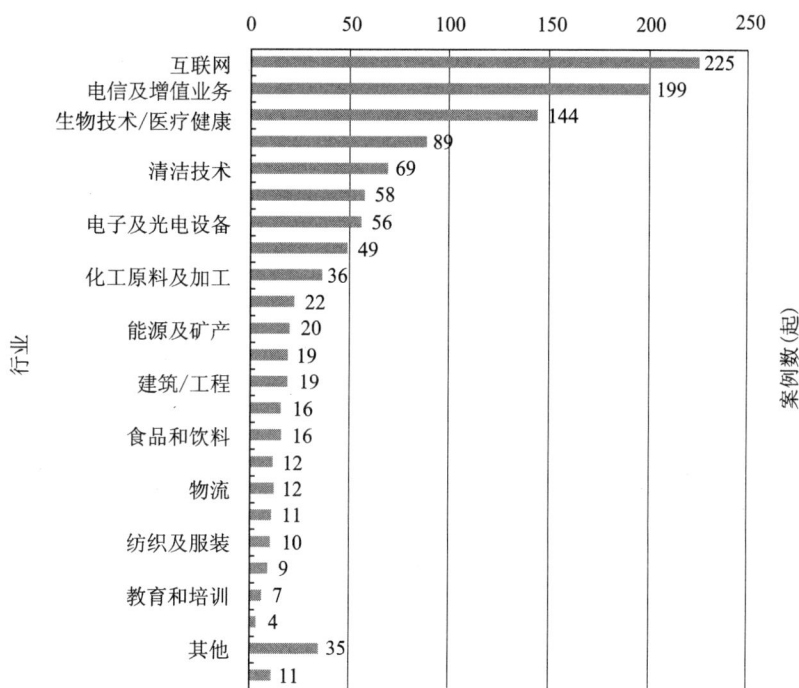

图 2-3　2013 年中国创业投资市场一级行业投资分布

数据来源：私募通。

从投资金额来看，2013 年中国创投市场投资总金额为 65.27 亿美元，其中互联网、生物技术/医疗健康、电信及增值业务行业获得投资金额最多，分别为 10.75 亿、8.76 亿和 6.36 亿美元（参见图 2-4)[②]。与 2012 年一样，互联网行业仍是中国创投市场投资金额最多的行业。

2. 互联网并购市场发展迅速

随着我国互联网市场规模的扩大，互联网行业开始整合，并购活动不断发生。2013 年，中国广义互联网行业发生并购案例数量 317 起，并购金额达到 143.49 亿美元，比 2012 年分别增长了 100%、164%，增长十分迅速（参见图 2-5)[③]。

① 投资界 . 2013 年中国创业投资年度研究报告 [EB/OL]（2014-02-28）[2014-04-20].
http://research. pedaily. cn/report/free/903. shtml.
② 投资界 . 2013 年中国创业投资年度研究报告 [EB/OL]（2014-02-28）[2014-04-20].
http://research. pedaily. cn/report/free/903. shtml.
③ 投资界 . 2014 年中国互联网行业并购专题研究报告 [EB/OL]（2014-01-28）[2014-04-20].
http://research. pedaily. cn/report/free/893. shtml.

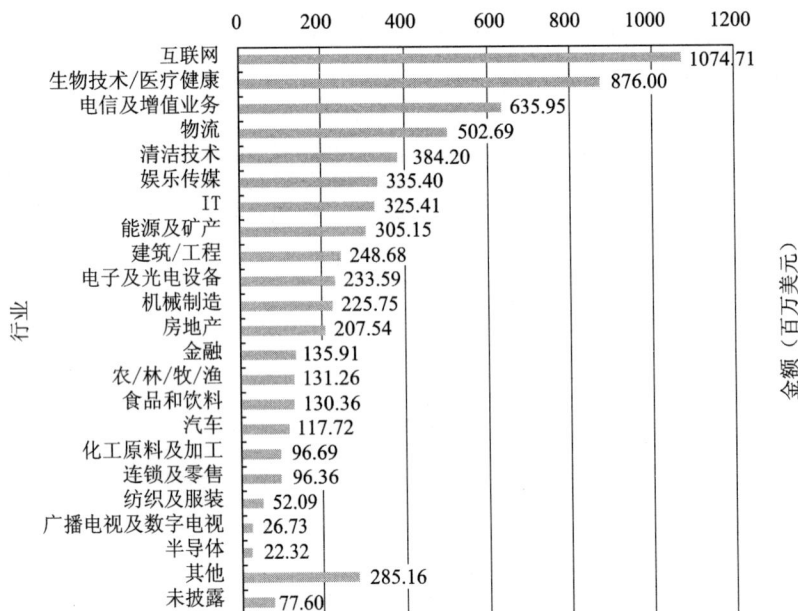

图 2-4　2013 年中国创业投资市场一级行业投资分布

数据来源：私募通。

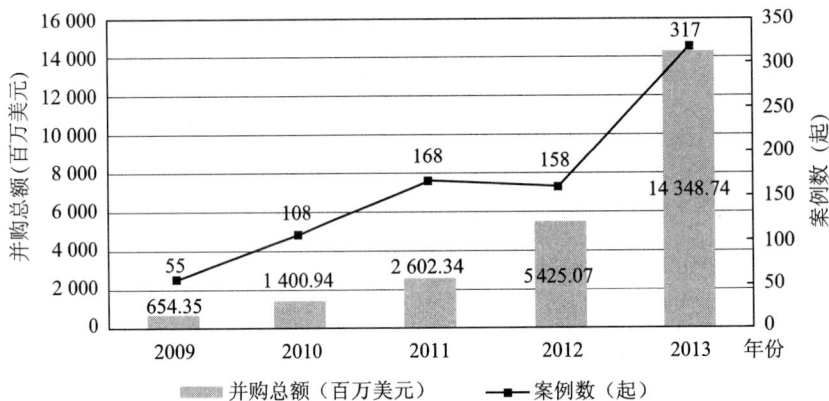

图 2-5　2009—2013 年中国广义互联网行业并购市场发展趋势

数据来源：私募通。

注：广义互联网行业包括狭义互联网、IT、广播电视及数字电视、娱乐传媒、电信及增值业务等。

　　2013 年，中国互联网行业的海外并购活动也十分活跃，全年共发生 14 起大型海外并购案例，共涉及并购金额 22.93 亿美元，并购方企业主要以百度、阿里巴巴及腾讯这三家国内电子商务巨头为主（参见表 2-1）①。

---

①　投资界. 2014 年中国互联网行业并购专题研究报告［EB/OL］（2014-01-28）［2014-04-20］.
　　http://research. pedaily. cn/report/free/893. shtml.

表 2-1　2013 年中国互联网行业海外并购情况

日期	并购方企业	被并购方企业	被并购方地区	金额（百万美元）	行业
2013 年 2 月	百度	Trust Go	美国	30.00	移动安全
2013 年 6 月	阿里巴巴	Fanatics	美国	170.00	体育用品垂直电商
2013 年 6 月	腾讯	Fab	美国	150.00	闪购网站
2013 年 7 月	腾讯	Activision-Blizzard	美国	1400.00	游戏开发商
2013 年 8 月	阿里巴巴	Shop Runner	美国	75.00	网购配送
2013 年 8 月	腾讯	Redbus	印度	135.00	在线车票公司
2013 年 8 月	探路者	Asiatravel	新加坡	6.39	在线旅游
2013 年 8 月	腾讯	Kamcord	美国	1.00	移动游戏录制公司
2013 年 10 月	阿里巴巴	Quixey	美国	50.00	移动应用内搜索
2013 年 10 月	腾讯	Snapchat	美国	200.00	社交图片分享
2013 年 12 月	腾讯	Quizup	美国	22.00	移动游戏开发
2013 年 12 月	奇虎 360	Klab	日本	5.70	手机游戏
2013 年 12 月	奇虎 360	Psafe	巴西	25.00	手机杀毒软件
2013 年 12 月	腾讯	Cyanogen Mod	美国	23.00	安卓第三方 ROM 开发

资料来源：私募通。

2.3　社会人文环境

2.3.1　电子商务信用环境

1. 社会信用环境

社会信用体系的完善是社会主义市场经济健康发展的基础，也是电子商务可持续发展的重要基石。党的十八届三中全会提出要"建立健全社会征信体系，褒扬诚信，惩戒失信"[①]，中央各部委积极落实，出台相关措施，积极推进社会信用体系的建设。

2013 年 1 月，国务院《征信业管理条例》[②] 正式公布，旨在进一步规范征信活动，保护当事人合法权益，引导和促进征信业健康发展，推进社会信用体系的建设。

中国人民银行积极贯彻实施《征信业管理条例》，2013 年，在全国范围内统一开展了对商业银行征信业务的现场检查，并积极实施信贷市场评级管理方式改革，促进金融信用信息基础数据库不断完善，服务渠道和产品日益丰富，小微企业和农村信用体系建设取得积极进展；同年 11 月，中国人民银行发布《征信机构管理办法》[③]，进一步加强了对征信机构的监管管理，推进了社会征信机构管理工作。

---

① 新华网．授权发布：中共中央关于全面深化改革若干重大问题的决定［EB/OL］（2013-11-15）［2014-04-20］.新华网网站：http://news. xinhuanet. com/politics/2013/11/15/c _ 118164235. htm.

② 国务院．征信业管理条例［EB/OL］（2013-01-21）［2014-04-20］. http://www. gov. cn/zwgk/2013-01/29/content _ 2322231. htm.

③ 中国人民银行．中国人民银行令〔2013〕第1号［EB/OL］（2013-11-15）［2014-04-20］. http://www. pbc. gov. cn/publish/tiaofasi/274/2013/20131203152618446381432/20131203152618446381432 _ . html.

2013 年 7 月，《最高人民法院关于公布失信被执行人名单信息的若干规定》① 公布，进一步促进了被执行人自觉履行生效法律文书所确定的义务，推进了社会信用体系建设。

在地方政府层面，各类促进社会信用体系建设的政策法规相继出台，引导社会信用制度的形成与完善。

2013 年 12 月，湖北省发改委印发了《关于〈湖北省社会信用体系建设 2013—2014 年工作要点〉的通知》②，要求围绕"政务诚信、商务诚信、社会诚信、司法公信"等四大重点领域，着力推进"信用记录广泛覆盖、信用服务市场基本建立、征信平台形成发挥作用"等三大基础建设，落实好"信用规划体系建设、信用法律体系建设、信用标准体系建设、诚信创新示范建设、失信惩戒机制建设、宣传教育体系建设"等六大保障措施。

2013 年 3 月，深圳市罗湖区印发了《深圳市罗湖区社会信用体系建设工作方案》和《深圳市罗湖区市场监管体系建设工作方案》③，主要从信用政策和标准规范建设、信用信息共享机制建设、政府信用建设、企业信用体系建设、信用服务市场培育和监管、信用奖惩机制建设以及诚信宣传教育等方面开展社会信用体系的建设。

2. 电子商务信用环境

在社会信用体系不断加强建设的同时，我国电子商务信用环境也处于不断完善的过程之中。

2013 年 7 月，国家食品药品监督管理总局、国家互联网信息办公室、工信部、公安部和国家工商行政管理总局联合制定并印发了《开展打击网上非法售药行动工作方案》④，重点打击三类违法行为：一是利用网络销售假药行为；二是未取得互联网药品交易资质，非法从事药品销售的行为；三是具有互联网药品信息服务或药品交易资质，但发布虚假药品信息或违法销售药品欺骗公众的行为。

中国中小企业协会网商分会制定了"网商信用评级"⑤ 办法，对网商的管理能力、经济偿还能力、营运能力、历史交易及信用情况等多方面进行评估，对评过级的网商发放统一的信用等级评价编号、牌证和标识。

近年来，郑州市工商局以被确定为国家电子商务诚信交易试点单位为契机，紧紧

① 中华人民共和国最高人民法院 . 最高人民法院关于公布失信被执行人名单信息的若干规定［EB/OL］（2013-07-16）［2014-04-20］. http://www. court. gov. cn/qwfb/sfjs/201307/t20130724 _ 186661. htm.

② 湖北省发展改革委员会 . 关于印发《湖北省社会信用体系建设 2013—2014 年工作要点》的通知［EB/OL］（2013-12-07）［2014-04-20］. http://hbjw _ www. hbfgw. gov. cn/ywcs/cmsc/tztgcmc/wjcmc/201312/t20131219 _ 73117. shtml.

③ 中共深圳市罗湖区委办公室.关于印发《深圳市罗湖区社会信用体系建设工作方案》和《深圳市罗湖区市场监管体系建设工作方案》的通知［EB/OL］（2013-03-28）［2014-04-20］. http://www. szlh. gov. cn/s/a/2013/g01/a239258 _ 855190. shtml.

④ 中华人民共和国国家食品药品监督管理总局 . 国家食品药品监督管理总局等部门关于印发开展打击网上非法售药行动工作方案的通知［EB/OL］（2013-07-29）［2014-04-20］. http://www. sda. gov. cn/WS01/CL0844/83374. html.

⑤ 中国中小企业协会.网商信用评级［EB/OL］（2012-09-20）［2014-04-20］.
http://nobsme. org/Information/articleCid _ 10.

围绕国家工商总局关于网络市场监管工作的部署,以规范促发展,大胆创新,结合工作实际,拟订了《郑州市工商局网络商品交易及有关服务行为信用分类办法及标准》、《郑州市网络商品经营诚信自律承诺书》,开展网商备案及工商电子标识发放,开通对外公众服务专用平台受理网络商品消费投诉,并积极研究制定《电子商务信用体系建设实施方案》[①]。

2014 年,中国互联网协会网络营销工作委员会在全国范围内展开关于电商诚信问题的问卷调查,调查显示:消费者对网络购物凭条投诉主要集中在先涨价再降价、返券限制多、物流配送缓慢、退换货难以及售后服务滞后等环节,占到网购投诉总量的六成以上。此外,几乎所有受访者都认为电商应该公开透明,维护消费者的知情权和选择权。对于约束电商诚信问题的对策,大部分消费者认为应该通过完善立法来进行约束。

2.3.2 电子商务人才培养环境

1. 电子商务人才需求旺盛

人才是电子商务可持续发展的关键因素之一。电子商务的快速发展带来了对相关人才的巨大需求。根据中国移动旗下的"和工作"网站发布的相关报告,2013 年 9 月、10 月和 11 月以及 2013 年全年,在中国十大招聘行业中,计算机、网络、技术三个电子商务的基础岗位稳居第一(参见表 2-2)[②]。

表 2-2 2013 年大学生十大招聘行业

	2013 年全年	2013 年 11 月	2013 年 10 月	2013 年 9 月
1	计算机、网络、技术	计算机、网络、技术	计算机、网络、技术	计算机、网络、技术
2	建筑、工程施工	建筑、工程施工	建筑、工程施工	建筑、工程施工
3	金融	金融	金融	金融
4	教育、培训	教育、培训	教育、培训	教育、培训
5	贸易、采购	医疗卫生、美容保健	贸易、采购	商业、餐饮旅游、娱乐
6	机械、仪器、仪表	贸易、采购	机械、仪器、仪表	医疗卫生、美容保健
7	医疗卫生、美容保健	机械、仪器、仪表	医疗卫生、美容保健	贸易、采购
8	商业、餐饮旅游、娱乐	商业、餐饮旅游、娱乐	商业、餐饮旅游、娱乐	机械、仪器、仪表
9	客户服务	电子、电器	客户服务	食品、饮料
10	食品、饮料	食品、饮料	食品、饮料	文体、影视、写作、媒体

资料来源:"和求职"网。

前程无忧网发布的无忧指数显示,2013 年 12 月,全国网上发布职位数逾 297 万

---

① 河南省人民政府. 郑州市工商局积极开展国家电子商务诚信交易试点项目工作［EB/OL］(2014-03-03)［2014-04-20］. http://www.henan.gov.cn/zwgk/system/2014/03/03/010455336.shtml.

② 和工作. 大学生就业市场监测报告(2013 年)［EB/OL］(2014-01-20)［2014-04-20］. http://mjob.12582.cn/zt/dxsjcbg/jobsreport.

个，互联网/电子商务职位数位居第二①。从行业特点来看，互联网行业具有资金密集度、人才密集度和知识密集度高等诸多特点，企业对于人才的竞争也相对比较激烈，这些因素都将进一步加剧行业的人才流动和人才竞争，导致该行业的人才流动更为活跃。人才流动也充分体现了新兴产业的特征，呈现出高离职率、高新进率的现象。

2. 电子商务学历教育

目前，电子商务学历教育覆盖了从中职、专科、本科、研究生的四个层次。2013年4月，教育部成立2013—2017年高等学校教学指导委员会②，其中专设电子商务类专业教学指导委员会，旨在加强对电子商务学历教育的引导。目前，电子商务市场人才需求旺盛，以高层次的电子商务专业研究生为例，2013年有19所高校将电子商务作为新的研究生招生专业（参见表2-3），电子商务类的高级人才培养将逐年增长。

表2-3　2013年电子商务作为单独专业进入研究生招生目录的学校

招生单位名称	所在地	院校特性	研究生院	博士点
北京交通大学	北京市	211	√	√
北京林业大学	北京市	211	√	√
中央财经大学	北京市	211		√
东北财经大学	辽宁省			√
上海财经大学	上海市	211		√
安徽财经大学	安徽省			
齐鲁工业大学	山东省			
河南工业大学	河南省			√
河南大学	河南省			√
河南财经政法大学	河南省			
武汉大学	湖北省	985	√	√
江汉大学	湖北省			
华南师范大学	广东省	211		√
广西大学	广西壮族自治区	211		√
四川师范大学	四川省			√
西南财经大学	四川省	211		√
贵州财经大学	贵州省			
云南财经大学	云南省			√
西安交通大学	陕西省	985	√	√

资料来源：教育部。

调查显示，电子商务学生专业实习率较高且稳定，年均实习率达到96％；年均就业率达93.1％。多数学校采用校内外实习结合、与企业合作建设实习基地，实习形式多样。就业率和专业对口率均在逐步上升③。

---

① 前程无忧网.预测2014年既赚钱又会火的行业[EB/OL]（2014-01-20）[2014-04-20].
http://arts.51job.com/arts/05/405771.html.

② 中华人民共和国教育部.教育部关于成立2013—2017年教育部高等学校教学指导委员会的通知[EB/OL]
（2013-04-09）[2014-04-20].http://www.moe.gov.cn/publicfiles/business/htmlfiles/moe/s7056/201304/150999.html.

③ 对外经济贸易大学调研组.电子商务领域教育教学改革热点难点问题调研报告（2013年）.

为贯彻落实教育部及河南省关于职业教育校企合作的相关要求，强化行业在现代职业教育体系建设和职业教育改革发展中的指导作用，2013 年 9 月，河南省成立了电子商务行业职业教育校企合作指导委员会。该委员会的成立，将为电子商务和网络创业搭建了一个良好平台，进一步深入推动电子商务企业与职业院校的合作共建，促进河南省电子商务职业教育的规模结构、专业设置和人才培养，更加适应电子商务加快发展的新要求[①]。

3. 全国大学生电子商务大赛

2013 年 11 月 19 日，由工业和信息化部指导、教育部支持、中国互联网协会主办、中国邮政储蓄银行承办的全国性大学生互联网公益赛事——中国互联网协会"邮储银行杯"第六届全国大学生网络商务创新应用大赛总决赛——在北京圆满落幕。"邮储银行杯"第六届全国大学生网络商务创新应用大赛自 2013 年 3 月中旬启动以来，历时 9 个月，从初赛、复赛到全国总决赛，吸引了全国 2200 所高校 16 万人的积极参与，直接参赛团队近 5000 支，成为本赛事参与人数、参与团队最多的一届。大赛举办过程中，在全国举行了近 10 场分赛区启动仪式和 150 场左右的入校巡讲活动，并在沈阳、青岛、福州等城市举行了菁英训练营、师资研修班和校企交流等活动。

由教育部高教司、工业和信息化部信息安全协调司指导，教育部高等学校信息安全专业教学指导委员会主办的 2013 年第六届全国大学生信息安全竞赛，从 2013 年 3 月开始至 2013 年 7 月结束，持续近四个月。比赛旨在宣传信息安全知识，扩大大学生科学视野，培养大学生创新精神和信息安全综合设计能力，促进高等学校信息安全专业课程体系和教学内容方法的改革，为选拔推荐优秀信息安全专业人才创造条件。共有来自全国 101 所高校的 719 支团队、603 个作品报名参加，为该赛事历史上规模最大的一届。来自 63 所高校的 136 个作品通过符合性审核，以及网络匿名评审（初赛）入围了决赛。经过 7 月 28、29 日两天的现场决赛，大赛最终产生了 20 个一等奖、35 个二等奖、60 个三等奖，以及优秀指导教师、优秀组织奖等奖项。

2.3.3　电子商务理论研究

1. 电子商务期刊论文

在中国知网中，采用主题关键字为"电子商务"进行期刊论文搜索，得到与电子商务有相关度的论文数量（参见图 2-6）。从 2002 年至 2013 年，有关电子商务的期刊论文数量总体呈现出不断增加的趋势。

2. 电子商务学位论文

在中国知网中，采用主题关键字为"电子商务"进行学位论文搜索，得到与电子商务有相关度的论文数量（参见图 2-7）。2013 年有关电子商务学位论文的总量有所减少，主要原因是学者的注意力已经转移到互联网金融、网络跨境贸易、信息技术社会化应用等电子商务新业态的研究上。

---

① 河南省人民政府. 河南省电子商务行业职业教育校企合作指导委员会成立［EB/OL］（2013-09-29）［2014-04-20］. http://www. henan. gov. cn/zwgk/system/2013/09/29/010427358. shtml.

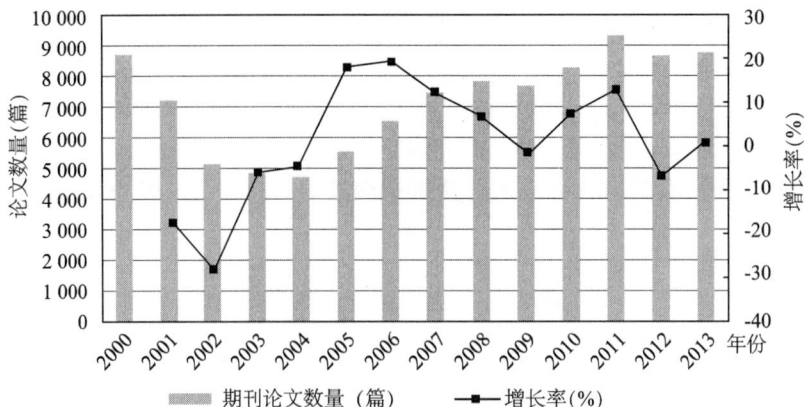

图 2-6　2000—2013 年电子商务期刊论文数量统计

资料来源：中国知网。

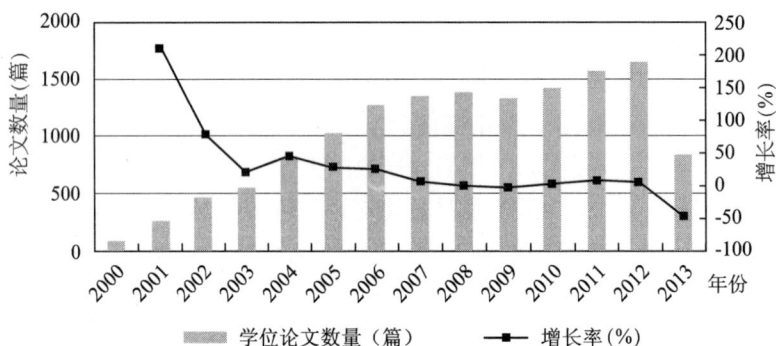

图 2-7　2000—2013 年电子商务学位论文数量统计

资料来源：中国知网。

3. 电子商务书籍

与电子商务相关的书籍涉及的面非常广泛，主要包括管理类、教材教辅与参考书类、计算机与互联网类、经济类等书籍。在亚马逊网上以"电子商务"为书名搜索，结果如表 2-4 所示。从表 2-4 中可以看出，2013 年出版的电子商务类书籍仍然比 2011 年有所增长。

表 2-4　2010—2013 年电子商务类书籍统计　　　　　　单位：种

年份	管理类	教材教辅与参考书类	计算机与互联网类	经济类	其他	合计
2013	307	115	230	217	45	914
2012	432	285	419	259	81	1476
2011	211	184	235	189	35	854
2010	248	208	270	211	62	999

数据来源：亚马逊网。

2.4　技术环境

2.4.1　网络基础设施环境不断完善

1. 通信运营行业整体继续平稳增长

2013 年，我国电信固定资产投资完成额达到 3755 亿元，全年新建光缆线路 265.8

万千米，总长度达到 1745.1 万千米，同比增长 17.9%。截至 2013 年 12 月底，使用 4M 及以上高速率宽带接入用户占整个国内互联网接入用户数的 78.8%，比上年提高 14.3 个百分点；我国网络国际出口带宽达到 341 万 M，同比增长 79.3%，比上年提高 42.6 个百分点[①]。

在移动通信方面，2013 年，我国移动电话普及率达到 90.8 部/百人，比上年提高 8.3 部/百人；互联网宽带接入用户数和移动互联网用户数分别达到 1.9 亿户和 8.1 亿户，比上年年底增加 1906 万户和 4319 万户。同时 3G 网络已经覆盖到全国所有乡镇，3G 用户总规模突破 4 亿户，渗透率达到 32.7%，比上年同期提高 11.8 个百分点。全年手机产量达到 14.6 亿部，增长 23.2%，增速比上年提高 18.9 个百分点。上市智能手机新机型 2288 款，同比增长 3.0%，占同期新机型总数的 80.0%。2013 年年底，政府向国内移动运营商颁发了 4G 牌照，在 4G 网络上线后，我国 4G 智能手机的出货量预计将在 2014 年达到 1.2 亿部。

2013 年，电信业务收入实现 11 689.1 亿元，同比增长 8.7%，连续三年高于同期 GDP 增速。电信业务总量实现 13 954 亿元，同比增长 7.5%（参见图 2-8）。通信运营行业整体继续平稳增长，为我国电子商务的发展提供了重要支撑。

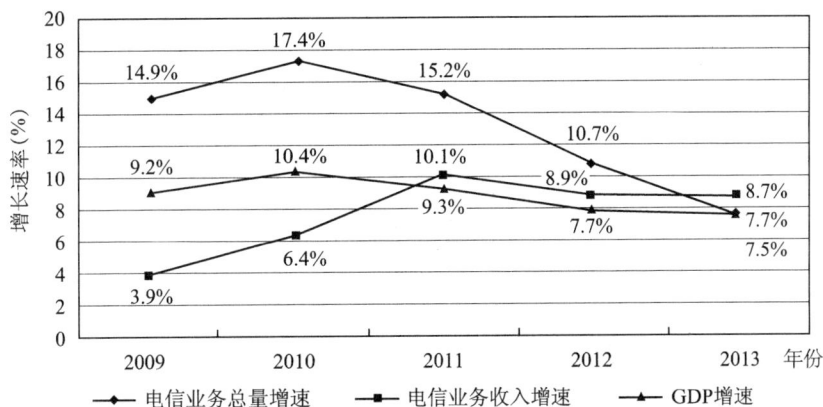

图 2-8　2009—2013 年电信业务总量与业务收入增长情况

数据来源：《2013 年通信运营业统计公报》。

2. 光缆传输网规模进一步扩大

2013 年，全国新建光缆线路 265.8 万千米，光缆线路总长度达到 1745.1 万千米，同比增长 17.9%，尽管比上年同期回落 4.2 个百分点，仍保持着较快的增长态势（参见图 2-9）。

[①]　中华人民共和国工业和信息化部. 2013 年通信运营业统计公报 [EB/OL] (2014-01-23) [2014-04-20]. http://www.miit.gov.cn/n11293472/n11293832/n11294132/n12858447/15861120.html.

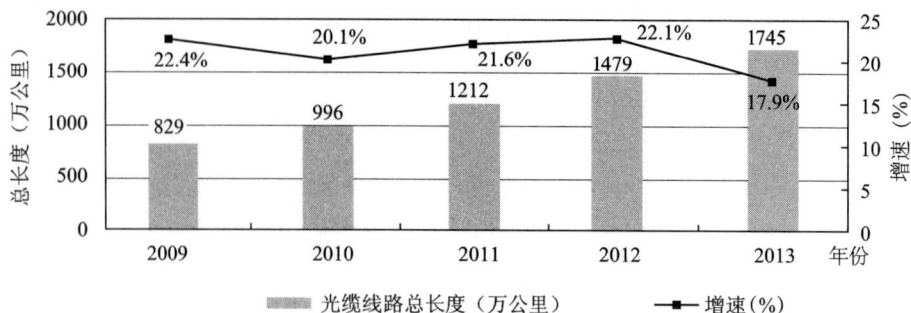

图 2-9　2009—2013 年光缆线路总长度

数据来源：《2013 年通信运营业统计公报》。

3. 互联网出口带宽不断增加

截至 2013 年 12 月，我国网络国际出口带宽达到 3 406 824 Mbps，同比增长 79.3％，比上年提高 42.6 个百分点，创下近七年来增速最高点（参见图 2-10）。其中，中国电信稳居首位，首次突破 2000G 大关，达到 2 190 878Mbps。

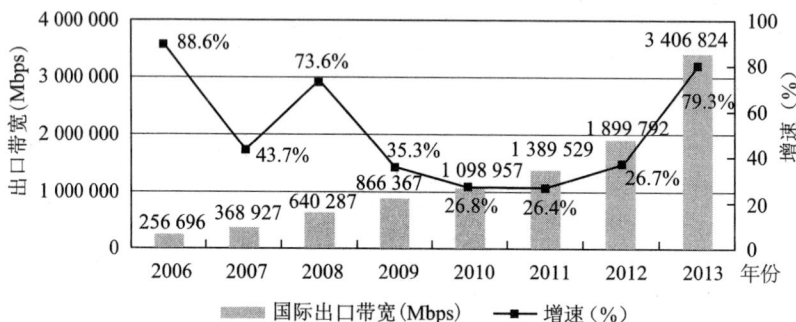

图 2-10　2006—2013 年网络国际出口带宽

数据来源：《2013 年通信运营业统计公报》。

2.4.2　电子商务新技术应用快速推广

（1）云计算技术创新应用。2013 年，电子商务行业根据 2012 年 9 月科技部印发的《中国云科技发展"十二五"专项规划》[①]，积极开展云计算技术的研发推广工作。阿里云在 2013 年年底数据库服务费普降 15％，引起电子商务网站谷歌、亚马逊的跟随，新浪云、百度云、腾讯云等也在酝酿新的举动，国内云计算产业迎来新的竞争，拼运维、拼供应链、拼服务成为新的竞争态势。余额宝以云计算为基础开展创新，阿里云计算支撑了余额宝 4000 多万的用户规模；众安保险与阿里云签约，成为全世界第一家没有自己 IT 的企业，也是中国第一家将全部核心和外围系统部署到云平台上的金融企业；腾讯成立了专门的云平台部，希望借助腾讯社交网络以及已经发展比较成熟的开放平

---

① 中华人民共和国科技部. 科技部关于印发中国云科技发展"十二五"专项规划的通知 [EB/OL]（2012-09-03）[2014-04-20]. http://www.most.gov.cn/mostinfo/xinxifenlei/fgzc/gfxwj/gfxwj2012/201211/t20121101_97536.htm.

台专门推广腾讯云；乐视网成立云计算公司，意在将公共的服务装在公共的云平台之上；宝钢集团旗下的宝信软件与上海电信签署业务合作协议，双方将以此为契机推进在云计算业务领域的全面协同。

（2）物联网技术创新应用。上海检验检疫局成功研发了"基于物联网的进出境（集装箱）货物检验检疫物流监控系统"，采用 RFID（无线射频识别技术）、远程视频监控、无线通信等物联网关键技术，将物联网技术与已使用的检验监管系统结合起来，实现无纸化施检、加施电子封识、卡口箱号识别、卡口自动放行等多项功能，为建立高效运行的进出境货物检验检疫监管体系提供技术支撑[①]。以跨界服务聚合收益为特性的国坤物联网社区金融平台，运用全面整合的理念，把银行柜台的支付、转账、还款、理财、小额信贷等业务，以及便民网点的机票、充值、电影票、代缴代扣等业务，全面汇聚到一个社区终端商业门店，让店面由单一营收变为多元营收，实现消费行业的便捷化，以及消费者的手机、电脑、商户终端的多界面 O2O 生活定制。美团网在全国 200 个城市推出了在线选座的猫眼电影 APP，客户通过扫二维码可以直接取票。杭州高新区建立了电商物联网产业外包服务基地——储仓快杰电商园区。该基地提供领先的物联网解决方案，建设精细化智能仓库，打造专业电商第三方仓配自动化一站式服务链。

（3）移动互联网技术创新应用。2013 年 12 月，工业和信息化部向中国联通、中国电信、中国移动正式发放了第四代移动通信业务牌照，标志着中国电信产业正式进入了 4G 时代。4G 网络将以更快的通信速度、更低的资费及对大数据量传输的承载力，在移动办公、移动电子商务等方面具有广阔的应用前景。2013 年，中国网民的移动购物习惯已逐步养成，有 59％的被访网民用过手机购物。受竞争驱动，银行、互联网厂商均开展移动支付业务，借助互联网金融终端、手机终端开辟全新的支付模式。腾讯微信支付平台在 2013 年年底成为人们祝贺新年的最新利器。智能手机的打车软件使得传统的订车呼叫系统一筹莫展。手机在农村的普及，使"测土配方施肥手机信息服务系统"在吉林省伊通县正式运行，当年超过 2 万户农民使用。

2.4.3　电子商务标准化工作继续推进

为了促进中国电子商务步入规范的发展轨道，2013 年国家标准化管理委员会、商务部与地方政府继续开展了电子商务标准的建设工作。

2013 年，商务部加快了电子商务标准的制定步伐，先后发布了《电子商务商品营销运营规范》、《电子合同在线订立流程规范》、《电子提单（物权凭证）使用规范》、《电子提单（物权登记）服务系统规范》、《电子一般原产地证明书格式规范》、《用于贸易融资的电子信息查询规范》（参见附录 B）。

商务部于 2011 年起在全国范围内开展了电子商务相关企业典型统计调查工作。但是总体上来看，由于数据来源、统计口径等问题的限制，导致各方发布的统计数据千

---

① 上海市政府．上海检验检疫局充分运用物联网等信息化新技术提升监管服务水平［EB/OL］（2012-04-25）［2014-04-20］. http://www.shanghai.gov.cn/shanghai/node2314/node2315/node18454/u21ai607181.html.

差万别，系统性、权威性和公正性均显不足。为了全面把握电子商务发展的现状和特点，掌握我国电子商务发展情况、问题及趋势，为今后制定相关法规、政策提供准确依据，为开展电子商务国际交流与合作提供便利，商务部组织有关专家拟订了我国电子商务统计体系标准。其中，《电子商务统计指标体系第 1 部分：总体》已经开始公开征求意见[①]。

2013 年，国家标准化管理委员会全国电子业务标准化技术委员会（TC83）完成 16 项国家标准的立项工作（参见表 2-5）。TC83 归口管理的"电子商务产品信息规范"相关标准，包括了服装、保险服务、汽车配件、数码产品、图书、软件构件等不同的行业。在起草过程中，起草组广泛调研了对口电子商务企业对不同产品的描述，根据电子商务的实际需求对各种产品进行分类，并针对不同分类提炼各类产品的专有描述。

表 2-5　2013 年度国家标准化管理委员会 TC83 立项

序号	项目计划号	标准名称
1	20130162-T-469	保险电子商务服务平台数据交换接口
2	20130163-T-469	电子商务产品信息规范　保险服务
3	20130164-T-469	电子商务产品信息规范　汽车配件
4	20130165-T-469	电子商务产品信息规范　数码产品
5	20130166-T-469	电子商务产品信息规范　图书
6	20130167-T-469	电子商务供应商评价准则　优质制造商
7	20130168-T-469	行政、商业和运输业电子数据交换　段目录
8	20130169-T-469	行政、商业和运输业电子数据交换　复合数据元目录
9	20132285-T-469	电子商务软件构件描述规范
10	20132286-T-469	电子商务软件构件注册与管理
11	20132287-T-469	基于 ebXML 保单报文
12	20132288-T-469	基于 ebXML 不可撤销信用证报文
13	20132289-T-469	基于 ebXML 不可撤销信用证申请书报文
14	20132290-T-469	基于 ebXML 商业发票报文
15	20132291-T-469	基于 ebXML 询价单报价申请要约邀请报文
16	20132292-T-469	基于 ebXML 一般产地证报文

资料来源：国家标准化管理委员会。

2013 年，TC83 秘书处单位中国标准化研究院承担了国家"十二五"科技支撑计划课题"全程电子商务关键技术标准研究与应用示范"。该课题以我国现代生产性服务业中的 B2B 和 B2C 电子商务全程交易为主线，围绕全程电子商务交易的各个环节（交易前、交易中和交易后以及贯穿全程的交易安全）对标准化的需求，依托行业领先的电子商务服务平台，按照"基础理论、关键标准与应用示范"相结合的思路，通过产学研用联合攻关，开展全程电子商务标准化研究，自主研制 11 项国家/联盟标准（6 项国家标准、5 项联盟标准），开展至少 6 个以上应用示范（其中：1 个区域示范、至少 5

---

① 中华人民共和国商务部．关于《电子商务统计指标体系第 1 部分：总体》（征求意见稿）公开征求意见 ［EB/OL］（2013-11-29）［2014-04-20］. http://dzsws.mofcom.gov.cn/article/af/201311/20131100408204.shtml.

家以上企业示范），解决电子商务中利用假冒身份进行虚假交易、主体和商品信息不对称、交易合同欺诈、信用信息缺失以及各种交易风险和交易欺诈等阻碍电子商务发展的瓶颈问题，为推进电子商务技术进步、规范市场秩序、加强政府监管提供标准化支撑。

2013 年，国家标准化管理委员会发布了《电子商务信用卖方交易信用信息披露规范》。TC83 组织召开 2 项国家标准的审查工作，包括社区基础数据元和社区信息化术语。

在地方政府层面，2013 年 4 月 26 日，上海市商务委发布了《市商务委关于印发〈上海电子商务统计报表制度〉（2013—2015 年统计报表）的通知》①，这一项工作将继续完善上海市电子商务的统计制度，构建统计信息网络，形成序列化、专业化数据库，加快建立网络经营主体数据库，并为上海市电子商务的发展与决策提供数据支持。

---

① 上海市商务委员会. 市商务委关于印发《上海电子商务统计报表制度》（2013—2015 年统计报表）的通知 [EB/OL]. （2013-04-26）[2014-04-20]. http://www.scofcom.gov.cn/qt/14230.htm.

第3章 2013年中国电子商务服务业发展状况

2013年，我国电子商务服务业的发展继续保持快速的增长势头。电子商务交易服务业、电子商务支撑服务业、电子商务衍生服务业协同发展，形成了电子商务服务新体系。政策环境也在不断优化。2013年，商务部发布的《商务部关于促进电子商务应用的实施意见》[①] 中，关于加强电子商务物流配送基础设施建设，鼓励电子商务支撑服务企业发展、建立和完善电子商务服务产业链条，发展业务流程外包服务和信息技术外包服务等意见正在逐步落实。

3.1 2013年中国电子商务服务业发展概况

3.1.1 电子商务服务规模全球领先

随着我国电子商务交易额规模在全球领先，2013年，我国电子商务服务业规模也达到世界领先水平。2013年全国快递业务量达91.9亿件[②]，逼近第一大国美国的规模。支付宝移动交易达到27.8亿笔、金额超过9000亿元，成为全球最大的移动支付服务商[③]。

3.1.2 云计算发挥信息基础设施作用

2013年，随着云计算在电子商务、公共服务、互联网金融等领域的快速渗透和深入应用，云计算作为信息基础设施的基础作用开始凸显。从需求来看，据不完全统计，2013年使用云计算服务的企业已有数十万家，广泛分布在零售、金融、媒体、消费电子等行业。从供给来看，阿里巴巴、京东、苏宁等服务商将云计算作为战略方向，微软、IBM、亚马逊先后为中国市场提供云计算服务，极大地促进我国信息基础设施升级。

3.1.3 大数据在电子商务服务发展中贡献突出

2013年，大数据在物流、网络营销、电子支付等电子商务服务中的应用日益广泛，贡献突出。以网络零售行业的"双11"促销活动为例，11月11日当天产生的包裹超

---

① 商务部. 关于促进电子商务应用的实施意见[R/OL]（2013-11-21）［2014-04-20］.
http://www.mofcom.gov.cn/article/b/fwzl/201311/20131100398515.shtml.
② 国家邮政局. 2013邮政行业运行情况［EB/OL］（2014-01-15）［2014-04-20］.
http://www.spb.gov.cn/dtxx_15079/201401/t20140115_274540.html.
③ 北京商报. 支付宝成全球最大移动支付公司[N/OL]（2014-02-20）［2014-04-20］.
http://tech.sina.com.cn/i/2014-02-20/01009175625.shtml.

过 1.52 亿个，创下历史最高纪录。其中，85％的包裹在一周内完成配送，大数据发挥了至关重要的作用。在物流大数据平台上，订单数据、包裹数据、天气数据、交通数据等实现共享，物流服务商、商家、消费者等可及时了解物流网络运行状况，并在选择服务商、安排运力、优化路线等方面及时决策和应急调整，避免了大面积爆仓和拥堵，从而提升了整体配送效率。

3.1.4　跨境电子商务服务迎来良好发展机遇

2013 年，跨境电子商务蓬勃发展。7 月 26 日，《国务院办公厅关于促进进出口稳增长、调结构的若干意见》对发展跨境电子商务提出明确要求。8 月 21 日，商务部等部门制定《关于实施支持跨境电子商务零售出口有关政策的意见》，针对制约跨境电子商务零售出口发展的突出问题，提出通过海关、质检、税收、外汇、支付和信用等六项措施支持跨境电子商务发展。随着商业和政策环境的优化，跨境电子商务服务迎来新的发展机遇。

3.1.5　电子商务服务业的就业贡献突出

电子商务服务业蓬勃发展，在促进就业方面产生重要贡献。电子商务服务业带动的就业机会，具有"类型多样、覆盖广泛"的特征，能提供多样的就业选择。以物流快递为代表的劳动力密集型电子商务服务业，创造的就业机会门槛低、规模大；以信息技术服务为代表的技术密集型电子商务服务业，创造的就业机会含金量高、增速快。

2013 年 2 月 4 日，人力资源和社会保障部首次向社会发布了《网络创业促进就业研究报告》。报告披露，我国网络创业就业已累计制造岗位超过 1000 万个，有力缓解了近几年的就业压力，并日益成为创业就业新的增长点[1]。

阿里研究院的报告显示[2]，网络创业带动直接就业达到 962.5 万人，其中原先处于未就业状态而通过网络平台新实现创业或就业且未在其他领域兼职的人数为 470.68 万人。在网络创业网店中，九成以上为个人网店，根据推算，全国个人网店带动网络创业就业人数达 600 万人。2014 年，网络创业就业仍将提供巨大数量的工作岗位。目前，网店缺工总量约 122 万人；全国网店未来一年计划招工总量约 348 万人。

3.2　电子商务交易服务业发展情况

3.2.1　企业间（B2B）交易服务

1. 市场规模

2013 年，第三方 B2B 电子商务交易服务商收入达 210.2 亿元，同比增长 30.5％。

---

① 人力资源和社会保障部. 我国网络创业就业累计制造岗位超过1000万个［EB/OL］（2013-04-01）［2013-04-20］. http://search. mohrss. gov. cn/was5/web/search? searchwordanzhao＝1000％E4％B8％87&. channelid＝226064&.searchword＝doctitle％3D1000％E4％B8％87.

② 阿里研究院. 网络就业社保研究报告［EB/OL］（2014-03-21）［2014-04-20］. http://i. aliresearch. com/img/20140321/20140321105306. pdf.

近五年，得益于电子商务蓬勃发展，B2B 电子商务交易服务商的收入保持持续、快速增长（参见图 3-1）。

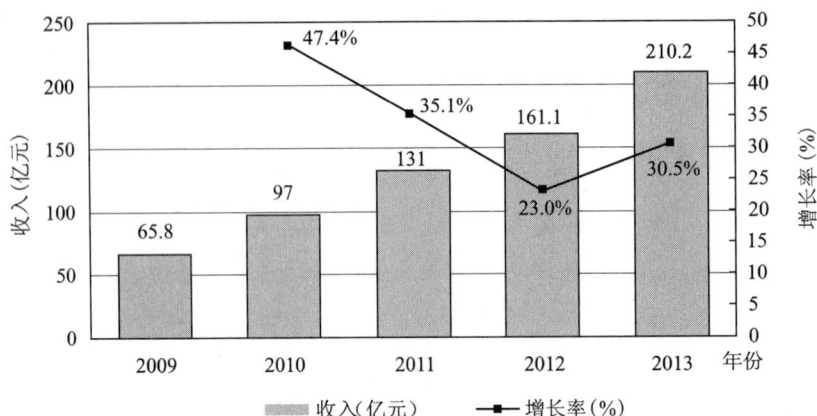

图 3-1　2009—2013 年第三方 B2B 电子商务交易服务商收入统计
数据来源：各服务商财报数据、艾瑞咨询。

2. 市场格局

从市场份额来看，阿里巴巴、环球资源、慧聪网等处于领先地位。数据显示，2013 年第三季度，在第三方 B2B 电子商务服务商收入中，排名前五位的服务商合计占 61.4%。其中，阿里巴巴占 43.1%，继续保持领先地位；环球资源、慧聪网、敦煌网、中国制造网分列第二至第五位（参见图 3-2）。

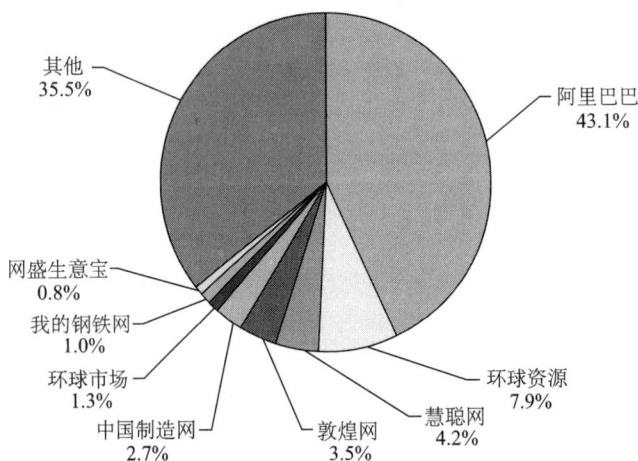

图 3-2　2013 年第三方 B2B 电子商务服务商市场份额
数据来源：艾瑞咨询。

3. 年度特征

1）在线交易服务获得显著成绩

近年来，在线交易服务成为第三方 B2B 电子商务平台转型的主要方向。阿里巴巴、慧聪网、我的钢铁网等相继推出在线交易服务。2013 年，B2B 在线交易服务获得突破性进展。阿里巴巴1688平台日均交易额突破3亿元，其中，单日在线交易额峰值达45亿元；我的钢铁网钢铁日交易量超过万吨；慧聪网单笔订单最高交易额达156万元。

2）新兴服务模式助力产业集群转型上网

2013年，广东、浙江、福建等地产业集群转型上网的速度加快。其中，由"企业＋政府＋运营服务商＋平台服务商"形成的新兴服务模式被广泛应用。平台服务商负责建设在线的产业集群专区，运营服务商负责产业集群专区的日常运营，并通过培训、运营外包等方式，帮助企业顺利开展电子商务。该模式充分发挥不同服务商的专业能力，规模化实现产业集群企业转型上网。据不完全统计，在阿里巴巴、慧聪网、中国网库等第三方电子商务平台上，基于各地产业集群形成的"线上产业集群"、"线上产业带"等超过200个。

3）"电子商务＋金融"助力解决小企业贷款难题

近年来，B2B电子商务平台逐步将金融服务发展成重要的增值服务。2013年，敦煌网先后与招商银行、民生银行合作，推出面向小企业的金融业务。慧聪与神州数码成立合资公司，发展小额信贷互联网金融业务。实践显示，"电子商务＋金融"相结合的模式，有助于解决小企业贷款难题。截至2013年第三季度，阿里小额贷款向小企业累计贷款208亿元，共约150万笔，获贷小企业达30余万家。

4）大数据成为电子商务交易平台探索重点

2013年，大数据在贸易、交通、医疗等领域获得前所未有的重视，同样，也成为B2B电子商务平台探索的重点。深入挖掘海量数据，有助于企业在采购、销售、营销、研发等环节降低成本、提高效率。阿里巴巴与美国海关达成合作，获权使用其海运进口提单原始数据。阿里巴巴将上述数据开放给"中国供应商"查询，并鼓励它们将数据直接展示到其"全球旺铺"中。新华社国家金融信息中心指数研究院和上海网盛生意宝共同编制"大宗商品交收指数"，供行业定价参考。上海钢联与国家统计局在大数据开发应用上开展的深度合作，其编制的"上海螺纹钢价格指数"被国际商品交易所采纳使用。总体来看，电子商务交易平台对大数据的应用，还处于探索阶段。

5）外贸综合服务受高度关注

为外贸企业提供电子商务服务是B2B电子商务平台的重点方向。2013年7月，国务院常务会议公布促进外贸发展的"国六条"，重点强调"支持外贸综合服务企业为中小民营企业出口提供融资、通关、退税等服务。""外贸综合服务"首次出现在国家政策中，意味着外贸电子商务服务平台将迎来新的发展机遇。在2013年上半年中国一般贸易出口企业百强榜中，前10位中有3个是外贸综合服务企业。其中，最大的外贸综合服务平台"一达通"全年实现进出口总额40亿美元，同比增长117%，客户量突破14 000家，融资总额超60亿元。

6）新兴交易平台不断涌现

2013年，在土地、钢铁、服务外包等领域涌现出一批新的交易平台。上海土地市场网成为上海市土地交易的综合平台；"上海钢铁交易中心"重点开展钢铁产品网上销售、物资采购、循环物资处理、供应链融资和信息咨询服务；"东方煤炭电子交易中心"聚焦于快速推进淮北矿业的电子商务应用；"上海服务外包交易促进中心线上交易平台"汇聚上万条供需信息，为信息技术、金融、生物医药、文化创意等专业领域的会员企业提供项目对接服务；"中科物联网"成为国内首个物联网电子商务 B2B 网站，旨在激活物联网产业上下游合作关系。

3.2.2 网络零售交易服务

1. 市场规模

2013 年，我国网络零售交易额达到 1.85 万亿元，同比增长 41.2%，相当于当年社会消费品零售总额的 7.8%，比 2012 年提高 1.6 个百分点（参见图 3-3）。据统计，我国约 90% 网络零售交易由网络零售交易服务平台支撑完成，而美国的同一比例仅为 24%[1]。对比显示，在我国网络零售交易平台对网络零售的发展发挥着核心作用。

2013 年，网购用户达到 3.02 亿人[2]，巨大的用户规模将成为网络零售继续快速增长的坚实基础（参见图 3-3）。

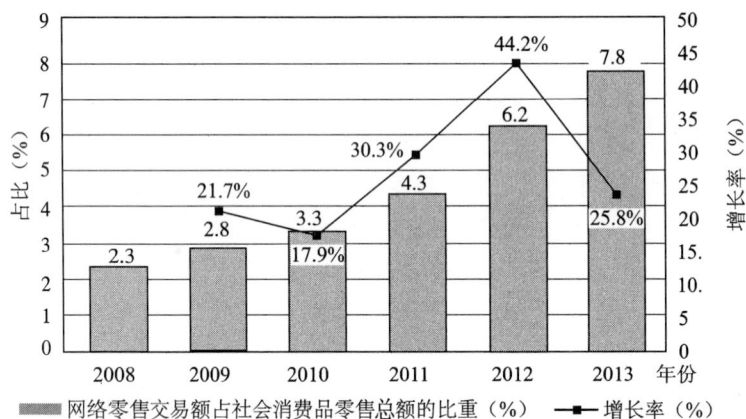

图 3-3　2008—2013 年中国网络零售交易额相当于社会消费品零售总额比重的增加情况

数据来源：历年《中国电子商务报告》。

2. 市场格局

从市场份额来看，在 B2C 领域，天猫、京东、腾讯电商处于领先地位。2013 年第三季度数据显示，天猫在 B2C 占 51.1%，京东占 17.5%，腾讯电商占 6%[3]。对比历年数据，B2C 市场集中度呈现加强的趋势。2013 年第三季度，前十大 B2C 平台市场份额之和达到 89.7%。在 C2C 领域，淘宝仍然保持绝对领先地位，市场份额超过 80%（参见图 3-4）。

---

① 阿里研究院. 新基础：消费品流通之互联网转型［R/OL］(2013-12-14)［2014-04-20］. http://www. 199it. com/archives/179465. html.

② 中国互联网络信息中心. 第 33 次中国互联网络发展状况统计报告［R/OL］(2014-03-05)［2014-04-20］. http://www. cnnic. net. cn/hlwfzyj/hlwxzbg/hlwtjbg/201403/t20140305 _ 46240. htm.

③ 艾瑞咨询. 2013 年第三季度中国电子商务核心数据发布［R/OL］(2013-11-4)［2014-04-20］. http://news. iresearch. cn/zt/218535. shtml.

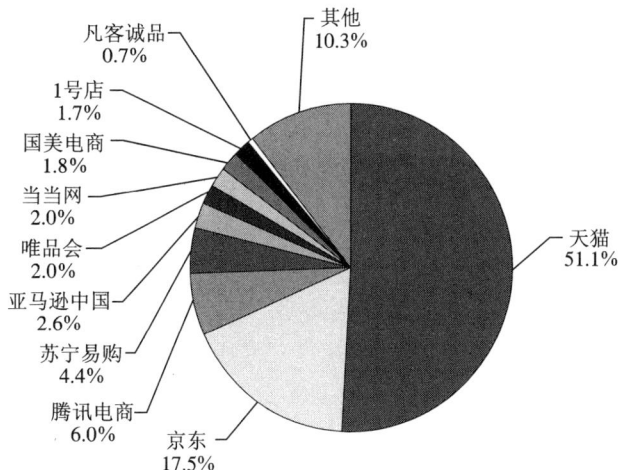

图 3-4　2013 年第三季度中国 B2C 购物网站交易规模市场份额

数据来源：艾瑞咨询。

3. 年度特征

1) 移动购物成为网络零售服务商战略重点

2013 年，我国移动购物消费者数量快速增长，规模达到 1.44 亿人[①]。移动购物成为网络零售服务商战略发展方向。网络零售服务商的大力投入获得初步成绩。腾讯在微信上测试微店、微支付功能，旗下易迅网移动端的订单量同比 2012 年增长超过 14 倍。京东商城在移动端收到的订单量占比达到 15%。淘宝推出微淘公共账号平台；在"双 11"促销活动中，手机淘宝成交笔数达 3590 万笔，占促销订单总数的 21%。

2) 传统零售商加快互联网转型步伐

2013 年，传统零售商向互联网转型步伐明显加快，以苏宁为例，2013 年年初，"苏宁电器"更名为"苏宁云商"，6 月宣布"双线同价"，9 月正式启动开放平台"苏宁云台"，全面转型"互联网零售"，并确定"电商＋店商＋零售服务商"的发展模式。10 月，银泰商业与天猫达成战略合作，实现线上线下交易的结合。"双 11"当天，银泰的天猫旗舰店成交额超过 2800 万元，是 2012 年同期的 6 倍。12 月，万达集团万汇网上线，业务将涵盖百货、美食、影院、KTV 等领域。传统零售商转型互联网，将推动网络零售服务多元化，有助于实现线上线下零售服务体系快速融合。

3) 县域成为网络零售服务商重点拓展方向

县域拥有巨大的消费者人群，逐步成为网络消费的新增长点。2013 年，县域网购消费额同比增长速度比城市快 13.6 个百分点[②]。究其原因，通过互联网县域消费者可以买到在当地无法获得的商品，且费用显著低于当地实体零售店。据测算，网上价格

[①]　中国互联网络信息中心．第 33 次中国互联网络发展状况统计报告［R/OL］（2014-03-05）［2014-04-20］.
　　http://www.cnnic.net.cn/hlwfzyj/hlwxzbg/hlwtjbg/201403/t20140305_46240.htm.

[②]　阿里研究院．2013 年中国县域电子商务发展指数报告［R/OL］（2014-01-15）［2014-04-20］.
　　http://data.iresearch.cn/download/460.shtml.

平均比线下价格低 6‰~16‰①。淘宝、京东等纷纷加大县域市场的营销力度和物流投入，重点拓展小城镇和农村市场。

4）网络零售服务商大力开拓进口消费业务

随着消费者收入增长和消费需求升级，进口消费需求快速增长，受到网络零售服务商的重视。2013 年，1 号店进口食品的年增长率高达 137％。截至 2013 年 11 月底，1 号店进口牛奶的销量已占到全国海关牛奶进口总额的 37.2％。12 月，上海自贸区推出"跨境通"平台，消费者通过网站可订购进口商品，快递公司直接送到消费者手中。天猫以 C2B 的订单农业方式，直接采购海外原产地水果，联合国内专业物流冷链服务商完成配送。以美国车厘子为例，在 2013 年 7 月初的短短三天时间里就销售了 20 吨。此外，京东、亚马逊等纷纷重点拓展进口商品业务。

5）网络零售服务商试水生鲜品类商品

1 号店从 2013 年 3 月开始经营生鲜品类，从水果品类扩展到蔬菜、冷藏、冷冻等品类，日订单量不断上升，"双 11"中日订单量突破 5000 单。天猫在 26 个城市试点生鲜网购，并探索"C2B 预售＋冷链配送"缩短配送时间。京东、苏宁也先后推出生鲜频道，淘宝则聚集众多农户提供多样的生鲜商品。

6）快速配送成为网络零售服务商竞争热点

2013 年，易迅网在原有 6 个核心城市基础上，新开设广州、杭州等十大核心仓并落地自建配送队伍，大大缩短了配送时间，最快订单货物送达时间仅用 19 分钟。京东推出"极速达"、"夜间配"等特色服务，根据客户需求定制个性化物流服务。其大型物流中心"亚洲一号"投入使用后，将实现日订单处理上千万单的服务能力。苏宁、国美也纷纷利用其庞大的门店网络，提升配送服务。

3.2.3 其他电子商务交易服务

1. 网络团购

2013 年是网络团购服务商转折年。因市场竞争激烈，缺乏实力的团购网站纷纷关闭。据不完全统计，截至 2013 年 12 月底，正常运营的团购网站共 213 家，数量仅相当于 2011 年高峰期的 1/25。88 家团购网站仅提供实物商品团购服务，125 家提供本地服务团购，其中 54 家专注于酒店、电影票、摄影等细分领域②。

市场竞争结果集中表现为市场集中度增加。据统计，2013 年排名前五的团购网站成交额占总体的 95.7％。美团和大众点评团形成第一梯队，月均成交额超过 10 亿元，糯米团、窝窝团、拉手网等形成第二梯队，月均成交额约 3 亿~4 亿元③。

① 麦肯锡全球研究院．中国电子零售业革命［R/OL］（2014-03-21）［2014-04-20］.
　http://mat1. gtimg. com/tech/2013/pdf/MGI _ China _ e-tailing _ Full _ report _ March _ 2013. pdf.
② 金羊网．2013 年 700 多家团购网站消失［N/OL］（2014-01-24）［2014-04-20］.
　http://money. ycwb. com/2014-01/24/content _ 5962430. htm.
③ 团 800. 2013 年中国团购市场统计报告［R/OL］（2014-01-17）［2014-04-20］.
　http://zixun. tuan800. com/a/tuangoushujubaogao/20140117/49393. html.

2013 年，中国团购市场交易额累计达到 532.89 亿元，环比增长 52.8%①。按照全年平均团购折扣 4.2 折计算，2013 年团购行业为全国消费者节省消费开支总计 736 亿元，极大地拉动了国内消费。网络团购快速增长的动力源自团购消费者规模进一步扩大。2013 年，团购用户规模达 1.41 亿人②，在互联网商务应用中增长率排名第一。

2013 年，中国餐饮行业 O2O 市场规模达到 622.8 亿，比 2012 年增长 61.1%③。O2O 市场模式将成为餐饮行业一个新的增长点。

各类打车软件蓬勃发展，截至 2013 年年底，中国手机打车应用累计用户数超过 1800 万人。

2. 海外代购

2013 年，海外代购服务商呈现多元化和规范化发展特征。

（1）海外代购服务商业务模式呈现多元化。一是海淘导购，主要在商品导购等环节提供服务，如海淘城等；二是独立海外代购网站，直接从海外采购现货，如西游列国等；三是海外代购交易平台，为海外代购商家或买手提供交易服务，如淘宝全球购；四是海外代购整合服务平台，整合海外商品、支付、转运、通关等服务，如洋码头等。

（2）海外代购服务商逐步走向规范化发展。淘宝全球购在准入门槛、销售资质等方面制定标准，以此规范提供代购服务的卖家。洋码头有专门的团队对买手和商家进行严格审核认证，另有一个监控团队来考察买手和商家的买卖规范。同时，利用用户反馈形成第三轮考核，从而形成了一个系统化的标准和评分机制，定期优胜劣汰。

3.3　电子商务支撑服务业发展情况

3.3.1　电子支付服务业

1. 市场规模

2013 年，我国第三方电子支付交易额达 5.37 万亿元，同比增长 46.8%④（参见图 3-5）。电子支付额持续、快速增长，一方面是电子支付用户快速增长。2013 年，电子支付用户达 2.6 亿，同比增长 17.9%，其中，2013 年新增 3955 万人⑤。另一方面是电子支付在网络购物、公共事业缴费、本地生活等领域应用日益广泛。

---

① 领团网.2013 年 12 月全国团购市场统计报告［R/OL］(2014-01-24)［2014-04-20］.
http://zixun. lingtuan. com/article-34380-1. html.
② 中国互联网络信息中心.第 33 次中国互联网络发展状况统计报告［R/OL］(2014-03-05)［2014-04-20］.
http://www. cnnic. net. cn/hlwfzyj/hlwxzbg/hlwtjbg/201403/t20140305 _ 46240. htm.
③ 品途网.2012—2013 年中国餐饮行业 O2O 发展报告［R/OL］(2013-07-22)［2014-04-20］.
http://www. pintu360. com/wp-content/uploads/品途咨询:2012—2013 中国餐饮行业 O2O 发展报告(最终版).pdf.
④ 艾瑞咨询.2013 年中国第三方互联网支付市场交易规模达 53 729.8 亿［EB/OL］(2014-01-21)
［2014-04-20］. http://ec. iresearch. cn/e-payment/20140121/225451. shtml.
⑤ 中国互联网络信息中心.第 33 次中国互联网络发展状况统计报告［R/OL］(2014-03-05)［2014-04-20］.
http://www. cnnic. net. cn/hlwfzyj/hlwxzbg/hlwtjbg/201403/t20140305 _ 46240. htm.

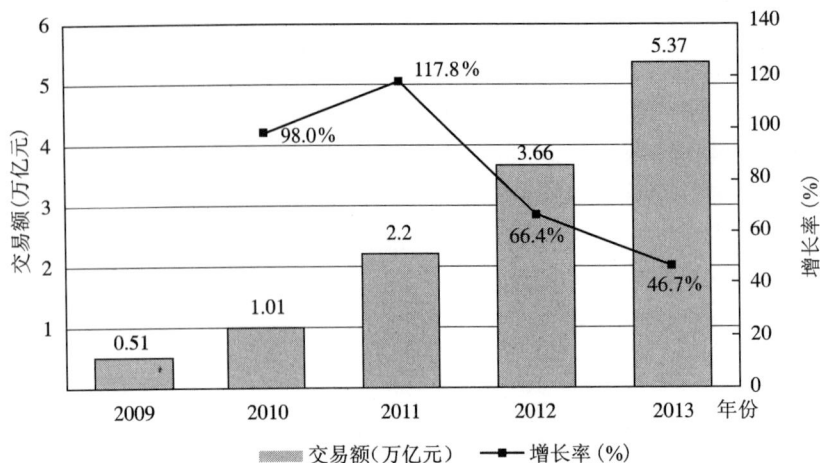

图 3-5　2009—2013 年第三方电子支付交易额

数据来源：历年《中国电子商务报告》。

从交易结构来看，网络购物占比最大（约 35.2%），其次是航空客票（约 13.2%），第三位是基金申购（10.5%）。基金申购是 2013 年的黑马，脱颖而出位列第三。电信缴费退居第四（约占 5.2%），（参见图 3-6）。

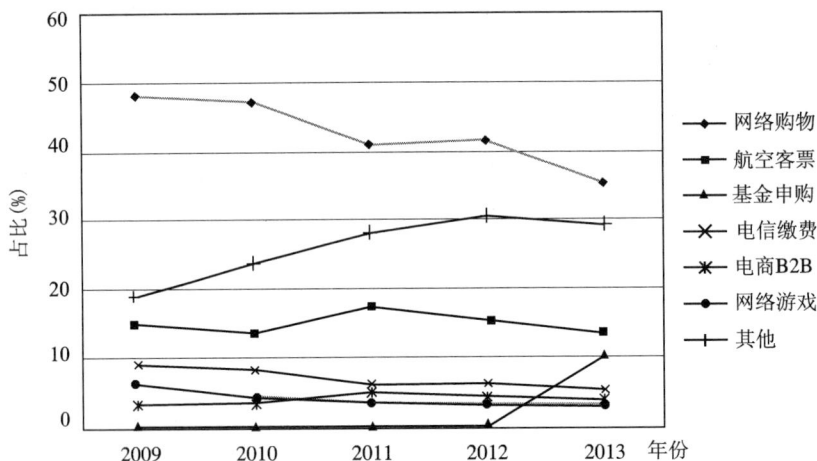

图 3-6　2009—2013 年中国第三方互联网支付市场交易规模结构

数据来源：历年《中国电子商务报告》。

2013 年，我国第三方移动支付交易额首次突破万亿元，达 1.22 万亿元，同比增长 707%（参见图 3-7）[①]。

[①]　艾瑞咨询 . 2013 年中国第三方移动支付市场交易规模破万亿［EB/OL］（2014-01-21）［2014-04-20］. http://ec.iresearch.cn/e-payment/20140121/225415.shtml.

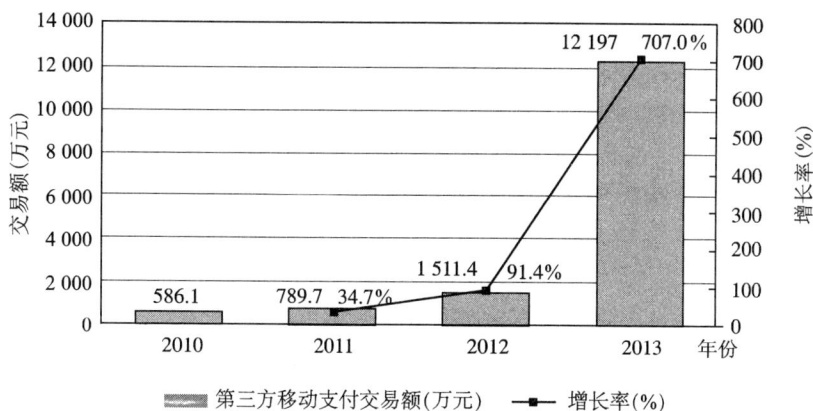

图 3-7　2010—2013 年第三方移动支付交易额

数据来源：历年《中国电子商务报告》。

2013 年，中国人民银行为 55 家企业发放了第三方支付牌照。截至 2013 年年底，获得第三方支付牌照的企业总计 243 家[①]。上海、北京、广东、浙江、江苏是获得牌照企业最集中的五个省市。

2. 市场格局

从市场份额来看，支付宝、财付通在众多电子支付服务商中处于领先地位。2013 年第三季度数据显示，支付宝占 48.8%，财付通占 18.7%，好易联占 7.4%。前五大电子支付服务商的市场份额合计占 87.5%。对比历史数据，支付宝和财付通的领先优势相对稳固（参见图 3-8）。

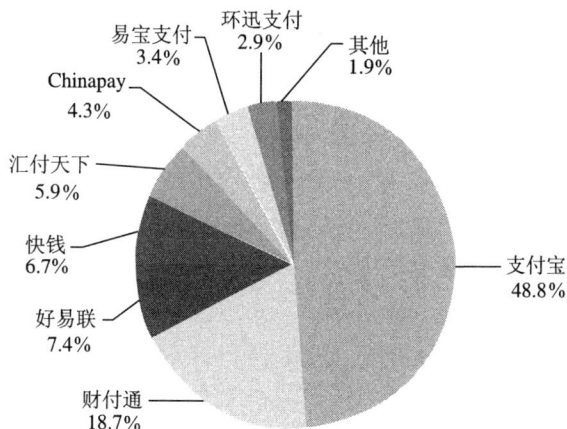

图 3-8　2013 年中国第三方互联网支付核心企业交易规模

数据来源：艾瑞咨询。

在移动支付细分领域，市场格局有所差异。2013 年第三季度数据显示，支付宝占

[①]　中国人民银行. 非金融机构支付业务许可机构名单［EB/OL］（2014-02-26）［2014-04-20］.
　　http://www.pbc.gov.cn/publish/zhengwugongkai/3580/index.html.

72.6%，拉卡拉占10.6%，联动优势占5.1%。前五大移动支付服务商的市场份额合计占94.2%，较之电子支付总体市场，移动支付的市场集中度更高（参见图3-9）。鉴于移动支付市场处于高速增长初期，未来市场格局存在变化的巨大可能，值得关注。

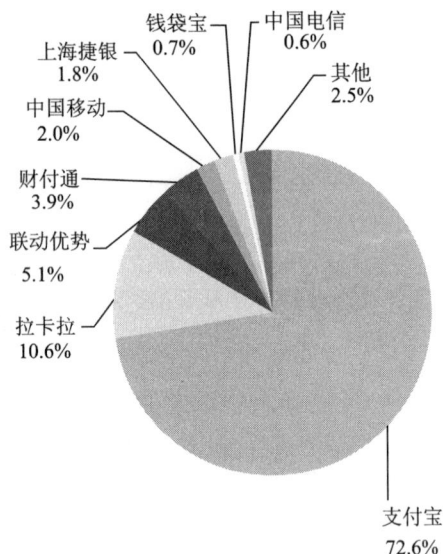

图3-9　2013年第三方移动支付分布

数据来源：艾瑞咨询。

2013年，移动支付服务商已分化为四大类型：①基于智能手机和平板电脑的移动支付客户端，典型服务商如支付宝、财付通；②与智能手机相结合的手机刷卡器，典型服务商如拉卡拉；③传统短信支付，典型服务商如联动优势、上海捷银；④移动近场支付，典型服务商如中国移动、中国电信、中国联通。

3. 年度特征

1）移动支付爆发式增长

2013年，移动支付交易大幅增长，并首次突破万亿元，交易额、增长速度均创历史新高。移动支付爆发式增长，与智能手机普及、移动互联网应用崛起密切相关。2013年，中国智能手机用户数量已达3.54亿人，超越美国成为世界上智能手机用户量最多的国家[①]。以联想、华为、小米等为代表的中国智能手机制造商的市场份额急剧扩大。IDC数据显示，2013年，联想和华为手机的出货量的排名分列全球第三和全球第四，小米手机在前十名的安卓手机系统活跃席位中占据四席。智能手机的广泛应用有力地推动了移动电子商务的快速普及。

2）电子支付应用多元化，网络购物占比下降

2013年，网络购物在电子支付交易额中比例下滑，占比首次低于40%。网络购物

---

① 新浪科技.互联网女皇2013年趋势报告［R/OL］（2013-05-30）［2014-04-20］.
http://tech.sina.com.cn/i/2013-05-30/03428393363.shtml.

总体仍然保持良好的增长势头，其占比下滑，主要源于电子支付应用多元化，如航空客票、基金申购、话费充值、水电煤缴费等，并且新兴细分领域增速超过网络购物。

3）电子支付服务商成为互联网金融创新主角

互联网金融掀起 2013 年最受关注的热潮，在这波热潮中，电子支付服务商成为主角。支付宝与天弘基金合作推出的"余额宝"不到半年即成为国内最大的基金，截至 2013 年年底，余额宝客户达到 4303 万人，存款规模达到 1853 亿元。财付通与华夏、广发、易方达和汇添富四家基金合作推出"微信理财通"。百度百付宝与华夏基金共同推出金融理财产品"百发"。

4）电子支付服务商战略布局 O2O

2013 年，以餐饮、娱乐、打车等为典型代表的 O2O 消费快速崛起。与居民衣食住行密切相关的消费市场规模巨大，为移动支付提供了巨大的拓展空间。支付宝、财付通、百付宝等纷纷进行战略布局。O2O 对于电子支付服务商而言，不仅仅是增加支付交易额，更关键的是融入用户的日常消费，提升电子支付的渗透度和黏性，并且，通过沉淀用户数据和消费行为数据，为未来基于大数据的消费金融服务奠定基础。

3.3.2 电子商务物流服务业

1. 市场规模

2013 年，全国规模以上快递服务企业业务量累计完成 91.9 亿件，同比增长 61.6%；全国规模以上快递服务企业业务收入累计完成 1441.7 亿元，同比增长 36.6%。其中，同城业务收入累计完成 166.4 亿元，同比增长 51%；异地业务收入累计完成 829 亿元，同比增长 30.5%；国际及港澳台业务收入累计完成 270.7 亿元，同比增长 31.7%（参见图 3-10)[①]。

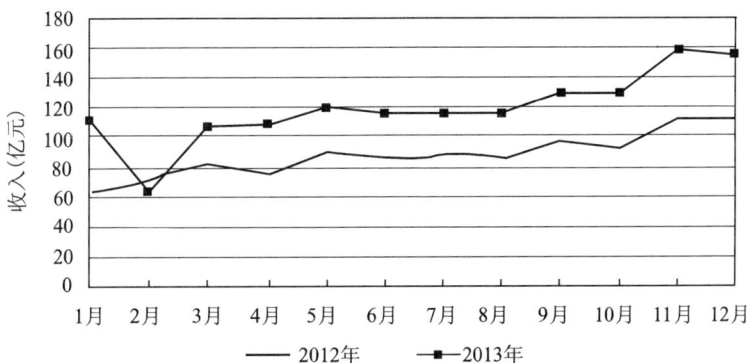

图 3-10 2012—2013 年中国快递业月度收入情况

数据来源：国家邮政局。

2013 年，全国社会物流总额 197.8 万亿元，同比增长 9.5%。其中，受电子商务快速增长带动，单位与居民物品物流总额保持快速增长态势，同比增长 30.4%，增幅

---

① 国家邮政局. 2013 年邮政行业运行情况［EB/OL］(2014-01-15)［2014-04-20］.
http://www.spb.gov.cn/dtxx＿15079/201401/t20140115＿274540.html.

比上年提升 6.9 个百分点。2013 年，全国社会物流总费用 10.2 万亿元，同比增长 9.3%[1]。

从地域分布来看，快递业务量前十大城市，均是电子商务较发达的城市（参见表 3-1）。网络零售包裹占快递业务比例超过 60%。网络零售已经成为推动快递业务持续、高速增长的第一动力。据测算，城市网络零售交易额每增长 10 亿元，可带动本市快递服务业收入增加约 1.07 亿元[2]。

表 3-1　2013 年快递业务量前十大城市

排名	城市	快递业务量（万件）	排名	城市	快递业务量（万件）
1	上海市	95 012.4	6	金华（义乌）市	35 472.1
2	北京市	81 818.2	7	苏州市	28 334.9
3	广州市	79 337.4	8	东莞市	27 593.1
4	深圳市	65 511.6	9	南京市	19 728.9
5	杭州市	46 852.0	10	成都市	19 565.2

数据来源：国家邮政局。

2. 市场格局

从市场份额来看，以"四通一达"和顺丰为代表的民营快递处于领先地位。国家邮政局数据显示，2013 年前三季度，民营快递企业的市场份额不断提高，业务量和业务收入占全部快递业务量和业务收入的比重分别为 77.2% 和 65.8%，同比分别提高 3.6 个和 7.5 个百分点。民营快递企业业务量和业务收入增幅明显领先于国有和外资企业[3]。

3. 年度特征

1）快递企业单日业务量峰值超过 1000 万件

2013 年，受"双 11"促销活动的强劲带动，申通、圆通、韵达、中通四大快递企业当天承接的电子商务快件订单均超过 1000 万件，创下历史新高。四大快递企业单日业务峰值达到千万级别，是电子商务显著促进快递服务的集中体现。同时，也意味着快递企业的服务能力迈上新的台阶。

2）大数据显著提升快递网络协作能力

2013 年，"双 11"大促销产生的快递包裹共计 1.8 亿件，其中超过 80% 的包裹能够在大促销后一周内完成配送，大数据发挥了至关重要的作用。菜鸟网络推出的"物流雷达预警"和各大快递服务商共享海量数据，网络零售平台、快递服务商能直观地看到每个配送点目前的收货和发货情况，提醒卖家选择相对通畅的快递公司，并通过线路预测减少爆仓。同时，引入气象和交通数据，物流公司可综合天气、道路等情况，及时调整运力，提前准备应急方案。

---

[1]　国家发改委、国家统计局、中国物流与采购联合会 . 2013 年全国物流运行情况通报［EB/OL］（2014-03-07）［2014-04-20］. http://www.stats.gov.cn/tjsj/zxfb/201403/t20140306 _ 520357.html.

[2]　阿里研究院 . 2013 年中国城市电子商务发展指数报告 . 2014 年 3 月.

[3]　人民网 . 前三季度全国快递业务量突破 60 亿件，同比增长 61.2%［N/OL］（2013-11-11）［2014-04-20］. http://finance.people.com.cn/n/2013/1111/c1004-23499008.html.

3）快递企业迎来融资热潮

2013 年，快递企业受到资本竞相追逐。据不完全统计，1 月，力鼎资本、凤凰资本、鹏康投资入股全峰快递；5 月，红杉中国和金石投资入股中通速递；8 月，中信资本、元禾控股、招商局集团及古玉资本组成财团共同投资顺丰速运；12 月，阿里巴巴集团战略投资海尔旗下物流日日顺。近年来，快递行业持续快速增长，领先的快递服务商投资价值受到资本肯定。

4）**冷链物流异军突起**

2013 年，在生鲜电商蓬勃发展的带动下，冷链物流在一线城市异军突起。部分物流服务商布局冷仓建设，部分冷链落地配送公司逐步扩大覆盖范围。从合作模式来看，初步分为两类：第一类是自建冷链物流。如顺丰自建全程冷链物流，覆盖全国 11 个城市。部分垂直生鲜电商在北京、上海等自建冷链物流。第二类是电商与第三方冷链物流合作，如 1 号店在北京和上海自营生鲜品类，在配送环节与第三方冷链物流公司合作。

5）**"最后 100 米"创新层出不穷**

2013 年，在物流配送的"最后 100 米"涌现出多样的创新。猫屋、阿里小邮局等在深圳、杭州、武汉等城市广泛试点，为网购消费者提供包裹代收、自提等服务。在上海、广州有超过 1000 家便利店提供免费代收货服务。浙江省大力探索在社区、农村发展电子商务服务站。其中，丽水市遂昌县在吴处村、钟根村、新旦村等地建立了 10 个新农村电子商务服务点"赶街"。村民们在这里通过网络购买生活用品、收发包裹、缴纳水电费等。此外，在江西、安徽等省小城镇部分便利店开始探索为居民提供网络代购、话费充值等服务。

6）**供应链一体化服务创新**

2013 年，供应链一体化成为年度创新点。顺丰打造一体化供应链服务，为客户提供"信息、资金、物流"三流合一服务。阿里巴巴推出"淘工厂"，整合上游的供应链。一达通为中小民营出口企业提供通关、融资、退税等供应链服务。

3.3.3　电子商务认证服务业

1. 市场规模

2013 年，电子认证服务业总体市场规模达到 38 亿元。截至 2013 年 12 月底，我国有效电子认证证书持有量合计 2.89 亿张，其中个人证书 2.66 亿张，机构证书 2177.9 万张，设备证书 185.9 万张[1]。经工业和信息化部批准成立的电子认证服务机构达到 33 家[2]。经国家商用密码办公室批准的电子认证服务使用密码许可单位达到 36 家[3]。

---

[1]　工业和信息化部. 2013 年 12 月份电子认证服务业动态［EB/OL］(2014-01-14)［2014-04-20］.
http://www.miit.gov.cn/n11293472/n11293832/n11294132/n12858462/15842057.html.

[2]　工业和信息化部. 电子认证服务机构设立许可名单［EB/OL］(2014-02-21)［2014-04-20］.
http://bzxx.miit.gov.cn：8080/datainfo/miit/miit10065.jsp.

[3]　国家商用密码办公室. 电子认证服务使用密码许可单位名录［EB/OL］(2014-02-27)［2014-04-20］.
http://www.oscca.gov.cn/News/201401/News_1260.htm.

2. 年度特征

1）数字证书在行业应用日益多元化

2013 年，数字证书在银行、税务、公安、计生、环保、药品监管、土地交易等行业得到广泛应用。同时，数字证书在电子支付、电子合同、网络招投标、知识产权保护、供应链管理等领域快速扩展。

2）移动互联网促进数字证书规模快速增长

2013 年，移动互联网进入快速增长阶段，对电子认证的需求明显增加，由此带动个人证书规模和增速创下历史新高。移动互联网成为数字证书快速增长的重要动力。

3）电子认证服务系统公钥密码算法基本完成升级

为保障重要信息系统密码应用安全，国家密码管理局要求：在建和拟建公钥密码基础设施电子认证服务系统和密钥管理系统应使用 SM2 椭圆曲线公钥密码算法，已建公钥密码基础设施电子认证服务系统和密钥管理系统应进行升级改造。截至 2013 年年底，全国大部分第三方电子认证服务机构已完成电子认证服务系统公钥密码算法升级改造。

3.3.4 电子商务云计算服务

1. 市场规模

2013 年，我国云计算市场规模超过千亿元，达到 1100 亿元，同比增长 81%（参见图 3-11）。我国云计算处于快速增长初期，近三年年均增长超过 85%。

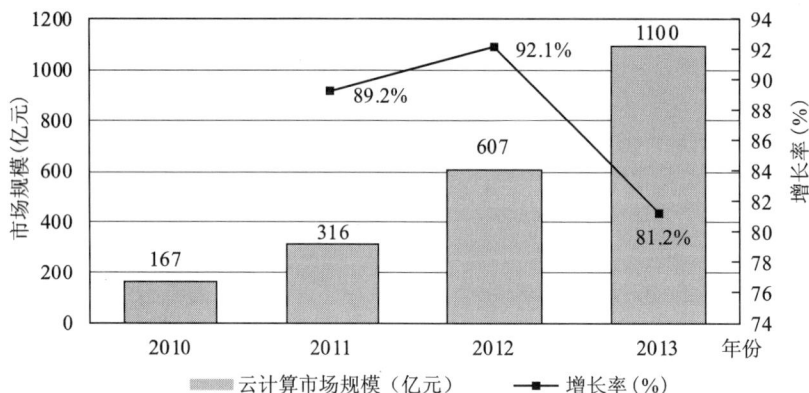

图 3-11 2010—2013 年云计算市场规模

数据来源：赛迪顾问。

2. 年度特征

1）云计算成为电子商务平台战略方向

在中国主要的电子商务平台中，继阿里巴巴集团在 2011 年成立阿里云后，2013 年，先后有京东、苏宁等推出云计算服务。6 月，京东对外推出云平台，提供六类云服务，并确定"三步走"云计算发展战略。9 月，苏宁推出云台，面向商户和消费者开放金融云、信息技术云、物流云等七大增值服务，到年底吸引近万家商户入驻。云计算成为主要电子商务平台战略发展方向。11 月，在"双 11"促销活动中，"聚石塔"电子商务云计算平台支持的订单超过 75%。12 月，阿里云获得由英国标准协会（BSI）

颁发的全球首张云安全国际认证金牌。

2）金融云丰富金融基础设施

2013 年 11 月，名为"聚宝盆"的金融云服务发布，通过"聚宝盆"服务，区域银行、中小银行可以快速、低成本地实现网上支付等功能，打破小城镇和农村电子商务发展的瓶颈。据统计，全国区域性银行有 2000 余家。东海银行、渤海银行、鹤壁银行等接入"聚宝盆"。2013 年 11 月新成立的众安在线，成为我国第一家所有业务都运行在云计算平台的金融企业。此外，在 2013 年，天弘基金、浙商证券等金融企业也开始尝试使用金融云服务。随着越来越多银行、保险、基金等的业务迁移到云计算平台，金融云正成为金融基础设施的重要组成。

3）国际巨头布局中国云服务市场

2013 年，国际著名的信息技术公司微软、IBM、亚马逊先后进军中国云服务市场。5 月，微软与世纪互联云计算合作落地云服务，通过 Windows Azure 提供公共云计算平台服务，通过 Office 365 提供在线办公、电子邮件、门户协作、统一通信等服务。7 月，IBM 与首都在线合作落地，提供横跨设计、建设、运营的全生命周期服务的云计算解决方案，涵盖云基础设施即服务（IaaS）、平台即服务（PaaS）和软件即服务（SaaS）。12 月，亚马逊公有云服务 AWS 将面向中国地区推出公有云计算平台。

3.4　电子商务衍生服务业发展情况

3.4.1　电子商务运营服务业

2013 年，我国电子商务运营服务商托管的网店交易额首次超过千亿元，达到 1050 亿元（参见图 3-12）。大批品牌企业和制造企业开展电子商务，以及运营服务商创业活跃，是推动电子商务运营市场快速发展的双重动力。

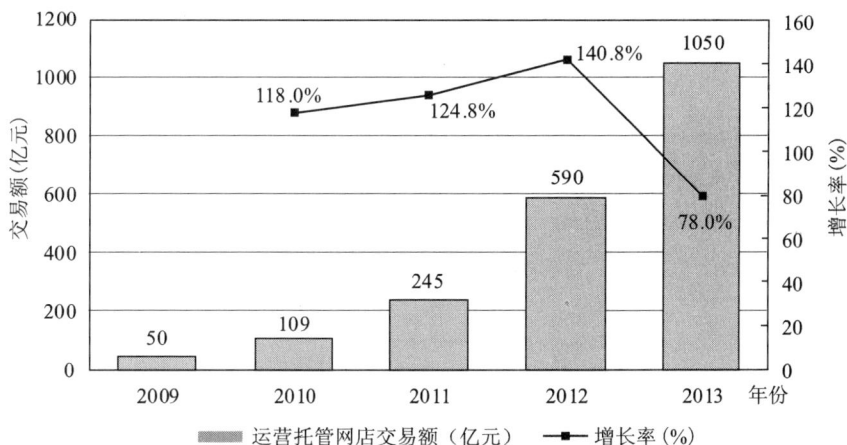

图 3-12　2009—2013 年运营托管网店交易额

数据来源：艾瑞咨询。

从行业分布来看，2013 年，服饰行业运营托管网店交易额占比最高，约占 23％；

其次是家电行业，约占 15%；第三是美妆行业，约占 11%。前三大行业合计占 49%（参见图 3-13）。

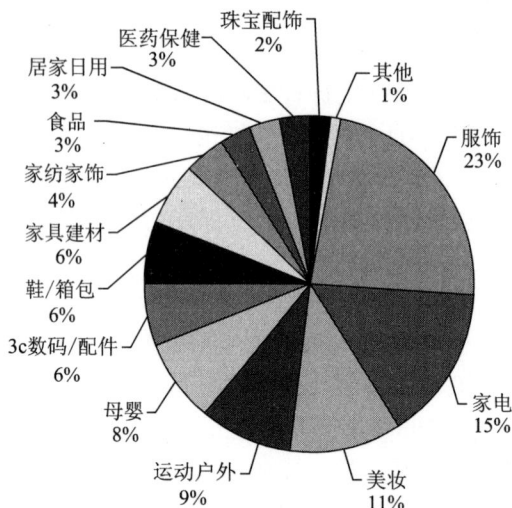

图 3-13　2013 年运营托管网店交易额行业分布

数据来源：天猫。

电子商务运营服务呈现出以下特征：

（1）运营服务细分与整合。在客户需求多元化、市场竞争激烈、分工深化等因素作用下，运营服务细分与整合成为 2013 年的重要特征。一方面，部分服务商专注于网店运营、营销推广、视觉设计、客服外包等细分领域，并逐步建立竞争优势和品牌影响；另一方面，部分服务商通过自建、合作等方式整合各个环节的服务，为客户提供一站式整合服务。

（2）国际品牌商需求增长迅速。随着国际品牌商加大进军中国市场的力度，其对运营服务的需求迅速增长，约占总体需求 5%。国际品牌商对运营服务的要求普遍较高，有望催生新的细分市场，为运营服务能力强、竞争优势明显的服务商创造新的商机。例如瑞金麟专注于为大型品牌商服务，其部分客户主要来自世界 500 强企业。

（3）B2B 运营服务崛起。近两年，开展 B2B 的中小企业数量增长加快，面向 B2B 企业的运营服务商随之快速崛起。据估算，2013 年年初面向 B2B 企业的运营服务商仅数十家，到年底已增长到约 400 家，主要分布于长三角和珠三角地区。其中，浙江的运营服务商最多，数量约占 1/3，市场份额超过 50%。

（4）移动运营服务方兴未艾。2013 年，移动互联网快速扩展，企业移动商务的需求增加很快，带动移动运营服务商快速发展。在发展初期，移动运营服务的需求主要集中在移动网店建设、营销推广、视觉设计等环节。

3.4.2　电子商务信息技术服务业

2013 年，在电子商务持续、快速增长下，信息技术服务在帮助企业低成本、高效率处理海量业务方面的价值越发显现。电子商务信息技术服务呈现的特征有：

（1）电子商务信息技术服务大规模向云计算平台迁移。在网络零售订单单日峰值接近 2 亿笔的背景下，云计算平台中帮助电子商务信息技术服务商低成本实现弹性扩展、海量存储、数据同步等方面的价值日益凸显。2013 年，超过 1200 家电子商务信息技术服务商将部分或全部业务迁移到云计算平台。

（2）"平台＋插件"成为移动信息技术服务发展重要模式。随着移动商务服务需求的快速崛起，移动信息技术服务成为服务商发展的战略方向。2013 年，从"千牛"等移动电商服务平台的探索来看，"平台＋插件"的模式具有良好的优越性，平台运营商负责提供基础功能和运行环境，应用服务商通过插件形式，将各自的信息技术服务集成到移动电子商务服务平台，双方共享数据。

（3）O2O 为电子商务信息技术服务提供巨大创新空间。随着线上线下融合获得消费者和企业的广泛认可，O2O 成为众多线下企业（如海尔、鄂尔多斯等）的重点探索方向。在打通线上线下的数据、实现部门融合方面，信息技术服务发挥着基础性作用。电子商务信息技术服务商在 O2O 业务规划、系统实现、运营维护、培训咨询等方面，其专业能力和整合服务为客户创造巨大价值。同时，O2O 也为电子商务信息技术服务商提供巨大创新空间。

3.4.3 电子商务营销服务业

2013 年，电子商务营销服务继续保持良好的增长势头。各行业在开展电子商务业务时，营销投放有不同程度增长的企业超过 60％[①]。电子商务营销服务呈现的特征有：

（1）全网营销成为服务商发展重点。随着网民访问网站以及网络消费多元化，电子商务营销开始从电子商务平台扩展到全网。全网日均流量超过 50 亿，全网营销成为电子商务营销服务商发展重点。

（2）移动营销获得消费者认可。调研显示：86.2％的消费者主动点击无线推广内容[②]，89.5％的消费者认为无线推广内容有价值。消费者对移动营销的认可，为电子商务营销服务商提供了良好的基础。

（3）社会化导购进入平台开放时代。2013 年 9 月，淘宝网导购平台"优站"正式向第三方导购网站和开发者开放。同时，将设立规模为 5 亿美元的基金，投资第三方导购网站等外部合作伙伴，通过资金和数据共同推动社会化导购服务的发展。10 月，蘑菇街开放平台正式上线，承载外部合作商家商品内容呈现的功能，囊括了联合登录、商品推送及对应 API 接口的调用等。

（4）网店模特细分化发展。网店模特是电子商务营销蓬勃发展催生的新职业。据不完全统计，2013 年网店从业人数达 3.7 万人，其中兼职人数约占 86％，平均年龄 23 岁。网店模特呈现出分工细化的特征，具体包括眼模、腿模、手模、嘴模、腰模、脚模、胸模、耳模、臀模等十余种类型。网店模特日收入最高者可达 5 万元。

---

① 缔元信.2013 年中国网络营销白皮书 ［EB/OL］（2013-10-17）［2014-04-20］.
http://www.dratio.com/2013/1017/200844.html.
② 阿里巴巴.阿里妈妈发布 2013 年度电商营销白皮书 ［EB/OL］（2013-12-09）［2014-04-20］.
http://info.1688.com/detail/1159607166.html.

第4章 中国电子商务应用状况

2013 年，面对世界经济复苏艰难、国内经济下行压力加大、自然灾害频发、多重矛盾交织的复杂形势，全国各族人民在党中央的领导下，从容应对挑战，奋力攻坚克难，圆满实现全年经济社会发展主要预期目标。电子商务更是异军突起，成为整个经济发展的排头兵。本章从工业、农业、流通业、金融业、旅游业、其他行业等 6 个方面描述了中国电子商务应用情况。

4.1 工业电子商务

4.1.1 工业企业电子商务总体发展情况

2013 年，面对错综复杂的经济形势，我国工业企业坚持稳增长、调结构、促改革，通过创新调控方式、明确经济合理运行区间，有效引导社会预期。一系列预调微调政策的效应在下半年逐步显现，工业生产增速止跌回升，企业经营状况有所改善，结构调整扎实推进，市场信心明显增强，工业经济呈现企稳回升的发展态势，为国民经济的平稳健康发展奠定了良好基础。2013 年全国第二产业增加值 249 684 亿元，同比增长 7.8%[①]；其中，规模以上工业企业实现利润总额 62 831 亿元，比 2012 年增长 12.2%[②]。

1. 工业电子商务交易情况

2013 年，国家统计局利用企业"一套表"平台，通过联网直报的方式，对 30.8 万家企业[③]的电子商务情况进行了调查。调查数据显示，2013 年全国工业企业（制造业、采矿业、电力热力燃气供应业）电子商务交易额达 21 578.45 亿元，其中电子商务采购金额达 17 832.59 亿元，电子商务销售金额达 25 324.30 亿元（其中，B2B 销售金额达到 23 309.17 亿元）[④]。2013 年中国大中型工业企业电子商务交易额达 25 894 亿元[⑤]。表 4-1 显示了 2013 年国家统计局对全国 5 万余家大中型工业企业有关电子商务的调查数据。

2013 年，全国大中型工业企业电子商务交易总额略有增长（受统计样本数减少的因素的影响），但大中型工业企业平均电子商务交易额为 0.42 亿元，相比于 2012 年的 0.37 亿元，同比增长 13.5%。

表 4-1　2013 年工业行业电子商务采购、销售交易额及所占比例调查表

行　业	企业数（个）	有电子商务的企业（个）	比重（%）	有电子商务销售的企业（个）	比重（%）	有电子商务采购的企业（个）	比重（%）	全年电子商务交易额（亿元）	电子商务销售额（亿元）	B2B销售额（亿元）	B2C销售额（亿元）	电子商务采购额（亿元）
总　计	51 417	10 358	12.2	8 270	7.5	7 966	10.1	21 578.45	25 324.30	23 309.17	1 878.47	17 832.59
采矿业	2 873	221	7.7	92	3.2	202	7.0	407.24	148.26	146.09	1.83	666.21
制造业	46 313	9 971	21.5	8 140	17.6	7611	16.4	20 155.95	24 982.08	22 972.38	1 873.38	15 329.81
电力、热力、燃气及水生产和供应业	2 231	166	7.4	38	1.7	153	6.9	1 015.27	193.97	190.70	3.26	1 836.57

资料来源：国家统计局，2013 年 9 月。

根据国家统计局公布的 2013 年我国企业电子商务发展情况，企业电子商务交易额排名前十大行业中，工业企业占据了 8 席，其中，规模最大的是计算机、通信和其他电子设备制造业，为 5081.71 亿元；汽车制造业排第三，为 2929.85 亿元；第四是烟草制品业，为 2860.98 亿元；排在第五位的是黑色金属冶炼和压延加工业，为 1572.45 亿元[1]。

表 4-2　企业电子商务交易额前十大行业

（按电子商务交易额由高到低排序）

序号	行业大类	全年电子商务交易额（亿元）	电子商务销售额（亿元）	电子商务采购额（亿元）
1	计算机、通信和其他电子设备制造业	5081.71	5639.27	4524.15
2	批发业	4918.56	6030.93	3806.19
3	汽车制造业	2929.85	3945.89	1913.81
4	烟草制品业	2860.98	4690.38	1031.58
5	黑色金属冶炼和压延加工业	1572.45	2229.20	915.70
6	电气机械和器材制造业	1219.38	1181.01	1257.75
7	电力、热力生产和供应业	1014.90	193.94	1835.87
8	有色金属冶炼和压延加工业	931.48	1080.72	782.24
9	化学原料和化学制品制造业	890.23	947.81	832.64
10	零售业	757.21	863.08	651.33

资料来源：国家统计局，2013 年 9 月。

在各类产业中，电子商务交易额增速最高的是电力、热力、燃气及水生产和供应业，比 2012 年增长 73.9%；制造业增长 12.9%；采矿业增长 11.2%。

电子商务拓展了企业的销售渠道。企业通过网络了解市场信息，利用电子商务交

---

[1] 国家统计局. 我国企业电子商务增长快发展空间大［EB/OL］（2014-01-07）［2014-04-20］. 国家统计局网站：http://www.stats.gov.cn/tjsj/zxfb/201401/t20140107_495862.html.

易平台直接将产品提供给消费者，大大减少了产品销售的中间环节。调查显示，企业销售给个人（B2C）的金额为4538.7亿元，其中，制造业销售给个人（B2C）的金额为1873.4亿元，表明制造业在改变传统的销售方式，通过电子商务交易平台直接把产品销售给了个人用户。制造业中电子商务交易额最大的企业是富泰华工业（深圳）有限公司，它也是全国电子商务交易额最大的企业，电子商务交易额为1746.31亿元；其次是国家电网公司，电子商务交易额为843.6亿元；第三是中兴通讯股份有限公司，电子商务交易额为763.3亿元。

2. 大中型工业企业信息化建设情况

2013年，在工业和信息化部大力推动信息化和工业化深度融合的背景下，工业信息化基础设施建设加快，智能工业应用初步展开，区域两化融合发展水平评估取得重要进展，大型企业信息化集成应用和协同应用能力提升，大中型工业企业信息化水平显著提升。根据国家统计局对全国5万余家工业企业的信息化调查数据，2013年全国大中型工业企业（制造业、采矿业、电力热力燃气供应业）使用计算机的企业达到51 347家，占被调查的大中型工业企业总数的99.8%，使用互联网的企业达到45 833家，占87.2%，有网站的企业达到33 007家，占51.5%（参见表4-3）。在企业信息化应用方面，采用信息化管理的企业达到50 993家，占99.2%，通过互联网开展生产经营活动的企业达到45 833家，占87.2%，通过互联网对本企业进行宣传和推广的企业达到30 405家，占43.7%（参见表4-4）。

表4-3　2013年工业行业企业信息化基本情况

行　业	企业数（个）	使用计算机的企业（个）	比重（%）	使用互联网的企业（个）	比重（%）	有网站的企业（个）	比重（%）
总　计	51 417	51 347	99.8	45 833	87.2	33 007	51.5
采矿业	2 873	2 865	99.7	2 375	82.7	1 005	35.0
制造业	46 313	46 254	99.9	41 466	89.5	30 817	66.5
电力、热力、燃气及水生产和供应业	2 231	2 228	99.9	1 992	89.3	1 185	53.1

资料来源：国家统计局，2013年9月。

表4-4　2013年工业行业企业信息化应用情况

行　业	企业数（个）	采用信息化管理的企业（个）	比重（%）	通过互联网开展生产经营活动的企业（个）	比重（%）	通过互联网对本企业进行宣传和推广的企业（个）	比重（%）
总　计	51 417	50 993	99.2	45 833	87.2	30 405	43.7
采矿业	2 873	2 839	98.8	2 375	82.7	907	31.6
制造业	46 313	45 933	99.2	41 466	89.5	28 656	61.9
电力、热力、燃气及水生产和供应业	2 231	2 221	99.6	1 992	89.3	842	37.7

资料来源：国家统计局，2013年9月。

4.1.2　工业电子商务发展的主要特点

1. 工业电子商务总体发展不平衡

2013 年，我国工业电子商务的发展存在区域不平衡、行业不平衡等基本特征，这些特征与经济发展水平、行业发展规律和市场竞争规律有内在联系。

1）区域发展不平衡

同中国经济发展地区不平衡状况一样，我国工业电子商务的发展也存在区域不平衡现象。国家统计局的数据显示，2013 年，广东省、江苏省、北京市、山东省、上海市、浙江省分别占据全国电子商务交易额的前六位，均超过 2000 亿元，占全国全年电子商务交易总额的 64.54%。从 2013 年电子商务交易额来看，工业电子商务正从东部大城市、沿海城市向西部地区和中小城市发展，呈现了多层次的发展格局。

工业电子商务应用的区域不平衡现象主要受区域经济发展不平衡因素的影响。突出表现为两个方面：第一，经济发展水平是电子商务发展的基础，为电子商务的发展提供基础设施和技术应用条件；第二，电子商务发展受到不同区域电子商务意识影响，电子商务本身是一种创新的、知识密集的现代商务形式，其发展水平与企业的现代经营意识、信息化认识水平、人力资源素质等内部因素以及市场公共条件等外部因素有密切关系。由于我国幅员辽阔，区域之间经济发展水平不平衡，在产业结构、电子商务发展的要素条件、需求情况有很大差异，导致西部地区和中小城市与东部沿海地区和大城市的电子商务发展水平形成了较大差距。

2）工业各行业电子商务发展不平衡

计算机、通信和其他电子设备制造业全年电子商务交易额最高，汽车制造业次之。电气机械及器材制造业企业平均全年电子商务交易额低于全国平均水平，发展潜力巨大。工业电子商务行业发展的不平衡受多种因素影响。

首先，工业电子商务应用水平受市场结构和企业规模影响，以原材料产业中钢铁行业为例，行业内存在规模较大的具有市场影响力的龙头企业，企业依靠自身经济能力推动的电子商务应用，具有高投入、高产出经济效益，具有高影响、大范围的带动效应，极大地促进了钢铁行业电子商务领先与其他大部分工业行业发展。

其次，工业电子商务应用水平受市场产品生产和流通标准化程度影响，统一规范产品标准，清晰流畅的生产流通流程有效地促进工业电子商务的应用，产品标准不统一，流程不规范，质量难以控制则成为工业电子商务发展的客观制约因素。

最后，工业电子商务的应用水平受行业信息化发展水平影响，工业电子商务是信息化在工业产品流通领域的重要应用，是信息化的重要环节，以企业信息化建设水平为基础，受企业信息化发展水平直接影响。以上各种原因共同作用，形成了工业各行业电子商务发展不平衡的现状。

2. 大中型工业企业电子商务开始步入集成创新阶段

2013 年，我国大中型工业企业电子商务开始从过去要素的分散竞争进入到要素集成发展的新阶段。以"深化重点行业电子商务应用，提高行业物流信息化和供应链协同水平，促进以第三方物流、电子商务平台为核心的新型生产性服务业发展壮大，创新业务协作流程和价值创造模式，提高产业链整体效率"为目标的集成创新活动蓬勃开展，许多企业开始对电子商务业务进行集成创新，对业务流程实行全面扩展，使企业电子商务呈现出集成、集群和集聚发展的新态势。工业和信息化部提出的"电子商务和物流信息化集成创新行动"①在全国引起巨大反响。工业和信息化部及时在全国范围内组织实施了电子商务集成创新试点工程，确定了342个试点项目。这些项目包括五个方向：大企业电子商务和供应链信息化提升方向（74个）、行业电子商务平台服务创新方向（146个）、跨境电子商务方向（31个）、移动电子商务方向（40个）和产品信息追溯方向（51个）。

参与集成创新试点工程的企业基本上涵盖了我国电子商务领域集成创新的主流企业。从行业看，行业电商平台入选企业数量最多，分布的行业涵盖了钢铁、有色金属、石油化工、煤炭、机械、农业、食品、中小企业服务、生产资料流通服务、物流、金融等25个不同行业。从交易客体看，电商交易由实体产品、数字产品交易，向服务、文化、创意、产权等资源和能力的交易扩展。

3. 制造与商务一体化特征日趋明显

电子商务有机整合产品生命周期中的新产品的开发、设计、制造、营销和CRM等关键环节与流程，通过供应链将不同规模的企业紧密联系起来，形成制造产品链；电子商务也促使以供应链为纽带分工协作的上下游企业紧密联系，协同发展，实现供应链向价值链，进而向生态链的转变。

兰亭集势利用电子商务的优势推出了婚纱服饰的自有品牌，从生产线、生产环境、管理环节上改造传统的婚纱生产企业，开创了"工厂＋UPS/DHL＋全球买家"的新模式，形成了新的供应链。一件个性化定制的婚纱礼服从下单、生产到收货总共不到一个月，平均只需要15~20天的生产加工时间、3~8天的物流时间。制造与商务的一体化为兰亭集势的婚纱销售提供了稳定优质的货源供应，也带动了传统企业的转型升级。

国家电网集团建设了"网上连锁超市系统"，并以华北配送公司为试点正式运行。该项目开展了MRO类型产品的网上商城业务，利用集约化的优势和电子商务平台技术优势，建立虚拟连锁超市，将分散在各电厂的采购点，形成专业化的MRO类型的采购联盟，并逐步向全社会拓展。商城定位于"基于网络平台的、超前于计划的、即期需求物资的目录订单采购模式"，实现了工业品营销和物流配送一站式服务。

苏宁电器已经与三星、海尔等上游上万家供应商建立了B2B系统对接，实现了主干流程和环节的整个与全面的电子化对接和协同，极大地提高了供应链效率，实现供应商与零售商的协同营销和物流配送一站式服务。

此外，大量中小工业企业利用淘宝、天猫、京东等第三方电子商务平台，探索开展网络营销和售后服务，取得了明显的成效。

---

① 工业和信息化部. 信息化和工业化深度融合专项行动计划（2013—2018年）（2013-08-08）[2014-04-20].
http://www.miit.gov.cn/n11293472/n11293877/n15783641/n15783659/15800332.html.

4. 以电子商务为突破口，推动"两化融合"开创新局面

发展电子商务是推动信息化与工业化"两化融合"的一个重要突破点，工业和信息化部紧紧抓住新一轮科技革命和产业变革带来的机遇，提出了一系列新的举措：

（1）持续推进互联网与工业融合创新试点和电子商务集成创新试点工程。2014 年，将继续开展电子商务集成创新试点工程项目申报、评审和发布及 2013 年已批准试点项目的跟踪和总结工作；继续围绕大企业电子商务和供应链信息化提升等重点方向组织试点工作；支持市场化运作的物流信息平台进一步开展服务创新探索，并树立一批运行规范、成效较好的平台作为标杆。

（2）持续推进国家级两化深度融合试验区工作。以城市、区县及重点工业园区为主要载体，继续把试验区作为推动全国两化深度融合的重要抓手。推动各省级政府开展省级两化深度融合试验区工作。继续做好国家级两化深度融合示范区建设工作。

（3）推进互联网与工业融合创新工作。指导第一批工业云服务平台试点单位整合区域内相关服务力量和服务资源，全面梳理专业知识、行业规范、国家标准、设计模型等资源，完善服务平台和服务内容。组织开展交流互动、专业培训、成果应用展示、工业产品 3D 设计大赛等系列推广活动。有条件的试点省市成立和运营区域工业云体验中心。适时选择和确定第二批工业云平台试点。以"互联网驱动制造业生态变革"、"发展网络制造新型生产方式"为主题，大力推进互联网与工业融合创新试点工作。

（4）继续开展重点行业综合提升工作。一是继续将航空工业两化深度融合提升工程作为行业综合提升的重点，加快形成航空工业对其他产业的辐射带动作用；二是适时选择纺织、食品等行业开展行业两化深度融合综合提升工作；三是继续深入推进棉纺织行业和仪器仪表行业的改造提升工作。

（5）积极开展经验交流工作。围绕电子商务、物流信息化持续开展动态监测和热点问题追踪研究；继续组织电子商务、物流信息化、旅游信息化相关经验交流及产业对接；指导举办两岸电子商务产业合作及交流会议，推动跨境电子商务项目交流与合作。

（6）开展企业首席信息官制度的制定及推广工作。研究制定并发布企业首席信息官制度指南。成立首席信息官协会，并组建首席信息官地方分会和行业分会。通过创办"中国首席信息官"专刊等方式扩大沟通交流渠道，宣传推广企业首席信息官制度。

4.1.3　重点行业企业电子商务应用实践

1. 原材料业

1）石化行业

中国石化物资采购电子商务上线 13 年以来，网上采购工作实现了快速跨越式发展。中国石化生产建设所需化工原辅料、煤炭、钢材、机电设备等大宗、重要通用物资全部实现电子化采购；电子商务系统已经成为物资供应资源整合、制度落地、物资采购决策制定、业务操作、过程监控、信息交流与共享的重要平台。网上采购成交金额从 2001 年的 76 亿元提高到 2013 年的 2243 亿元，增加了 29 倍，截至 2013 年，累计网上成交金额突破 16 000 亿元，采购资金节约率超过 3%。同时，中国石化实现了与宝钢、天钢、神华等战略合作伙伴的互联商务，供需双方共享需求、库存、制造等信息，打造了大型企业集团间的网上供应链。

中国石化化工销售有限公司已经逐步形成了企业资源计划（ERP）、客户关系管理（CRM）和物流信息系统集成运作的系统。2013年，该系统在线客户8700余家，每日登录次数在4000余次；众多客户在系统中可直接了解到化工销售公司的产品资料，查询相关商务信息，包括计划、资金、订单、物流、发票等信息。同时，化工销售公司借助电子商务平台积极探索各种应用和服务方式，开展网络满意度测评工作，通过网络通知、电话、短信、微信公众服务号等手段开展客户关怀活动，将客户投诉全过程在CRM平台上实现透明化处理；不断改善客户服务，2013年开通短信定制客户2049家，设计开发了移动电子商务平台；拓展网上竞价的销售方式，2013年，以华北分公司为例，共举行网上竞价销售147次，成交数量11.9万吨，成交金额12.5亿元，平均加价282元/吨，实现加价3360万元。

浙江石油首创的加油卡网上营业厅，重点解决了网上充值平台与ERP、加油卡的业务集成和资金结算，有效缓解各充值网点的窗口压力，有力支撑加油IC卡的发卡业务和充值业务。2013年11月，浙江石油与支付宝手机钱包联合推出的加油卡公众服务平台，利用淘宝网大数据和商业智能分析，实现手机申请办卡、支付宝绑定加油卡、手机充值与查询等功能，截至12月底，拥有用户数57.7万人，绑卡用户数5.3万人，累计充值金额1720.3万元，平均单笔充值金额从164元上升到662元，极大地吸引了广大加油卡用户的自助充值、自助查询，进一步丰富了加油卡客户体验。

2）钢铁行业

2013年，钢铁电子商务发展迅速。全国有170多家钢铁电子商务平台，已经涌现出一批日交易额超万吨的电商企业。钢材网上交易量的快速增长，标志着钢材市场流通渠道格局正在发生变化。钢材销售模式，特别是用户的消费采购模式、采购习惯和钢材市场下游流通渠道模式也在发生变化。这些都在挤压传统的市场钢材现货交易模式和交易量，从而引发贸易商、钢厂对自己传统销售模式创新变化的战略思考。

2013年5月，由宝钢集团联合上海宝山区政府所属公司共同打造的钢铁现货交易电子商务平台"上海钢铁交易中心"正式挂牌，标志着宝钢集团生产性服务进入高端化、网络化、平台化时期。上海钢铁交易中心由"宝时达"、"范达城"、"来客圈"三个服务平台组成。其中，"宝时达"销售钢厂自身产品，功能类似B2C直销；"范达城"则服务于钢铁生产企业和贸易商，目标是打造品牌产品销售平台；"来客圈"则采用撮合交易模式，提供钢材尾货资源，帮助促成中小用户实现交易。

2013年，东方钢铁全年钢铁电子商务交易额达到1600亿元。其中，采购交易额220亿元，销售交易规模1350亿元。为优化电子商务服务，东方钢铁网专门组建了跨部门协同的运营服务小组。"单证宝"产品的推出，较传统纸质质保书降低成本50%以上，截至12月底，平台生成电子单据177万张；借助宝钢车载终端系统累计完成27 924个车次的运输，运输重量达97万吨，降低相关管理成本数百万元。

沙钢大力发展钢铁物流，全力打造集现货和期货交易、剪切加工、运输配送、进出口保税、电子商务及金融担保为一体的玖隆钢铁物流园，旨在3～5年内打造一个经济规模超2500亿元，入驻商户超2000家，电商会员超10 000家的国内规模最大、现代化程度最高、物流成本最低、功能配套最全的钢铁大物流服务体系。该项目在 2013 年已实施投资 100 多亿元，预计一期工程在 2014 年上半年可以建成投入运营。项目建成以后，将大大提高整个玖隆钢铁物流园的服务功能。

天津鞍钢天铁公司信息化项目《电子商务＋客户关系深度融合，开创鞍钢天铁营销新模式》获得 2013 年中国制造企业电子商务创新实践奖。由淮南矿业参股的上海斯迪尔电子交易市场的主要经营范围已拓展至钢材、金属材料、黑色金属、有色金属、铁矿石、建材、机械产品、化工产品等 19 大类。2013 年，该交易市场的"平台＋基地"模式被国家工业和信息化部评为"全国电子商务集成创新试点"、"全国两化深度融合示范"。

3）煤炭行业

2012 年以来，全国煤炭市场由卖方市场转入买方市场，煤炭贸易竞争日益白热化。同时，产能过剩和环境污染等问题让煤炭企业压力倍增，发展煤炭电子商务成为煤炭行业共同关注的焦点。

2013 年，神华集团在电子采购方面完成了寻源及供应商管理（SRM）系统和电子采购平台的部署，支持包括煤矿、发电、铁路、港口、航运、煤制油化工等主要板块专用设备及备件、通用设备及备件以及材料、燃料的在线采购，包括物资大类 33 个、物资中类 357 个、物资小类 2622 个；共有 15 340 多家供应商完成在线注册和资质审核；实现网上采购额 300 亿元，同比增长 50％。在电子销售方面，神华电子交易平台于 2013 年 5 月正式上线交易，主要的商品为煤炭以及聚乙烯、聚丙烯、硫磺、C4、C5、过渡料等化工产品；交易方式包括挂牌、竞价和业务渠道；销售区域覆盖西北、华北、东北、华东、华南等地区，累计交易量达到 6000 万吨，实现网上销售额 460 亿元，同比增长 90％。

2013 年，山东能源煤炭营销电商平台完成煤炭在线交易量 807.6 万吨，成交额 41.7 亿元，占企业自产煤销量和销售收入的 7.9％；日均交易额近 1400 万元，会员数量从上线初期的 200 余个迅猛增加到 574 个。

2013 年 10 月，东方煤炭电子商务平台正式运营。该平台是上海钢联电子商务股份有限公司与淮北矿业股份有限公司共建的煤炭电子商务平台。平台的组建可以把淮北矿业的销售网络、物流资源、客户资源，与上海钢联的电子商务运营经验有效整合起来。从上线试运营至正式运营，在东方煤炭电子商务凭条挂牌资源的信息突破 300 条，注册会员 87 名，完成交易量 12 660 吨。

4）电力行业

2013 年，国电集团建设了"网上连锁超市系统"，并以华北配送公司为试点正式运行，商城开展 MRO（非生产原料性质的工业用品）类型产品的网上商城业务，利用集约化的优势和电子商务平台技术优势，建立虚拟连锁超市，将分散在各电厂的采购点，形成专业化的 MRO 类型的采购联盟，并逐步向全社会拓展。商城定位于"基于网络平台的、超前于计划的、即期需求物资的目录订单采购模式"，实现了工业品营销和物流配送一站式服务。国电集团还建设了"国电电子招投标系统"，并于 2013 年 10 月 31 日正式上线试运营。

辽宁电网物资调配信息平台历经 9 个月完成开发，于 2013 年 12 月将重点物资预警模块投入试运行。该平台不仅实现了物资供应全过程信息共享和物资供应业务监控预警功能，还实现了重点物资监控预警，通过与 ERP 系统的数据接口，自动传输数据，设置预警阈值，对重点物资图纸确认、排产、生产进度情况进行红、黄、绿灯预警，每周、每月对预警完成情况进行统计，定期向相关人员发送预警单、督办单。

2. 装备制造业

1）汽车制造业

中国一拖是以农业装备、工程机械、动力机械、汽车和零部件制造为主要业务的大型综合性装备制造企业集团。2013 年，一拖继续推进 ERP 系统深化应用，系统应用目前已覆盖主营业务价值链，从零件到总装，贯穿采购、库存、生产、销售、成本核算等环节。在采购方面，一是应用制造资源计划（MRP）运算采购订单，提高作业效率；二是实施采购管控系统，实现供应商引进、供货、评价、退出全生命周期管理；三是应用 e 采购平台。在销售方面，应用 ERP 系统实现信用销售管控、经销商网上对账；借助 ERP 系统开发信用管控功能，查询经销商信用动态情况，实现信用的审批和使用，包括信用临期预警、信用销账、延期记录、延期还款销账等管理；建立了电子信用台账，监控每笔信用销售订单的执行并计算还款日期，提升了信用销售业务的监控能力。

上汽集团投资数亿元打造了中国汽车市场首个 O2O 电子商务平台——"车享网"。该网站将上汽集团旗下的自主品牌、合资品牌和商用车品牌汽车全都集合到车享网上，用户可以在网上对其产品了解后下订单，到 4S 店试驾并与汽车经销商议价，再到网上交易平台付定金、线下刷尾款。该网站实现了我国汽车行业线上线下服务链的有效整合，使客户可以享受到线上线下一致的客户体验。2013 年，车享网已经在上海、南京、杭州、苏州、宁波、天津、成都、深圳 8 个城市超过 120 家经销商试点。未来，随着该网站的进一步应用与推广，上汽集团将全面整合移动、社交等全新技术，并融入更多第三方服务，为不同客户提供个性化的、覆盖客户全生命周期的高品质服务，全面打造其在新互联网时代下的汽车电子商务新模式。

更多的汽车制造商，如比亚迪、北京汽车、东风雪铁龙、东风标致、通用雪佛来等，则利用天猫商城等第三方电商平台开展网络营销。在 2013 年的"双 11"电商促销活动中，汽车品类成为行业瞩目的焦点。北京汽车以 1703 笔订单、近 7 千条试驾客户信息的成绩位居汽车品牌天猫旗舰店榜首。

2）电子设备制造业

2013 年，国内各大品牌彩电企业提前布局线上渠道。康佳、海信、TCL、创维、长虹等主流彩电品牌纷纷推出自己的线上品牌。康佳推出的"KKTV"只在康佳自建电商平台 KKTVMALL 和第三方电商平台做线上销售；创维集团联合阿里巴巴集团联合发布的酷开 TV 搭载了创维天赐系统和阿里云 OS 双系统，是互联网与电视机的跨界融合，通过内置聚划算、支付宝、水电煤等应用，打通了电视的支付环节，让互联网生活更为便利。这些线上品牌充分体现了传统制造精神与互联网精神的相互渗透。彩电企业线上渠道销售在总体销售中的占比逐级提升，估计 2013 年电商销售收入同比增长超过 700%，线上销售占比超过 8%；11 月份彩电线上销售占比达 16.1%。线上销售渠道的开发为彩电行业的快速增长奠定了良好的基础。

另一方面，彩电行业正面临着网络电视的巨大变革。我国彩电业正处于电视制造和互联网服务的相互渗透。2013 年 5 月，乐视网在北京正式发布 Letv X60 和 Letv S40 两款智能电视，成为国内首家进入彩电领域的互联网公司。随之而来的是联想、小米等为代表的互联网企业也相继进入彩电领域。海尔集团一方面加大在智能家电领域的开发力度，另一方面则在全球 36 个国家和地区规划建立了 2000 多家电子教室，将投影机、电子白板、教师和学生的计算机通过网络连接在一起，实现互动数字化教学。

3）航天行业

秉持融合创新的发展理念，积极探索军工行业以互联网（电子商务）平台促进军民融合的业务模式，中国航天商务网目前已拥有近 1000 家由航天企业、航天供应商、航天配套企业构成的企业会员单位。中国航天商务网"企业站"已成为会员单位发布维护产品服务信息、开展互联网营销的行业级平台，为行业性的产业协同电子商务服务奠定了一定基础。2013 年，中国航天商务网入选了工业和信息化部电子商务集成创新试点工程。

航天物资网以"军民融合、寓军于民"产业政策为指引，依托电子商务特有的开放性、低成本和高效率优势，架设联系军工产品制造商、供应商和客户的桥梁和纽带，并为社会公众提供航天品质的物资及物流解决方案和服务。2013 年年初，航天物资网电商平台推出了数字化采购协同模式，在此基础上，航天物资网电子商务平台（集成版）正式开发完毕，实现了电子商务平台与外协外购平台和内部 ERP 系统的集成，首次形成了内、外协同的完整数字化供应链。

航天信息公司与京东商城积极开展相关合作，就国内电子发票应用模式、扩大电子发票应用领域、优化电子发票应用环境、提升电子发票服务手段进行研究，双方就发展电子发票相关应用达成战略合作伙伴关系。

3. 消费品工业

中国纺织工业联合会流通分会在 105 家理事单位中，拥有电子商务平台 32 家、电商服务园区 8 家、产业带 11 家。32 家电子商务平台中，2012 年最高交易额已达到 80 亿元，专业市场电子商务交易额占市场实体交易额比重逐年上升，分别为 2011 年 10.43%，2012 年 16.2%，2013 年 23.33%。

江苏悦达集团积极推进信息化和工业化深度融合，以信息化技术改造提升传统纺织工业，大幅提高生产效率和产品质量。公司已被列为棉纺织行业信息化改造提升试点企业，获得"国家级两化深度融合示范企业"、"江苏省先进电子商务企业"的称号。

2013 年上半年，探路者的电子商务收入为 7122 万元，同比激增 205.62%，占总营收的 13.86%。其 2013—2014 年的电商业务收入预计将达 3 亿～6 亿元，占收入比重的 20%～30%。

上海烟草集团公司基于 ERP 理论，以企业资源计划为核心，彻底改变粗放的生产组织方式，创新性地探索出了一条适合集团化管理的卷烟生产经营模式，建立了适合卷烟工业的"推拉式"产供销供应链模式，很好地解决了市场需求拉动与连续均衡生产的矛盾。为全面保障现代营销网络的建设，上烟集团构建了商业统一的卷烟营销业务系统。该系统集成了市场需求预测、卷烟采购管理、货源精准供应、在线电子商务和市场状态评估五大环节，为满足市场需求、实现"稍紧平衡"提供了有力保障。目前，上烟集团商业数据中心集成了十类数据，包括5000余户市、区两级样本点零售数据、1万多户零售客户POS明细数据、2.5万余名样本消费者基础数据与消费明细数据、近4万户零售客户的订单数据等。通过对数据的集中加工处理，使大量数据转化为支撑营销业务的有效信息，提升了企业把握需求、满足市场、引导消费、服务客户的能力。

4.2 涉农电子商务

4.2.1 涉农电子商务概述

2013年，各级政府对于涉农电子商务给予了特别的重视，把握农产品电子商务制高点成为新农村建设的重点，涉农电子商务发展的基础条件显著改善，突出表现在五个方面：

（1）广播电视网络覆盖范围进一步扩大，全国实现了村村通。

（2）电话网络继续快速向农村延伸覆盖，100%的村已经通了电话。

（3）农村互联网发展极为迅速，截至2013年12月，农村网民达到1.77亿人，占全部网民的28.6%。

（4）"三网融合"以及物联网技术在农村得到一定程度的推广。

（5）涉农电子商务大量增加。2013年我国现有各类涉农网络3.1万个，其中电子商务网站3000多家，初步形成了涉农政府信息网、涉农交易网等多层次性的电子商务网络体系（参见图4-1）。

（6）冷链物流与配送促进了生鲜电子商务的发展与创新。

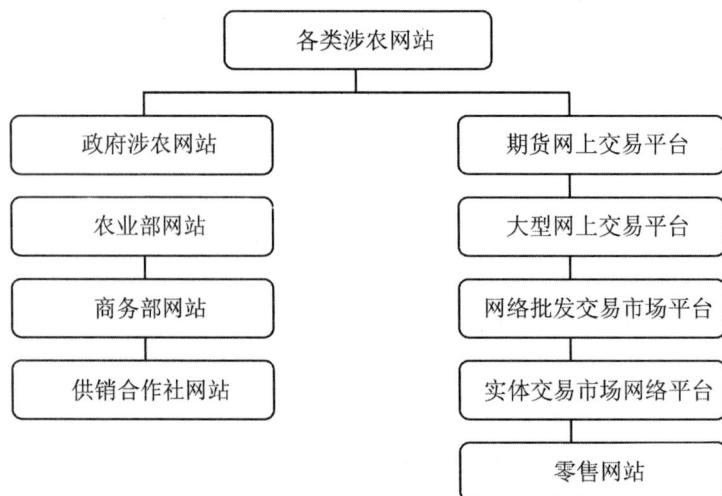

图4-1 2013年我国涉农网站的构成

4.2.2　农产品电子商务

1. 农产品电子商务网站发展迅速，电子商务交易额快速增长

2013 年，我国农产品继续大丰收，农产品总产量近 20 亿吨（不含木材），农产品交易活跃，农产品电子商务、农资电子商务、农村生活用品电子商务、农村再生资源电子商务都得到了快速发展。

2013 年，我国各类涉农网站达到 3.1 万家，其中电子商务网站 3000 多家。这些网站大致可以分为四种类型：

（1）农产品网上期货交易。2013 年我国农产品期货品种达到 16 个，交易额达31.53 万亿元[①]；但也有一些品种交易清淡，如大连商品交易所的豆二，郑州商品交易所的普麦、甲醇、菜籽等成交量都不大。

（2）商务部夏冬两季农产品网上购销对接会。2013 年政府部门组织农产品网上购销对接会交易额达到 840.54 亿元。从 2008 年开始，商务部坚持通过全国农产品公共信息服务平台夏冬两次组织农产品网上购销对接会。据统计，2013 年夏季农产品网上购销对接会，截至 2013 年 9 月，农村商务信息服务累计帮助农户销售农副产品 2200 多万吨，成交额达 820 亿元；2013 年冬季农产品网上购销对接会，截至 2014 年 1 月 11日 8 时，参加商户数 9.1894 万家，提供供应信息 71.1241 万条，求购信息 10.1095 万条，实际成交额 19.33 亿元，意向成交额 16.99 亿元。各地也积极组织农产品网上交易活动。2013 年 8 月，上饶市粮食局、衢州市粮食局、温州市粮食局、台州市粮食局和绍兴县粮食局共同主办了中国网上粮食市场早稻交易会，在为期 7 天的交易中，共成交早稻 4.25 万吨，成交金额 1.21 亿元。此外，还组织网下现场订货洽谈会成交量达 4.76 万吨，成交额达 1.33 亿元。

（3）大宗商品交易市场。据中物联大宗商品流通分会统计，我国大宗商品电子类交易市场有 538 家（参见图 4-2），涉及的行业，已包括能源、化工、纺织、金属、酒类、矿产品、农产品、林产品、牧渔产品、医药等十多个行业。其中，涉农产品交易市场占有较大比例。截至 2013 年，全国农产品大宗商品交易市场共 161 家、林木（含纸浆）17 家、酒类 17 家、纺织 11 家。

（4）各类农产品网络零售网站。2013 年，各类农产品网络零售网站交易活跃。2013 年阿里平台上经营农产品的卖家数量为 39.40 万个；其中淘宝网（含天猫）卖家为 37.79 万个，B2B 平台上商户约为 1.6 万个[②]。京东、1 号店、我买网、沱沱工社、顺丰优选、中国地理标志产品商城、龙宝溯源商城、全农汇、菜管家等生鲜农产品交易额达到 250 多亿元。表 4-5 反映了我国现有的农产品网上交易的网站、交易额和特色。

[①]　按照电子商务交易额的定义，网上期货交易的交易额没有计算到电子商务交易额中。
[②]　阿里研究院 . 阿里农产品电子商务白皮书（2013）（2014-03-12）[2014-04-27].
　　http://www.aliresearch.com/? m-cms-q-view-id-76127. html.

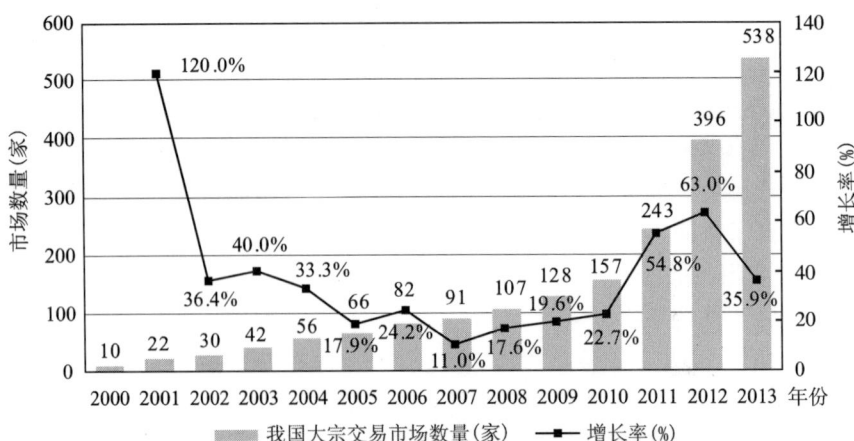

图 4-2　2013 年我国大宗商品交易市场发展状况

表 4-5　2013 年度中国农产品网上交易网站情况一览表

网　站	上线及运营时间	交易额（亿元）	特　色
淘宝/天猫	2004 年开办	500	干果及其他农产品
易果网（天天果园）	2005 年上线		跨境水果交易，自建物流
甫田网	2009 年上线		跨境果蔬交易
优果网	2007 年创办		国内外水果自建冷库
1 号店	2008 年 7 月上线	105.4	蔬果、日用品、其他
和乐康	2008 年上线		有机食品
沱沱工社	2008 年上线	1	最大的有机食品风上超市场
我买网	2009 年 8 月上线	10	粮油食品
优菜网	2010 年 8 月上线		蔬果等生鲜，有实体店
菜管家	2010 年上线		蔬果等生鲜，有冷库
电子菜箱	2011 年上线	0.5	面向社区，蔬果
智能菜柜	2011 年上线		面向社区，蔬果
本来生活	2012 年 12 月上线		褚橙、肉禽水产等农产品
全农汇（通威集团）	2012 年 12 月上线		鱼类等生鲜产品，开实体店
顺丰优选	2012 年 5 月 31 日上线	2	高档生鲜产品
聚划算（生鲜）	2012 年上线		生鲜农产品
京东	2004 年开办 2013 年上线生鲜	100	自营＋平台模式，各类农产品
龙宝网	2013 年开办	0.5	食品安全电商第一家
中国地理标志产品商城	2013 年上线	0.5	中国地理标志产品商城第一家
美味七七	2013 年改名		
新发地农产品批发市场牵手京东商城	2013 年 11 月上线		批发市场＋网站模式
天仙配	2013 年上线		
乐农优选	2013 年上线		
鲁派 E 家	2013 年 12 月上线		
永辉超市半边天	2013 年上线		O2O 模式

2. 农产品电子商务发展的特点

（1）粮食网上交易十分活跃。据国家统计局《中国商品交易市场年鉴 2013》，2012年全国有亿元以上粮食交易市场 111 个，交易额达到 1641.26 亿元，据全国粮食行业协会统计，2013 年国家粮食局系统有粮食市场 65 家（国家粮食交易中心 25 家，其他各类粮食交易市场有 40 多家），网上交易额接近 2000 亿元，其中，中华粮网交易粮食近 500 亿元，郑州粮食批发市场交易量达 1193 万吨，比上年增长 106%，2013 年黑龙江粮食交易市场网上粮食成交数量达 187 万吨（其中小麦 20 万吨，大豆 167 万吨），交易金额 72.4 亿元，中国网上粮食市场等。其主要模式是（政府抛售）或者（政府采购），具体模式是网上竞价交易、撮合交易、招投标交易等形式。

（2）农产品"三超多强"格局形成。仅农产品网络零售而言，已经形成淘宝、1 号店、京东"三超格局"。据统计，2010—2013 年，农产品的网上交易额大幅增长，以淘宝网为例，2010 年、2011 年、2012 年分别为 37.35 亿元、113.66 亿元、198.61 亿元，2013 年 500 亿元。经营农产品的网店数量，2012 年 26.06 万家，2013 年突破 100 万家。2013 年 1 号店实现交易额 105.4 亿元（其中包括日用品、其他）；2013 年京东农产品销售达到八大类 15 万种，销售额超过 100 亿元。一大批农产品网站也快速成长，形成了群雄争霸的"多强"局面。

（3）大量农产品网上交易新模式涌现。2013 年，各地针对农产品网络销售开发了多种新模式。京东商城、沱沱工社、1 号店、我买网、顺丰优选、菜管家、优菜网等广泛采用"产地＋平台＋消费者"的模式（B2B2C），将电商平台商与农村合作组织（或者其他经济组织）形成合作关系，直接将农产品销售给消费者或者用户。淘宝网上开设了多个地方特色农产品馆，如遂昌馆、高淳馆、芜湖馆等，形成了地方农产品销售的窗口。"电商＋冷链快递物流＋智能终端取货"的模式在武汉、扬州等地开始推行。县域农产品电子商务集群模式涌现出多个典型，如江苏睢宁县的沙集模式、福建南安的世纪之村模式、浙江义乌模式、浙江遂昌模式、辽宁省通榆模式、甘肃成县模式等。手机农产品销售平台，如"中国农产品"手机平台，已经开始上线运营。

（4）生鲜食品成为新的交易热点。2013 年农产品特别是生鲜食品成为继图书、3C 电子产品、服装之后的第四大类网上热销产品。1 号店、我买网、顺丰优选、龙宝溯源商城、中国地理标志产品商城、电子菜箱、菜管家、优果网、本来生活、全农汇等都已涉及生鲜食品网络零售。2013 年在淘宝网（含天猫）平台上，生鲜相关类目保持了最快的增长率，同比增长 194.58%，枣类为销量最大单品，支付宝交易额超过 13 亿元。2013 年 1 号店已引进了全球近 70 个国家的 2 万种进口商品，售出的进口食品件数高达 2.5 亿件。

（5）县域电子商务成为农村电子商务新的增长点。2012 年，农村淘宝村的兴起点燃了农村电子商务的星星之火，2013 年，县域电子商务的蓬勃发展使农村电子商务呈现燎原之势。全国涌现出一批以农产品为特色的县域电子商务典型，如依托网店协会成功开展农产品年电子商务的浙江省遂昌县，大力发展核桃电子商务的甘肃省成县，打造本地五谷杂粮品牌的吉林省通榆县等。这些地方的案例表明，发展农产品电子商务离不开地方政府的支持，而农产品则是县域电子商务的最佳突破点。

4.2.3 农资电子商务

1. 农资电子商务发展的基本状况

到 2013 年年底，我国有各类生产资料电子商务网站上百家，其中具有代表性的农资网站有：三农网、新农之家、上农网、中国 365 农资网、中越农资网、中国农药第一网、中国农资交易网、农业电子商务网、中国化肥网、农家福等。

各地农业部门积极支持农资电子商务的发展。在黑龙江供销合作社的指导下，黑龙江网上供销社平台于 2012 年 5 月成立，2013 年通过网络销售 20 多个品种的化肥上千吨，价值 9000 多万元。敦化市成立了延边州唯一的农业电子商务试点，并建立了 50 个商务点，货物通过吉林省农业电子商务平台敦化物流配送中心协调配送，2013 年已成交 360 吨化肥。在河北省商务厅、财政厅的指导下，"石家庄农村再生资源回收体系"项目获得中央财政促进服务业发展专项资金的支持。山西长治市以市副食果品公司为依托，大力推进"龙头企业＋基地＋合作社＋农户"的产销对接模式，初步搭建起集生产、加工、储存、流通、销售为一体的鲜活农产品物流体系；湖北省政府与韩国 SK 集团控股公司开展电子商务合作，在"推进供销网络信息化进程、建设农产品大市场、构建再生资源回收利用体系"等三个方面推进地方经济发展。

2. 农资电子商务的基本模式

2013 年，在新网工程基础上的农资电子商务蓬勃发展。新网工程（新农村现代流通服务网络工程）[1] 起源于 2006 年，涉及农业生产资料现代经营服务网络、农副产品市场购销网络、日用消费品现代经营网络、再生资源回收利用网络。经过七年的建设，涌现出多种效益显著的营销模式。

（1）农资企业间的 B2B 平台模式。农资 B2B 平台是农资企业间的电子商务交易平台。2013 年 4 月重新改版上线的上海农资电子商务平台"上农网"就是这种模式的典型。该网站于 2010 年 12 月上线运行，目前拥有普通客户 450 家、VIP 客户 162 家，线上累计交易额近亿元。

（2）农资商品交易所模式。南宁 NCCE（中国—东盟商品交易所）是国内专门从事化肥商品的交易所。NCCE 化肥网上交易模式实现了原料供应商与生产企业、生产企业与基层经销商之间的网上直接交易，减少了流通环节和中间成本。中远期交易还对价格发现、规避风险以及规划运输产生良好的影响。

（3）农资 O2O 模式。2013 年 4 月 14 日，上农网第三方电子商务平台上线，这是一个将农资、农产品交易和农业金融及咨询技术服务进行一体化整合的第三方 O2O 电子商务新平台，所提供的农资直供可让农民的农资成本降低 5%～10%，种植成本降低 3%～5%。

（4）农资 C2B（团购）模式。2013 年，网络团购农资成为时尚。北京延庆村帮助农民团购农资，改变传统的分散购买农资的方式；吉林省白山市万良镇、山东沂南、湖北巴东、甘肃山丹、山东省聊城市冠县朱王芦村等，都兴起网上团购风。2013 年 12

---

[1] 财政部.关于印发《新农村现代流通服务网络工程专项资金管理办法》的通知（2009-09-23）[2014-04-20]. http://www.gov.cn/gongbao/content/2010/content_1593336.htm.

月 30 日，中国农资导报网"农资线上团购活动"开启仅 15 分钟，团购首单 60 吨鲁西集团"鲁银"牌复合肥即被订出。整个活动吸引鲁西集团、山西阳煤丰喜集团、河北根力多、广西田园北方农资等 12 家企业参与供货，确定 25 款肥料供合作社、种田大户、经销商下单团购。

4.2.4　涉农电商的配套服务

1. 涉农电子商务的物流配送

2013 年，商务部启动第四批肉菜流通追溯体系试点，范围覆盖 50 个城市。2013 年以来，菜鸟网络的出现促进了电商物流资源整合，如整合多家冷链物流公司，配送范围覆盖到 42 个城市，其中有部分线路全程冷链，其他则是半冷链。此外，现有生鲜电商探索了多种物流模式。顺丰自建全程冷链物流，覆盖全国 11 个城市。1 号店在北京和上海自营生鲜品类，与第三方冷链物流公司合作。京东在开放平台运营生鲜频道，开始探索自营生鲜，与第三方冷链物流公司合作。一些垂直生鲜电商在北京、上海地区自建冷链物流，但在其他城市仍需采用第三方物流。天猫则采取预售模式。

2. 涉农电子商务的电子支付

在中国人民银行的指导和中国银联支持下，银联商务在农村打造出了"面"（助农便民缴费点）、"线"（助农取款）、"点"（移动支付）多位一体的"服务三农"新平台。截止到 2013 年 10 月底，银联商务各地分支机构共在 20 个省（自治区、直辖市）建设了"全民付"助农取款便民缴费点 1.7 万个，在农村地区共计布放和维护 POS 终端 18.9 万台，占整个公司市场终端总数的 7.4%。

中国农业银行积极推进"金穗惠农通"工程建设，在广大农村地区建立"三农"金融服务站，加大电子机具布放力度，着力打通农村金融服务"最后一公里"。农行山东省分行已在代理新农保、新农合业务的 31 828 个行政村安装了"智付通"、"农商通"等设备，农村电子支付机具覆盖率已达到 79%。

邮储银行先后推出了"绿卡通"、"福农卡"、"邮乐卡"等多元化卡支付品种，不断增强银行卡服务功能，进一步拓宽服务领域，为农村居民提供多层次、多元化零售金融服务的能力持续提升。2013 年全年，邮储银行全国绿卡交易量超过 59 亿笔，交易金额超过 21 万亿元。此外，为把握农村地区手机普及率迅速上升的发展趋势，邮储银行于 2012 年 7 月开通了专门针对农村用户的"汇易达"手机支付业务。

农村信用社也积极开展在线业务。乌鲁木齐县联社开通电子商务平台电子支付业务，实现了联社电子支付业务零突破。

4.3　流通业电子商务

4.3.1　零售领域电子商务

1. 基本状况

2013 年，社会消费品零售总额达到 237 810 亿元，比 2012 年增长 13.1%，扣除价格因素，实际增长 11.5％。按经营地统计，城镇消费品零售额 205 858 亿元，增长 12.9％；乡村消费品零售额 31 952 亿元，增长 14.6％。按消费形态统计，商品零售额 212 241 亿元，增长 13.6％；餐饮收入额 25 569 亿元，增长 9.0％①。

近年来，随着我国电子商务的迅速发展，网络零售已成为我国零售业中的一个重要的、充满活力的业态，行业寡头已经出现，对零售业以及居民消费产生的影响快速扩大。2013 年，我国网络零售交易额达 1.85 万亿元，同比增长 41.2％。相对于当年社会消费品零售总额的 7.8％，比 2012 年提高 1.6 个百分点。

2. 发展特点

1) 传统零售企业正在成为网上零售重要力量

2013 年，我国网上零售交易额中传统企业贡献率逐步提升。在京东商城 2013 年近 1100 亿元电子商务交易额中，第三方开放平台贡献超过了 200 亿元。各大电子商务网站越发重视吸引传统零售企业特别是品牌企业入驻。另一方面，如银泰网、国美、苏宁等大力开拓网络零售市场的传统商场与卖场，网上零售额增速势头也持续强劲。

以家电行业为例，在珠三角地区，为了寻找新的销售增长点，几乎所有的企业都已涉足电商领域。一些大家电企业如美的、海信科龙、创维、TCL、康佳等都纷纷在天猫、京东商城等开设了自己的旗舰店；而格兰仕、万家乐、万和、华帝、康宝、多威尔、索奇等早在前几年就以旗舰店、专营店、加盟店等方式悄然进入了电商领域。资料显示，以电视机的销售为例，2013 年一年，线下销售电视 4025 万台，同比下降 3.8％，而线上销售为 200 万台，较 2012 年 1.2％的比例有大幅提升。截至 2013 年年底，在"中国家电之都"顺德，已有从事 B2C 和 C2C 交易的网商约 2400 家，其中由传统家电企业自己开展线上销售的约 250 家，包括美的、万家乐、万和、格兰仕、康宝、东菱、小熊、长帝等家电企业。最新数据显示，2013 年，顺德全年电子商务网上交易额预计达到 150 亿元，比上年增长约 60％。

2) 零售企业电子商务转型效果明显

据中国商业联合会统计，2012 年我国零售百强企业中，过千亿的超大型零售企业达到 5 家，分别是苏宁电器、天猫、大连大商、百联集团和国美电器。其中，苏宁电器以 2327.2 亿元的销售规模稳居榜首，零售额同比增长 19.5％；电商天猫以 2194.2 亿元的销售额位居第二，销售额同比增长 138.5％；大连大商以 1310.1 亿元成绩位居第三位，销售额同比增长 19.0％。排在最前面的两家都是网络零售企业。2013 年，在中国零售企业 20 强中，有 1/2 的企业在电子商务领域非常活跃。其中，纯粹的电子商务企业 2 家：天猫、京东；完全转型电子商务的企业 1 家：苏宁云商；传统企业转型电子商务表现较好的企业 7 家：百联、国美、沃尔玛、重庆商社、家乐福、农工商超市、宏图三胞（参见表 4-6）。

---

① 国家统计局 . 2013 年国民经济和社会发展统计公报（2014-02-24）［2014-04-20］. http://www.stats.gov.cn/tjsj/zxfb/201402/t20140224＿514970.html.

表 4-6　2013 年度中国零售企业 20 强电子商务表现

排名	企业名称	2013 年销售规模（含税万元）
1	苏宁控股集团（完全转型苏宁云商）	23 272 272
2	天猫（纯电子商务企业）	21 942 333
3	大连大商集团有限公司	13 101 279
4	百联集团有限公司（开设百联 e 城，电子商务转型表现较好）	9 410 000
5	国美电器有限公司（开设国美在线，电子商务转型表现较好）	7 585 004
6	华润万家有限公司	7 247 000
7	京东商城（纯电子商务企业）	5 800 000
8	康诚投资（中国）有限公司（大润发）	5 449 472
9	沃尔玛（中国）投资有限公司（入驻 1 号店，电子商务转型表现较好）	5 012 991
10	重庆商社（集团）有限公司（开设易车网，电子商务转型表现较好）	4 527 368
11	山东省商业集团有限公司（银座）	3 190 000
12	家乐福（中国）管理咨询股份有限公司（开设家乐福超市，电子商务转型表现较好）	3 030 275
13	合肥百货大楼集团股份有限公司	2 793 000
14	农工商超市（集团）有限公司（开设便利通网，电子商务转型表现较好）	2 680 010
15	永辉超市股份有限公司	2 645 612
16	武商集团股份有限公司	2 621 631
17	宏图三胞高科技术有限公司（开设慧买网，电子商务转型表现较好）	2 645 612
18	中百控股集团股份有限公司	2 621 631
19	石家庄北国人百集团有限责任公司	2 541 553
20	江苏五星电器有限公司	2 418 530

资料来源：商务部。

在百强零售企业中有 8 家网络零售企业，销售规模合计 3459.6 亿元，占百强整体销售规模的比重为 14.5%，平均销售额增速为 134.1%，而百强整体销售额增速仅为 20%，对百强零售企业整体销售增速的贡献率高达 49.6%。网络零售企业对整体零售行业做出强力拉动可见一斑。

为应对日益激烈的市场竞争，传统零售企业利用自身在商品渠道、物流管理、营销管理等方面的优势，开展线上与线下相结合的多渠道经营探索，大规模进军网络零售行业。越来越多的传统零售企业正加大对线上渠道的运营力度，加强对自有电子商务平台的投资与运营。

3）连锁企业转型缓慢

在连锁百强企业中，2013 年已有 62 家传统零售企业以不同方式开通了网络零售平台，销售规模约为 350 亿元，仅占百强销售规模总额的 1.5%。尽管从总体看传统零售商的网络零售规模尚小，但从长远看，传统零售商通过调整优化和融合发展，将有机会在网络零售业务中占据更加重要的地位（参见图 4-3）。

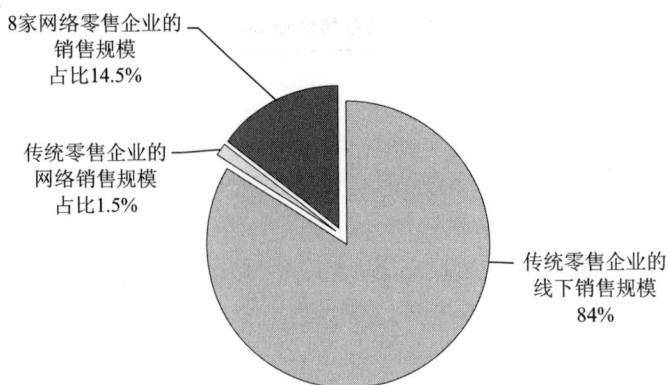

图 4-3　2013 年百强零售企业的网络销售规模构成

资料来源：中国连锁经营协会。

4）O2O 成为传统商业企业的主要转型模式

O2O 是一种将线下商务的机会与互联网结合在一起的电子商务新模式。2013 年，商业企业积极探索 O2O 模式在传统零售行业的大范围应用并取得良好效果。

苏宁云商推行"一体两翼"战略。"一体"是以互联网零售为主体，"两翼"就是打造 O2O 全渠道融合经营模式和线上线下开放平台，本质上是将线上线下资源融为一体，按照平台经济理念，最大限度地向市场开放、与社会共享，从而实现流通领域新一轮的资源重组与价值再造。天虹商场和微信达成战略合作，线下门店采用新开店的方式进行线上销售，用户也可以持微信当做会员卡在线下享受各种优惠活动。银泰商业集团与支付宝钱包达成战略合作，消费者可以使用支付宝支付直接在全国 37 家银泰百货、银泰城门店享受手机支付服务。2013 年"双 11"购物节中，银泰将网上的支付宝用户通过 WiFi 精准引导用户在实体门店消费，获得不菲的销售业绩。表 4-7 显示了不同零售企业 O2O 模式的探索。

表 4-7　2013 年零售企业 O2O 模式的探索

企业	O2O 探索
苏宁云商	线上线下同价，消费者可以选择门店，未来实体店将全部实现虚拟出样，在线下也能购买和网上同样多的商品
友阿股份	与腾讯签订合作协议，建设"友阿微购"微信公众平台，此平台可以实现移动在线支付、线上线下信息共享、会员卡绑定等功能
王府井	推进与微信合作，上线王府井百货 APP
海宁皮城	推出了"全网营销、线上线下联动（O2O）的一站式电子商务交易管理平台"海皮城
中百集团	探索整合公司线上线下资源，如移动 APP"掌上中百"
银泰商业	试将银泰百货门店和银泰网进行融合，实体店铺陈自动识别移动终端，推送促销信息"双 11"与阿里巴巴合作开启 O2O 购物订单新模式
杭州解百	官方微信，口号"24 小时不打烊"，未来将推 APP 软件
徐家汇	汇金百货信息系统目前已和徐家汇商城集团、天猫、新蛋、京东等网上商城打通
南京中商	组建了电商网站南京雨润云中央
步步高	进行 O2O 相关的初期准备工作，未见实质性动作

4.3.2　外贸领域电子商务

1. 基本状况

2013 年，中国进出口总额 41 600 亿美元，同比增长 7.6％。其中，出口 22 096 亿美元，增长 7.9％；进口额为 19 504 亿美元，增长 7.3％[①]。据测算，在进出口总额中，跨境网络零售交易额达到 214 亿美元，同比增长 43.3％[②]。

海关总署的统计数据显示，2013 年中国进出口快件、邮件总量近 4.98 亿件，同比增长 42.7％[③]；中国快递业国际及港澳台快递业务收入已达到 270.7 亿元，比 2012 年的 205.6 亿元增长了 31.7％，已经占到全部快递收入的 18.8％[④]。

由于电子商务拥有准入门槛低、启动资金少的特点，外贸经营主体大量涌现，目前我国平台企业已超过 5000 家，境内通过各类平台开展跨境电子商务业务的外贸企业已超过 20 万家[⑤]。在新注册的电子商务经营主体中，中小企业和个体商户超过九成。海外市场不再局限于欧美日市场，俄罗斯、巴西、印度等新兴市场交易额大幅提升，尤其是中俄双边贸易在电子商务领域更是取得了突出成绩，为境内众多跨境电子商务零售出口平台快速发展做出重要贡献。

在"跨境交易"与"电子商务"双引擎的拉动下，经过数年的跨越式发展，大中华区涌现了各具特色的跨境电商零售出口中心。eBay 数据显示[⑥]，广东、香港、上海、浙江、北京、台湾、江苏和福建占据大中华区跨境电商零售出口总交易额前八席，且均保持高速增长势头。在截至 2013 年 6 月 30 日的前 12 个月中，通过 eBay 平台实现销售额增速最快的三个省份依次为福建、浙江和江苏，其同比增长分别达到了 76.1％、56.1％和 52.0％。

上海海关从 2013 年 8 月 1 日试点通关作业无纸化以来，累计放行无纸化报关单已突破 410 万票，日均单量超过 3 万份，单日峰值 3.82 万份，通关无纸化报关单总量及日单量均列全国首位。目前，无纸化改革试点已覆盖上海所有口岸海关的进口和出口通关业务，已有近 13 万家 B 类及以上企业签订通关无纸化协议，关区 95％的 A 类及 AA 类企业都已签约。目前，全国进出口企业数约 30.6 万家，上海海关的通关无纸化签约企业占比已超过 42％。

---

① 国家统计局. 中华人民共和国 2013 年国民经济和社会发展统计公报［EB/OL］（2014-02-24）［2014-04-20］. http://news. xinhuanet. com/fortune/2014-02/24/c_119477349. htm.

② 根据《中国电子商务报告（2012）》中 2012 年跨境网络零售市场规模计算快件客单价，假设 2013 年客单价不变，参照海关 2013 年进出口快件、邮件总量及增长率推算出 2013 年跨境网络零售交易额。

③ 新华社. 海关发展新型通关监管模式支持跨境电商发展［EB/OL］（2014-01-27）［2014-04-20］. http://www. gov. cn/jrzg/2014-01/27/content_2576992. htm.

④ 国家邮政局. 国家邮政局公布 2013 年邮政行业运行情况［EB/OL］（2014-01-15）［2014-04-20］. http://www. spb. gov. cn/dtxx_15079/201401/t20140115_274540. html.

⑤ 商务部. 2013 年商务工作年终述评之十二：跨境电子商务发展取得阶段性成效（2013-12-23）［2014-04-20］. http://www. mofcom. gov. cn/article/ae/ai/201312/20131200435235. shtml.

⑥ Ebay，Paypal. 大中华区跨境电子商务零售出口产业地图（2013-11-15）［2014-04-20］. http://www. ebay. cn/retailexport/.

　　商务部跨境电子商务课题组调查显示①，我国各地区的跨境电子商务发展状况程度参差不齐。以广东、福建、江浙沪地区为主的东南沿海地区以及北京等地，其跨境电子商务在各项指标上都整体领先于内陆中西部地区。其原因，一是沿海地区在境外贸易中存在明显地域优势；二是这些地区电子商务较为发达，如杭州的阿里巴巴、北京的敦煌网、广东的兰亭集势、南京的中国制造网、上海的春宇供应链等。内陆地区在国际物流方面的得分普遍较低，主要是由于内陆地区的地域劣势产生，电子商务本身的发展也存在较大问题。

　　商务部跨境电子商务课题组的调查同时显示，跨境电子商务应用水平在不同规模企业中由小型企业、中型企业到大型企业逐步升高；在不同所有制企业中由其他、民营、国有、三资逐步升高（参见图4-4、图4-5）。

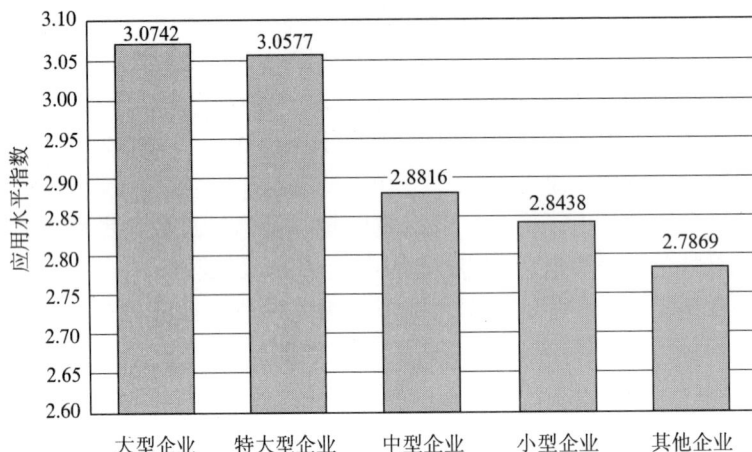

图4-4　2013 年中国不同规模企业跨境电子商务应用水平

2. 发展特点

1）政府出台政策为外贸电商发展创造环境

　　2013 年，中国各级政府积极推动外贸电子商务的开展，为外贸电子商务发展创造良好的发展环境。

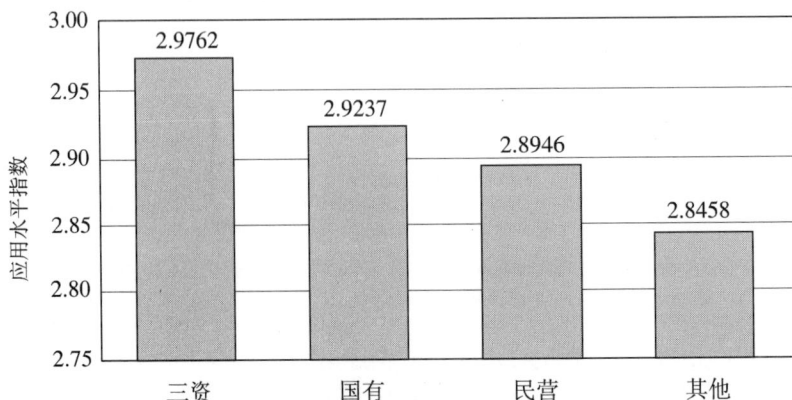

图4-5　2013 年中国不同所有制企业跨境电子商务应用水平

---

① 商务部跨境电子商务课题组．我国跨境电子商务发展状况调查．2013.6.

2013 年 9 月，为鼓励企业利用跨境电子商务扩大对外贸易，针对制约跨境电子商务①零售出口发展的突出问题，国务院办公厅转发由商务部会同发改委、中国人民银行、海关总署等九个部门共同制定的《关于实施跨境电子商务零售出口有关政策意见》，提出了对跨境电子商务零售出口的系列支持政策，包括建立适应电子商务出口的新型海关监管模式并进行专项统计、建立相适应的检验监管模式、支持企业正常收结汇、鼓励银行机构和支付机构为跨境电子商务提供支付服务、实施相适应的税收政策，以及建立电子商务出口信用体系等六项具体措施。这些措施首先在上海、杭州、宁波、重庆、郑州五个跨境电子商务试点城市实施，并从 10 月 1 日起在全国有条件的地区全面推广。

2013 年 12 月，财政部、国家税务总局联合下发了《关于跨境电子商务零售出口税收政策的通知》。该通知规定，电子商务出口企业出口货物（明确不予出口退（免）税或免税的货物除外），同时符合四项条件即适用增值税、消费税退（免）税政策：第一，电子商务出口企业属于增值税一般纳税人并已向主管税务机关办理出口退（免）税资格认定；第二，出口货物取得海关出口货物报关单（出口退税专用），且与海关出口货物报关单电子信息一致；第三，出口货物在退（免）税申报期截止之日内收汇；第四，电子商务出口企业属于外贸企业的，购进出口货物取得相应的增值税专用发票、消费税专用缴款书（分割单）或海关进口增值税、消费税专用缴款书，且上述凭证有关内容与出口货物报关单（出口退税专用）有关内容相匹配。

2013 年 9 月，海关总署回复广州市政府，同意广州提出的 B2C 一般出口（邮件/快件）、B2B2C 保税出口、B2B 一般出口三类业务进行跨境贸易电子商务服务试点。由此，广州正式成为华南地区第一个"国家电子商务示范城市跨境贸易电子商务服务试点城市"。

天津市下发了《天津市发展跨境电子商务扩大出口的实施方案》，确定了管理办法及标准规范、实施企业备案、建设综合服务平台、打造产业集群、推进外贸转型、提升配套服务、加强人才培养、加强信用监管、建立融资服务平台九项工作任务。

福建省以发展海峡两岸贸易为切入点，出台了《福建省跨境贸易电子商务工作实施方案》。该方案提出，建设海峡两岸跨境电子商务示范区，不断深化闽台电子商务合作，率先引进一批在台湾有影响力的电商企业，开展跨境网络零售业务，设立区域采购配送中心、研发中心、物流运筹中心，逐步形成海峡两岸电子商务产业链。

由商务部和上海市人民政府合作共建的"中国（上海）国际贸易中心"网站积极发挥政府网站对进出口贸易的引导作用，大力宣传政府相关政策和措施。2013 年发布有关信息 3 万余条，出版《电子商务动态》24 期。

2）试点城市积极开展跨境电子商务的推动工作

新成立的上海自贸区将跨境电子商务作为发展的突破口。2013 年 12 月启动了全国

---

① 跨境电子商务，即生产和贸易企业通过电子商务手段将传统贸易中的展示、洽谈和成交环节数字化、电子化，最终实现产品进出口的新型贸易方式。跨境电子商务零售出口，指出口企业通过互联网向境外零售商品，主要以邮寄、快递等形式送达的经营行为，即跨境电子商务的企业对消费者出口。这是扩大海外营销渠道，提升我国品牌竞争力，实现我国外贸转型升级的有效途径。

首个跨境贸易电子商务试点平台，标志着借助自贸区平台的跨境电子商务在上海迈出实质性步伐。该平台的推出使近年来一直处于"半地下"状态的"海淘"（指跨境网购、代购）行业有了在"阳光"下发展的平台，全球商家也有了"直邮中国"面向中国广大消费者开展个性化服务的便利渠道。

苏州市外贸总额占江苏省约六成，其中工业园区占据了较大比例。2013 年 11 月，海关总署同意苏州市开展跨境电子商务出口试点，该市也成为江苏省首个、国内第六个试点城市，也是唯一的地级市。该市工业园区将通过开展跨境贸易电子商务这一契机，积极帮助著名电商企业在区内发展跨境电子商务，还将延伸电商行业产业链，实现线上线下业务互动、上下游配套衍生服务充分衔接。

广州市以最快的速度创新政府部门监管流程，畅通出口通关渠道，将国家有关政策成功应用到跨境电子商务零售出口业务中，对 B2C 一般出口（邮件/快件）实行"清单核放、汇总申报"的通关模式，让企业可以享受快速、便捷的通关、免退税和收结汇服务，同时实现将企业跨境电子商务零售出口额纳入海关贸易统计。表 4-8 显示了2013 年我国跨境电子商务试点城市有关工作的推进情况。

表 4-8　2013 年我国跨境电子商务试点城市开展工作汇总

试点城市	开展工作
杭州	首个跨境贸易电子商务服务试点进入实质性运转的城市，通过先行先试，为国家制定和完善跨境贸易电子商务管理规范、政策法规提供实践基础和理论依据
重庆	提出的"一般进口"、"保税进口"、"一般出口"和"保税出口"4 种业务模式
广州	广州海关首先在出口邮件（B2C）研究实施"清单核放、汇总申报"的通关模式，研发广州跨境电子商务（B2C 出口）通关服务系统，并取得成功
东莞	东莞市松山湖跨境电商平台在国内率先试水跨境 C2M 新模式，首款产品——功能型蜂蜜已经诞生并进入市场
深圳	深圳跨境电商平台企业年成交额全国排名第四，全国最大的外贸综合服务平台深圳一达通发布数据称，该平台 2013 年实现进出口总额 40 亿美元
银川	宁夏开展跨境电商试点有助于辐射带动宁夏及西部内陆地区商务、旅游、物流等服务业发展，推进相关产业结构转型升级，落实国家向西开放战略的调整
长沙	长沙市地处中部地区，综合交通枢纽的区位优越，经济基础和电子商务发展基础良好，具有开展跨境电子商务的优势
平潭	平潭综合实验区具有先行先试的优惠政策，对台小额贸易发展基础良好，具备开展对台跨境电子商务的优势
郑州	河南本土首家新型跨境贸易电商平台"万国优品"，将为国内消费者网购进口商品提供一个合法、保真、低价、快捷的渠道，也将为海外商家提供中国海关总署特批的 E 贸易跨境零售通关渠道
青岛	中韩跨境电商青岛起航平台，将经营来自韩国的产品，致力于为海外中高端品牌进入中国市场提供跨境电商平台一站式服务
哈尔滨	哈尔滨市开通了全球首例国际包裹的国际货运航线，为境内外的企业、商家建立一条高效便捷、服务优质的通道，这也使哈尔滨机场成为中国最重要的对俄贸易启运港

3) 外贸企业积极探索跨境电子商务新方式，争取出口竞争新优势

2013 年，我国众多外贸企业通过各种方式探索跨境电子商务的新模式，力争在国

际电子商务领域中占据领先地位。

2013 年，在商务部的支持下，广交会电商平台已与 12 家交易团启动战略合作。在第 114 届广交会上，青岛交易团首次与广交会电商平台举行战略合作签约，双方将利用电子商务平台优势组织重点行业与采购商的线下对接活动，建立健全面向青岛中小企业的全流程电子商务服务体系。

上海市宝山区人民政府与上海希游网络技术有限公司（西游列国）签订战略合作协议，双方将共同在宝山区打造专注进口业务的跨境电商平台——"上海跨境网购平台"。该平台定位为依托上海自贸区，为海外中高端品牌进入中国市场提供跨境电商平台一站式服务。

东莞市邮政局与亚马逊合作，共同推动东莞知名品牌企业上亚马逊开店，加速东莞邮政产业园基地的建设，将产业园打造成以东莞制造为主导，兼顾广东制造，为入驻的电商提供产品销售、物流、报关、结汇、金融等配套服务。

2013 年，阿里巴巴旗下外贸电商平台全球速卖通启动了国际品牌卖家定向招募活动，放宽对卖家品牌销售的限制。阿里巴巴国际交易市场采购直达平台每日可以接到近 10 000 笔的跨境贸易订单需求，买家规模增长连续两年保持了 7～10 倍的速度，活跃着 8 万多名中国供应商，大约占到中国外贸出口企业的 5%。最近三年，该网站的美国买家数量从 200 万增加到 700 万，英国买家的数量从 36 万增加到 160 万。

义乌市利用 e 邮宝、中国邮政小包等方式扩大外贸出口。2013 年上半年跨境快递日均出货量 20 万票，外贸网购交易额 33 亿元，同比增长 83%。其中，e 邮宝、中国邮政小包日均出货量分别为 1 万余票和 9900 余票，同比分别增长 128% 和 500% 以上。

新疆出口机电产品市场采购基地通过跨境电子商务平台助推中国机电产品"走西口"。公司结合出口采购基地的创建，采用机电产品线上与线下结合方式交易，实现机电产品网上产品溯源、网上交易及订单管理、出口商品查询和综合服务等功能。

跨境电子商务网站吸引了越来越多的国外顾客。例如，俄罗斯公民主要是通过阿里巴巴全球速卖通、大龙网、ebay 等跨境电子商务平台进行网购，购买的商品主要有百货、服装鞋帽、电子产品、汽车配件、户外用品、玩具、办公用品、箱包等，这些商品大多是从广州、深圳、上海、义乌等收寄点发出，由快递公司发到绥芬河后，再通过国际邮件、快件运往俄罗斯。自 2013 年 3 月绥芬河口岸开通对俄跨境电子商务邮件速递业务，截至 2013 年 12 月底，绥芬河出入境检验检疫局共检验检疫监管出口商品 73 万件。

2013 年 6 月，跨境电子商务企业兰亭集市在美国纽约证券交易所成功上市，反映出世界投资界对我国跨境电子商务企业运作的认可。

4) 海外代购发展迅速，规范化发展问题亟待解决

2013 年，海外代购越来越受到国内广大消费者的青睐与追捧。2013 年中国海外代购交易规模达到 98.27 亿美元，与 2012 年同期的 74.87 亿美元相比增长了 31.3%（参见图 4-6）。

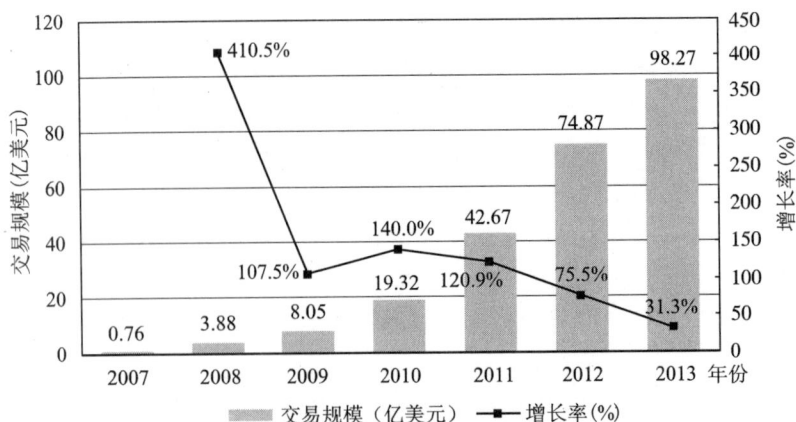

图 4-6　2007—2013 年我国海外代购发展情况

2013 年海外代购表现出以下特点：

（1）海外代购服务商从单一走向多元。从业务模式来看，海外代购服务商形成了四种主要类型：第一类是海淘导购，主要在商品导购等环节提供服务，典型服务商有海淘城、海淘贝等；第二类是独立海外代购网站，直接从海外采购现货，典型服务商有西游列国、蘑菇街、美国购物网等；第三类是海外代购交易平台，为海外代购商家或买手提供交易服务，典型服务商有淘宝全球购、ebay；第四类是海外代购整合服务平台，整合海外商品、支付、转运、通关等服务，典型服务商有洋码头、金蚂蚁等。

（2）多个电子商务网站布局海外代购。2013 年，海外代购成为电子商务企业布局的新热点。10 月，1 号店宣布与美国、澳大利亚、韩国、英国、意大利、西班牙六国的驻华机构合作，为中国消费者提供更多质优价廉的进口商品；苏宁云商获得国际快递业务经营许可，并在"双 12"期间上线"全球购"；京东商城积极筹划"环球 BUY"服务，并表示将在俄罗斯及东南亚建立仓储，以此进入海淘市场；包括东航物流、KMS、联邦快递、圆通等航空运输和快递企业。

（3）海外代购服务商正逐步向规范化发展。2013 年 5 月，离职空姐李某代购偷逃税款案被发回重审，引起海外代购领域的高度关注。淘宝全球购在准入门槛、销售资质等方面制定标准，以此规范提供代购服务的卖家；洋码头逐步引入专业商家，提高服务商规范化程度，来自商家的信息已超过 80%。2013 年 12 月，上海自贸区内的"跨境通"网站上线，实现了基于上海口岸面向国内消费者实现全球网络直购，引导消费者通过直购渠道购买国外高品质商品，阳光纳税，以抗衡非法代购形式入境的灰色购买通道。东方航空物流、东方国际集团、百联电子商务、1 号店、快钱支付等近 60 家企业"结盟"申请成立国内首个"跨境电子商务行业协会"，希望能够对海淘的交易渠道、交易过程等各个环节进行规范，帮助海淘健康发展。但从全国情况看，海外代购商主动报税、第三方电商平台加强对入驻商家的监管、严重偷漏税案件的打击、外汇监管等问题仍然没有得到有效解决。

5）跨境电子商务改变外贸服务方式，带动中小企业参与外贸活动

现代信息技术应用让外贸经营活动出现集约化，出现了针对外贸业务流程的外贸

综合服务平台，例如深圳的阿里巴巴—达通、宁波的世贸通等。这些平台用网络等技术手段实现外贸业务流程的规模化外包服务。这些平台与外贸各当事方，如银行、物流，以及政府监管机构建立了数据共享渠道，推出报关、融资、退税等综合服务，形成了针对进出口商的单一窗口服务模式。这些外贸综合服务平台将外贸的服务提升到集约化程度，既降低了外贸成本，减少了环节，还提升了服务，进而创立了新的服务模式，推动了贸易便利化，吸引了大量中小企业参与。

上海春宇供应链管理有限公司建设的 TradX 快贸通云平台将通关、物流、退税、融资等在内的所有进出口业务操作整合在互联网平台上，为中小企业提供了一站式供应链服务，目前注册企业已经突破千家。重庆对外经贸集团搭建了"快融通"外贸综合服务平台，帮助中小微企业解决出口环节中交易复杂、报关难、退税难、融资难等难题。

4.4　金融业电子商务

2013 年，金融电子商务呈井喷式发展状态，各大金融机构、电商平台纷纷涉足这一领域，互联网金融也呈现出多种业务形态和多种产品形式共存的格局。

4.4.1　银行业电子商务

1. 银行管理部门积极支持金融创新

2013 年，我国经济金融改革发展进入关键阶段，银行管理部门重视包括互联网金融在内的各种金融创新，按照《国务院关于促进信息消费扩大内需的若干意见》关于"推动互联网金融创新，规范互联网金融服务"的要求，引导市场机构优化产品创新机制、加强金融基础设施建设，促进互联网金融持续、健康、稳步发展。

截至 2013 年年底，中国人民银行分 6 批发放了 243 张第三方支付牌照，显示出鼓励创新的理念和支持力度。同时，中国人民银行针对互联网金融的金融功能属性和金融风险属性，提出了互联网金融创新和监管的总体原则：

（1）互联网金融创新必须坚持金融服务实体经济的本质要求，合理把握创新的界限和力度，进一步探索和完善监管机制，促进互联网金融健康发展。

（2）互联网金融创新应服从宏观调控和金融稳定的总体要求。

（3）切实维护消费者的合法权益。

（4）维护公平竞争的市场秩序。

（5）处理好政府监管和自律管理的关系，充分发挥行业自律的作用。

2013 年，中国人民银行基本完成了《支付机构网络支付业务管理办法（征求意见稿）》。该办法按照"鼓励创新、防范风险、趋利避害、健康发展"的总体要求多次修订，2014 年将在监管部门、支付机构、消费者三方中间广泛征求意见。

2013 年，银监会认真贯彻落实十八届三中全会关于金融改革的精神，积极开展民营银行试点的准备工作。在首批 5 家民营银行试点方案草案中，电子商务企业阿里巴巴和腾讯入选引人瞩目。这种情况说明，电子商务企业已经渗透到资本行业之中了。

2012 年 12 月，国务院正式颁布《征信业管理条例》。该条例自 2013 年 3 月 15 日起施行。中国人民银行作为国务院征信业监督管理部门，全面落实《征信业管理条例》的各项规定，推进信用评级市场管理方式改革，完善对金融信用信息基础数据库的管理。截至 2013 年 12 月底，金融信用信息基础数据库已为 8.2 亿自然人和 1859.6 万户企业建立了信用档案，为商业银行等机构防范信贷风险提供了重要支持。

2. 银行卡交易额增速大幅提升

截至 2013 年年末，全国累计发行银行卡 42.14 亿张，较上年末增长 19.23%。截至 2013 年年末，全国人均拥有银行卡 3.11 张，较上年末增长 17.80%，其中，信用卡人均拥有 0.29 张，较上年末增长 16.00%。北京、上海信用卡人均拥有量远高于全国平均水平，分别达到 1.63 张和 1.30 张。

伴随着银行卡发卡量的增加，银行卡交易额增速大幅提升。2013 年，全国共发生银行卡业务 475.96 亿笔，同比增长 22.31%；金额 423.36 万亿元，同比增长 22.28%，增速加快 15.38 个百分点。日均 13 039.88 万笔，金额 11 598.91 亿元。

银行卡消费持续快速增长。2013 年，全国银行卡卡均消费金额为 7554 元，笔均消费金额为 2454 元，同比分别增长 28.16% 和 6.14%。银行卡跨行消费业务 67.97 亿笔，金额 23.75 万亿元，同比分别增长 22.54% 和 44.08%，分别占银行卡消费业务量的52.40% 和 74.61%。全年银行卡渗透率达到 47.45%，比上年提高 3.95 个百分点。

3. 各类电子支付业务快速增长

2013 年，全国共发生电子支付[①] 257.83 亿笔，金额 1075.16 万亿元，同比分别增长 27.40% 和 29.46%。其中，网上支付业务 236.74 亿笔，金额 1060.78 万亿元，同比分别增长 23.06% 和 28.89%；电话支付业务 4.35 亿笔，金额 4.74 万亿元，同比分别下降 6.59% 和 8.92%；移动支付业务 16.74 亿笔，金额 9.64 万亿元，同比分别增长212.86% 和 317.56%[②]。

2013 年，支付机构累计发生互联网支付业务 153.38 亿笔，金额 9.22 万亿元，同比分别增长 56.06% 和 48.57%。

2013 年，银行支付系统[③]共处理支付业务 235.80 亿笔，金额 2939.57 万亿元，同比分别增长 23.38% 和 17.19%，业务金额是 2013 年全国 GDP 总量的 51.68 倍。

2013 年，我国手机银行交易金额达到 47 851 亿元，环比增长达到 26.84%[④]。其

---

① 本文所称电子支付是指客户通过网上银行、电话银行和手机银行等电子渠道发起的支付业务，包括网上支付、电话支付和移动支付三种业务类型。

② 中国人民银行 . 2013 年支付体系运行总体情况［EB/OL］（2014-02-27）［2014-04-20］. http://www.pbc.gov.cn/publish/zhifujiesuansi/1070/2014/20140217090448334460050/20140217090448334460050 _ .htm.

③ 包含大额实时支付系统、小额批量支付系统、网上支付跨行清算系统、同城票据清算系统、境内外币支付系统、全国支票影像交换系统、银行业金融机构行内支付系统、银行卡跨行支付系统、城市商业银行资金清算系统和农信银支付清算系统。

④ 易观智库. 2013 年第四季度手机银行市场份额变化大差异化定位加强［EB/OL］（2014-01-28）［2014-04-20］. http://www.enfodesk.com/SMinisite/maininfo/articledetail-id-399470.html.

中，建设银行和工商银行的市场份额都超过 20％。光大和民生等股份制银行发展速度非常明显。民生银行的公私账户集中管理、乐收银账户管理，光大银行 300 项的缴费服务跨行转账业务，都带动了户均交易额和户均交易笔数的高速增长。

4. 商业银行积极开展电子商务

2013 年，在互联网金融应用创新影响下，商业银行积极开展电子商务，面向终端消费者和企业客户提供具有互联网特点的新型金融产品。商业银行根据各自在客户服务、定价、风险管理及 IT 支持等具有比较优势的不同，选择不同的转型方向和主打路径。

中国工商银行先后研发推出了集网上购物、网络融资、消费信贷于一体的电商平台，基于居民直接消费的小额消费信贷，基于真实贸易的中小商户贷款等具有互联网金融特质的产品，提高了产品的便捷性和易用性，更好地适应了客户金融需求的变化。

交通银行开发了多功能电子商务平台"交博汇"。与大多数电商网站不同的是，交博汇除了提供便民缴费及网上购物等服务外，还提供个人理财、企业融资等业务，并直接为地方企业提供营销帮助。在湖北，"交博汇"商品馆已经吸引了安琪酵母、良品铺子、红桃 K、精武鸭脖等优质商户入驻。

浦发银行"电商通"产品 2013 年 8 月上线。该产品专门为电商企业量身定做，并配备了 10 亿元的专项贷款规模。12 月，浦发银行又发布"电商通 2.0"产品，利用大数据全面升级该行服务小微电商企业的能力、手段和范围。

民生银行在深圳注册了电子商务有限责任公司，推出了"合一行"电商平台。民生银行现有的庞大的线下资源，包括 116 万的小微客户和 1.1 万多户私人银行高端客户，民生电商将重点关注小微网络金融服务，以形成"小微金融服务商＋电商"的特质。

2013 年，商业银行还与基金合作，推出类余额宝产品。广发银行与易方达基金合作推出了"智能金"；交通银行与交银施罗德基金、易方达基金合作推出"快溢通"；银联商务和光大保德信基金合作推出"企业版余额宝"。

截至 2013 年年底，国内各大银行都相继推出了自己的电商平台。表 4-9 为各主要银行推出的电子商务平台情况。

表 4-9　2013 年各主要银行推出的电子商务平台情况

银行	电商平台/产品	主打模式	成立时间
建设银行	善融商务	B2B＋B2C	2012 年 6 月 28 日
工商银行	融 e 购	B2C	2014 年 1 月 12 日
中国银行	聪明购	B2C	2008 年
交通银行	交博汇	B2B＋B2C	2012 年
民生银行	合一行	B2B＋B2C	2013 年 8 月 29 日
招商银行	小企业 e 家	P2P 贷款	2013 年 9 月 18 日
平安银行	陆金所	P2P 贷款	2011 年 9 月
华夏银行	平台金融模式	P2P 贷款	2012 年 1 月
浦发银行	电商通	P2P 贷款	2013 年 8 月

5. 支付电子化管理开创现代国库管理新局面

2013 年 9 月，财政部、中国人民银行印发了《国库集中支付业务电子化管理暂行办法》①，对全面推进支付电子化管理作出部署。2013 年支付电子化管理工作②已在河北、重庆等 13 个省级和 3 个市级财政部门成功上线运行，在吉林等十余个省市也开始实施③。支付电子化管理安全、高效、低成本的优势逐渐显现并取得了较大的经济效益和社会效益。

（1）构建"三位一体"安全网，从根本上提升财政资金安全保障能力。支付电子化管理通过构建管控防"三位一体"防护网，安全上有了质的飞跃。

（2）提高资金运行效率，降低行政管理成本。辽宁省财政国库部门一次性审核 2000 多笔授权支付额度，整个签章过程不超过 1 分钟。湖北省自助柜面业务上线试运行后，不再填写支票、来往银行、排队等候，足不出户就可以全天候办理资金支付。据河北省财政厅测算，省本级一年可节约纸张、打印耗材等直接成本 300 万元。

（3）转变支付手段，提高财政支付能力。安徽省实施支付电子化管理试点以后，直接支付范围迅速扩大到个人差旅费、医药费及公务卡报销等领域。同时，"质的提升"也将带来"量的扩展"，国库集中支付的量级将由"万"级向"亿"级跃迁，其中蕴含的信息价值十分可观。

（4）以标准化促进管理规范化，带动财政内部治理水平提升。全国统一的标准规范改造各地、各单位的现行支付系统，并与中央统一开发的安全支撑控件有效衔接，从而规范各地国库集中支付业务。通过在相关软、硬件中固化内控机制，真正落实了财政财务管理的各项原则要求；通过建立跨部门、跨地区的信息交换"高速公路"，有效地解决了信息不对称问题；通过网络和信息系统在信息处理与传输上的优势，在一定程度上解决了基层金融服务能力不足等制约乡镇改革的瓶颈问题。

4.4.2 证券基金业电子商务

1. 证券企业积极应用电子商务拓展业务市场

2013 年互联网金融的冲击，开始倒逼证券行业改变既往的发展路径，转型发展成为证券企业的主旋律。

华泰证券 2013 年 9 月正式启动网上开户业务。开户流程全程线上自助办理，投资者仅需准备好身份证原件、银行卡、配有摄像头的电脑等，申请并安装结算的数字证书，通过视频见证程序后，即可直接开立证券账户。这是 2013 年 3 月中国证券登记结

---

① 财政部，中国人民银行.关于印发《国库集中支付业务电子化管理暂行办法》的通知［EB/OL］（2014-09-05）
　［2014-04-20］.http://gks.mof.gov.cn/redianzhuanti/dzhgl/gztz/201311/t20131118_1012868.htmlf.

② 支付电子化管理，实质上是用新的信任体系替代延续千年的"纸单"管理，在安全功能上有质的提升。具体来说主要有两方面：一是在业务上实现链条式管理，把传统模式下分散的控制环节，整合成完整的管理链条，通过"环环相扣、互相牵制、有始有终"的内控机制，让每一笔业务都在"聚光灯"下运行，使违规操作无所遁形；二是在技术上引入安全支撑控件，给原本脆弱的业务管理系统建立防护网，保证未授权的用户"进不来、看不到、改不了"，经过授权的用户"丢不了、拿不错、赖不掉"。

③ 翟钢.支付电子化管理开创现代国库管理新局面［EB/OL］（2014-04-09）［2014-04-20］.
　http://gks.mof.gov.cn/redianzhuanti/dzhgl/zcjd/201404/t20140409_1065274.html.

算有限责任公司（中登公司）发布《证券账户非现场开户实施暂行办法》后第一次非现场开户形式。截至 2013 年年底，已有包括华泰证券、国泰君安、齐鲁证券等在内的数十家券商获得了中登公司数字认证网上开户资格，并陆续开始办理网上开户业务，互联网金融在证券业终于完全落地。

2013 年 11 月，广发证券"易淘金"网站正式亮相，这是广发证券专为零售客户打造的线上综合服务平台。该平台已实现逾 1000 个公募基金产品、29 个广发资管产品、46 款服务资讯产品的在线展示、导购、支付及结算；实现了线下标准化服务体系的网络化迁移；建立了"广发通"统一账户体系，从而打造了以客户为中心的证券线上服务新模式。

国泰君安证券精心打造的"君弘金融商城"为客户提供了系统的互联网综合金融服务。作为探索互联网综合金融服务的平台，该商城以一户通账户为基础，整合了沪深股东证券账户、资金账户、资管账户、基金账户，并可进行期货及港股业务的申请；该商城从产品的展现到选购、下单、支付，实现了电商特色的金融产品购物式体验；该商城实现了信用业务在线申请，提供融资融券、约定购回等业务的办理功能，实现了保证金账户的对外转账、消费功能。

2. 基金电子商务创新营销模式

1）通过第三方电子商务平台开展基金销售业务

2013 年 3 月 16 日，中国证监会公布《证券投资基金销售机构通过第三方电子商务平台开展业务管理暂行规定》。《暂行规定》的发布标志着基金销售机构电子商务技术应用进入了一个新阶段。一方面明确了基金销售机构通过第三方电子商务平台开展基金销售业务的监管要求，另一方面对第三方电子商务平台的资质条件和业务边界也作出了规定，有利于基金销售机构在第三方电子商务平台上的基金销售活动规范有序开展。

2013 年 12 月，证监会发布了基金第三方电子商务平台名录。浙江淘宝网络有限公司成为第一家为基金销售机构提供服务的第三方电子商务平台，与之合作的基金和销售机构包括国泰、南方、华夏、鹏华、嘉实、富国、易方达、银华、长城、银河、泰达宏利、万家、海富通、广发、兴业全球、工银瑞信、德邦等 17 家基金管理公司。"双 11"购物节，易方达基金在淘宝店上线仅 11 天，理财产品"易方达聚盈 A"全天成交 2.11 亿元，冲进全网销量前三名。

2）拓展与电商企业合作渠道

2013 年 6 月，支付宝联合天弘基金宣布推出余额宝。其实质是将基金公司的基金直销系统内置到支付宝中，用户将资金转入余额宝的过程中，支付宝和基金公司通过系统对接将一站式为用户完成基金开户、基金购买等过程，首期支持的是天弘基金的增利宝货币基金。截至 2013 年年底，余额宝的规模已经达到 1853.42 亿元，其对接的天弘增利宝货币基金成为市场上规模最大的公募基金，天弘基金也因此跻身公募前三名。

2013 年 10 月，百度联合华夏基金推出"百发"计划，收益率为 8%，其中一部分收益采取补贴的形式发给客户，随后该模式被网易等其他第三方电商企业竞相模仿。

腾讯旗下财付通与华夏、易方达、广发、汇添富基金密切合作，积极探索"微信理财通"产品上线。

2012 年以来，P2P 平台无论是在数量上还是在交易活跃度上都有着突飞猛进的增长。据《中国 P2P 借贷服务行业白皮书》统计[1]，到 2013 年一季度，已经有 132 家较为活跃的 P2P 平台，规模和活跃度靠前的 21 家 P2P 借贷平台 2012 年全年成交额达到 104.13 亿元，成交量达 21.14 万笔；21 家平台累计借款人也呈现出了明显的增长态势，2012 年达到 20 567 人，增长幅度超过 200%。

3）积极采用网络新技术

随着腾讯微信 5.0 版本的上市，华夏、易方达、南方、鹏华等基金公司纷纷推出"微理财"服务。投资者可通过腾讯微信服务号直接进行申购赎回、账户查询、货币基金 T+0 赎回等指令。

嘉实基金试点后端收费，网上直销系统（含电话交易）开通部分基金产品的后端收费模式（包括申购、定期定额投资、基金转换等业务），并对该模式费率进行优惠。

华夏、汇添富、嘉实还在 APP 上推出货币基金支付类业务，包括信用卡还款、缴费、跨行转账等。

3. 金融理财市场活跃

2013 年，互联网行业投融资活跃。广义互联网行业发生并购案例数量 317 起，并购金额达到 143.49 亿美元，比 2012 年分别增长了 100%、164%。电子商务市场全年共有 165 起投融资事件[2]。其中，风险投资 152 起，总额逾 26.3 亿美元；并购 10 起，金额逾 7 亿美元；IPO 2 起，募资总额约 1.4 亿美元；上市后增股 1 起，募资金额为 1.8 亿美元。在细分行业方面，互联网金融及 B2C 电商的投融资占比达 24.85%，并列全行业第一位，电商服务占比为 20.61%，O2O 行业占比为 15.76%。

网络理财、网贷等领域也成为投资市场新宠。在投融资市场，金融理财类投融资事件 12 起；P2P 网贷行业 8 起；支付行业 7 起；其他包括众筹、保险、虚拟货币等互联网金融行业投融资事件共 11 起。金融理财类的挖财、铜板街、融 360、天使汇、拍拍贷等不同互联网金融新兴模式领域受到风投的青睐。

4.4.3 保险业电子商务

1. 总体情况

2013 年以来，国内金融业的竞争格局逐渐发生变化，传统金融行业之间的界限被突破，互联网金融对金融市场格局构成新的影响，中国保监会认为，应鼓励电销、网销等新型渠道发展，实现渠道的结构调整，改革现有政策不适宜或滞后的地方，鼓励寿险公司开发适合于新渠道销售的专门产品，借助电子化手段、经营成本低的特点和优势，促进渠道多元化、差异化，逐步降低行业对传统渠道的依赖度。

2011—2013 年的三年间，我国互联网保险业务的规模保费从 32 亿元增长到 291 亿元，三年间增幅总体达到 810%，年均增长率达 202%，速度与规模堪称惊人。

---

[1] 第一财经新金融研究中心．中国 P2P 借贷服务行业白皮书（2013).北京：中国经济出版社．2013.

[2] 资料来源：根据清科数据整理．http://zdb.pedaily.cn/.

从上市险企的年报来看，中国太保 2012 年持续加强电网销①建设，提升电网销的获客能力和价值贡献，实现电网销业务收入 135.28 亿元，同比增长 30.6%；平安产险电话销售和网络销售的保费收入增长 17.6% 至 335.53 亿元，平安寿险电销渠道实现保费收入同比增长 72.5% 至 66.1 亿元；人保集团旗下人保财险作为国内最大的财险公司，2013 年在电商渠道实现开门红，全年电网销实现保费达 408.5 亿元，同比增长 45.4%，其中网销保费同比增长高达 125%。

2013 年，我国保险电子商务应用模式不断丰富，已经形成 B2B、B2C、B2M 等多种服务模式。为提高整个行业的信息化水平，保险行业专门成立了中国保险信息技术管理有限责任公司，建设保险行业统一的运营和管理保险信息共享平台，通过信息技术手段，采集保险经营管理数据，建立标准化、系统性的数据体系，为保险业发展和监管提供基础性的网络支持和信息服务。

2. 保险企业积极向电子商务领域渗透

随着互联网保险的深入发展，各保险巨头开始纷纷成立专属电子商务子公司，提升自身的话语权。中国平安确定了自身的互联网保险和金融发展战略，其互联网金融立足于社交金融，将金融服务通过网络融入"医、食、住、行、玩"的生活场景。中国平安已布局了陆金所、万里通、车市、支付、移动社交金融门户等业务。陆金所战略及组织架构进一步落地，贷款交易规模显著提高；"万里通"积分商圈规模从 2012 年年底的 5000 家终端，大幅增长到 2013 年年底的 20 万家；平安好车初步完成网站建设及在线交易平台的搭建，建立 11 家线下门店；平安付成功推出移动社交支付工具"壹钱包"；平安科技推出的"天下通"移动社交金融门户正式上线，助力传统金融发展。

中国太保通过系列改革，积极适应网络和移动互联时代客户行为的变化，建立了面向分散型客户的智能综合服务平台——太保在线。同时，创新 O2O 流程，在线吸引潜在客户，通过全能坐席引导，由线下业务员为客户提供专业细致的服务。另外，太保还运用移动互联新技术，在寿险领域率先推出"神行太保"智能移动保险平台，设备投入数量从 2012 年年末的 2.5 万台增加到 7.2 万台，作业时效由 7 天缩短为最快 15 分钟。在产险领域，太保车险 3G 快速理赔系统现场查勘与后台定损于一体，平均 18 分钟完成现场查勘定损，现已覆盖 75.6% 的普通案件。当前，已经有超过 1520 万客户享受到了该公司新技术应用服务的便捷。

新华保险 2013 年年底获得保监会批准，成立全资的电子商务子公司。新华电商正积极从互联网行业招兵买马，尝试利用互联网思维和现代数字技术不断提升传统环节的效率，致力为客户提供更完美的体验，赢得新的客户群，开拓新的增长空间。

2012 年 7 月，中国太平控股成立太平电商。2013 年 7 月，太平电商的注册资本增至 2.625 亿元，其业务领域波及养老及团体人寿保险、资产管理、保险有关的电子商务及保险中介业务。

---

① 保险电网销即保险产品的电子营销、网络营销。

中国人保集团大力发展电销、网销、移动平台等新兴销售渠道，加强新兴销售渠道服务体系建设，改善客户信息管理和落地服务，取得一定效果。其中，人保财险电销、网销等新兴直销渠道贡献持续提升，2013 年电销、网销原保险保费收入合计408.50 亿元，同比增长 45.4%。

截至 2013 年年底，保险市场上共有 6 家保险企业成立的电商公司，其中包括 5 家由保险公司成立的子公司以及 1 家保险公司和互联网企业共同成立的专业保险互联网公司（参见表 4-10）。

表 4-10 保险市场上海电商公司的简要情况

保险公司	电商平台/子公司	成立时间	简　介
中国平安（集团）股份有限公司	平安渠道发展咨询服务有限公司	2008 年	面向集团三大业务，搭建业内领先的电销平台
中国太平洋保险集团	太平洋保险在线服务科技有限公司	2012 年 1 月	提供互联网、电话、移动终端等多样化接入方式，确保实现客户投保需求与保险公司销售渠道无缝对接
中国太平保险控股有限公司	太平电子商务有限公司	2012 年 7 月	为个人和企业客户提供网电融合的在线产品销售与服务
新华人寿保险股份有限公司	新华电子商务有限公司	2013 年 6 月	
阿里巴巴、中国平安、腾讯	众安在线财产保险公司	2013 年 9 月	除注册地上海之外，全国均不设任何分支机构，完全通过互联网进行销售和理赔服务
中国人寿保险（集团）公司	中国人寿电子商务有限公司	2013 年 12 月	进行资源整合，对兄弟公司——国寿股份、国寿财险、国寿养老险等的客户再开发、再服务，并顺应网络营销发展，建立自己的大数据平台

3. 开发网店店主专属保险新产品

近年来，随着电子商务平台的快速发展，网站卖家这个群体也在逐步壮大。保险公司有意识地争夺网销卖家市场，不断推出量身定制的专属保险产品。

华泰财险最早推出的网购保险产品——退货运费险（卖家版），如今已是淘宝网店卖家购买保险时必不可少的一款保险。退货运费险有效地保障了淘宝店主被买家要求退货时产生的物流运费损失。都邦保险为网店卖家推出了"快乐嘟嘟"自选型财产保险产品，包括网店综合型、网店钻石卖家专属卡、网店普通卖家卡和网店皇冠卖家卡。数据显示，2013 年网店综合型家财险售出数量达到了 3669 份。众安保险推出了以保险代替卖家保证金的"参聚险"，这款保险推出的目的便是帮助诚信卖家降低聚划算参团的资金担保门槛，以较低的保费替代高额的保证金，缓解互联网商家的金融压力。

险企除了对卖家信誉、运输损失和财产损失进行承保外，2013 年年底，泰康人寿还联手淘宝保险针对上千万网店直接就业人群打造了乐业保平台，针对网络卖家、店铺小二或淘女郎等电子商务创业人群，提供了意外、医疗、养老等保障服务，现有乐业保 1 号癌症意外身故保险和乐业保 2 号误工津贴保险。

4.5　旅游电子商务

自 1997 年首个旅游网站上线，我国旅游电子商务已走过 17 年的历程，成为电子商务的重要应用领域。2013 年，我国旅游市场保持繁荣，新一代信息技术蓬勃发展，为旅游电子商务的快速发展提供了有利条件。2013 年业界发生了多起重大事件，如《旅游法》的出台、去哪儿网上市、"双 12"促销等，都对旅游电子商务的发展产生深远影响。

4.5.1　旅游电子商务的基本情况

2013 年，中国旅游电子商务继续保持快速发展。截至 2013 年 12 月，在网上预订过机票、酒店、火车票或旅行行程的网民规模达到 1.81 亿，年增长 6910 万人，增幅 61.9%，使用率提升至 29.3%。2013 年在网上预订火车票、机票、酒店和旅行行程的网民分别占比 24.6%、12.1%、10.2% 和 6.3%。火车票网上预订比例上升最快，提升了 10.6 个百分点，成为整体在线旅行预订用户规模增长的主要贡献力量[1]。

2013 年，中国旅游市场总交易额约为 29 475 亿元，其中在线渠道交易额约为 2522 亿元，中国旅游市场在线渗透率达到 8.6%。其中，在线机票业务总交易额约为1544.6亿元，在线酒店业务总交易额约为 614.6 亿元，在线旅游度假业务总交易额约为 293 亿元（参见图 4-7)[2]。

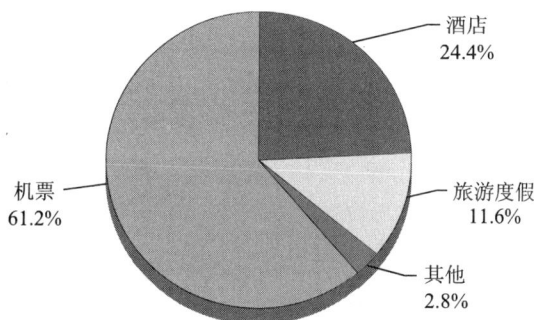

图 4-7　2013 年中国在线旅游市场结构监测（按交易规模统计）

资料来源：劲旅网。

4.5.2　旅游电子商务的发展特点

1. 酒店预订是竞争重点，景区门票和租车成为战略增长点

自 20 世纪 90 年代末以来，"机票＋酒店"一直是我国 OTA（在线旅行社）的两大预订产品，它们占据了绝大部分的旅行预订市场。随着航空公司不断加大直销力度、

---

① 中国互联网络信息中心. 第33 次中国互联网络发展状况统计报告［R/OL］（2014-01-16）［2014-04-20］. http://www.cnnic.net.cn/hlwfzyj/hlwxzbg/hlwtjbg/201401/P020140221599048456830.pdf.

② 劲旅网. 2013 年中国在线旅游市场研究报告（2014-02-18）［2014-04-20］. http://www.ctcnn.com/html/2014-02-18/921405916.htm.

降低佣金率，机票预订在 OTA 营收中的比例呈不断下降趋势。以携程为例，其机票预订收入占总营收的比例由 2008 年的 42％持续下降至 2013 年第三季度的 37.7％。

另一方面，各大旅游电商加大了对酒店市场的争夺，酒店预订的市场占有率成为衡量市场地位的最重要指标之一。2013 年第三季度，艺龙酒店预订业务营收占总营收的比例达到 81％。

由于市场机制等多方面的原因，我国景区门票在线预订比例一直较低，在线门票预订成为旅游电子商务市场的战略增长点。2013 年，同程、一块去旅行、携程、驴妈妈、途牛等著名 OTA 网站都将景区门票业务作为独立的业务板块推出，全国与旅游网合作景区的数量超过 1 万家，覆盖全国各省、自治区及直辖市、全球 5 大洲 50 多个国家和地区，门票预定产品已有几万种。

2013 年，在线租车市场保持了继续发展的好势头。携程网先后领投易到用车和一嗨租车等两家租车公司，并成为一嗨租车的第二大股东。未来几年，在线租车将成为旅游电子商务的一个新的增长点。

2. 呼叫中心加速向互联网平台和移动互联网平台转移

呼叫中心是我国旅游电子商务发展初期的最重要渠道，随着人力成本的提高和互联网的普及应用，呼叫中心在旅游电子商务中的地位和作用日益降低，加速向互联网平台和移动互联网平台转移已成为大势所趋。

2013 年 4 月，携程正式启动"大拇指＋水泥"的业务战略。截至 2013 年第三季度，携程网 30％的酒店预订量和 15％的机票预订量来自移动端。

2010 年 7 月，去哪儿网正式推出移动应用平台。截至 2013 年 6 月 30 日，"去哪儿旅行"移动客户端下载量超过 1 亿。2013 年上半年，约 23％的搜索查询和 47％的酒店搜索查询来自移动平台。

2013 年 8 月，艺龙把在线酒店战略调整为移动酒店战略。号百商旅、芒果网、途牛网等企业也都在加大移动互联网的投入。一大批基于移动互联网的创业公司纷纷成立，酒店达人、今夜酒店特价等 APP 应用深受用户喜爱。

3. 旅游电子商务的产业链加速整合，涌现出了数家全球领先企业

经过十几年的发展，我国旅游电子商务市场竞争日益激烈，产业链加速整合，并购事件频起，互联网巨头纷纷涉足在线预订领域，形成了携程系、阿里系、腾讯系、百度系、Expedia 系和中国电信系等六大巨头，它们是旅游电子商务市场最重要的力量（参见表 4-11）。

我国旅游电子商务领域涌现出了数家全球领先企业。携程网是其中的佼佼者，市场规模稳居全球五大旅游电子商务之列，位居中国上市互联网企业市值第五位[①]。去哪儿网、号百商旅和艺龙网的市场规模也位居全球前 20 位。基于平台模式的淘宝旅行发展也十分迅速，截至 2013 年 4 月淘宝旅行已有超过 2400 家机票代理商和旅游卖家，2013 年"双 11"购物节实现实现交易额超过 3 万亿。

---

① 截至 2013 年 12 月，我国互联网上市公司市值排名前 5 位依次是：腾讯、百度、奇虎 360、网易和携程。

表 4-11　2013 年中国旅游电子商务六巨头的业务分布

派系	在线预订	比价搜索	在线支付	资讯点评	APP
携程系	台湾易游网 松果网 铁友网 途家网 订餐小秘书			驴评网 中国古镇网	快捷酒店管家
阿里系	淘宝旅行	一淘酒店	支付宝航旅（原）	穷游网	
腾讯系	QQ旅游 艺龙网 同程网		财付通航旅	旅人网	
百度系		去哪儿网		百度旅游	
Expedia 系	艺龙网	酷讯网		到到网	
中国电信系	号百商旅				

4. "智慧旅游"建设如火如荼

随着智慧城市建设的快速推进，智慧旅游作为其中一个重要应用领域，发展如火如荼。2013 年 1 月，国家旅游局发布《关于确定天津等 15 个城市为第二批国家智慧旅游试点城市的通知》，加上 2012 年首批 18 个城市，中国智慧旅游试点城市数量达到 33 个。相应地，北京颐和园等 22 家景区成为"全国智慧旅游景区试点单位"。

智慧旅游成为各级旅游局的重点工作之一。各地政府加强了智慧旅游的组织保障，出台了智慧旅游的发展规划，细分领域的规章制度也日益完善。四川省强化了智慧旅游带（G5 国道四川段智慧旅游带）和智慧旅游区域（大九寨环线智慧旅游区）的建设。九寨沟（微博）景区已经实现免费无线网络覆盖，建设了票务门禁系统。内蒙古自治区强化了智慧服务、智慧管理和智慧营销三方面旅游资源和产品的开发和整合。巴彦淖尔市将对境内"吃、住、行、游、购、娱"等旅游信息进行采集，通过巴彦淖尔市官方智慧旅游应用平台——巴彦淖尔市旅游官方 APP 联动体系，以手机网络旅游的方式，为游客提供更加便捷、生动的服务。苏州、无锡、西安等城市都推出了智慧旅游 app-iPhone 版。

2012 年 9 月，国家旅游局正式启动了中国旅游海外推广网站建设项目。经过一年半时间，到 2013 年年底，中国旅游海外推广网站初步建成了以地理数据库、产品数据库、市场用户数据库、旅游综合信息数据库、旅游优惠营销信息数据库、中国国家常识数据库等六大数据库为支撑，集旅游资讯发布、旅游产品推介、品牌推广传播、游客搜索互动四大功能于一身，智能手机、平板电脑等移动用户终端同期上线的中国旅游官方资讯和推广网站，未来将增加访客数据库和市场调研功能、拓展服务功能、目的地合作功能、用户跟踪分析等附加功能。

4.6 其他行业电子商务

4.6.1 电子化政府采购

2013 年 11 月，中共中央、国务院印发《党政机关厉行节约反对浪费条例》[①]。该条例指出，党政机关采购货物、工程和服务，应当遵循公开透明、公平竞争、诚实信用原则，加快政府采购管理交易平台建设，推进电子化政府采购。2013 年 1 月，财政部印发了《全国政府采购管理交易系统建设总体规划》和《政府采购业务基础数据规范》，为建设全国统一的政府采购信息管理系统提供了基础规范[②]。各地电子化政府采购遵循系统性、经济性、安全性和技术先进性的原则，进一步促进了市场公平竞争，采购活动逐步走向标准化、规范化、透明化。

2013 年上半年，重庆市通过"政府采购协议供货电子交易平台"累计交易次数为 3292 次，累计完成交易额 7722 万元，各月交易量呈明显上升趋势[③]。电子交易平台上交易的商品价格总体低于市场价。重庆市政府在平台建设的同时，逐步提升协议供货服务水平和监管能力。

从 2013 年 1 月起，四川省"政府采购电子化管理交易系统"一期工程上线运行，通过电子竞价系统，省级单位协议供货一律实行网上电子化采购。2013 年 1～9 月，四川省政府采购，通过电子竞价实现交易 5012 笔，计划金额 1.67 亿余元，实际采购金额 1.63 亿余元。四川省政府采购业务将实现全流程电子化操作，招投标过程透明化，供应商投标便捷化，专家评审规范化，评标结果客观公正化[④]。

2014 年 3 月，"浙江政府采购"专区正式亮相阿里巴巴 1688.com 网站。同时，浙江省政府采购中心首次在该网站采购平台招募新一轮省级行政事业单位办公耗材政府采购定点供应商和产品，浙江省级政府采购将并存三种采购模式：网上超市（卖场）采购模式；网上竞价采购模式；招标投标等现行政府采购模式，三种采购模式相互补充，共同促进政府采购的科学合理、规范高效和竞争有效[⑤]。

安徽省 2014 年将全面完成电子化政府采购管理应用系统推广建设，信息网络覆盖省、市、县三级。整合、吸纳采购人、集中采购机构、社会代理机构、供应商、评审专家等需求。建立监督管理和操作执行相结合的统一平台，实现政府采购全流程电子

---

① 新华网.授权发布：党政机关厉行节约反对浪费条例［EB/OL］（2013-11-25）［2014-04-20］.
  http://news. xinhuanet. com/politics/2013/11/25/c _ 118287949. htm.
② 财政部.关于印发《全国政府采购管理交易系统建设总体规划》和《政府采购业务基础数据规范》的通知
  ［EB/OL］（2013-01-31）［2013-04-20］.
  http://gks. mof. gov. cn/redianzhuanti/zhengfucaigouguanli/201302/t20130225 _ 734700. html.
③ 重庆热线.市政府采购电子交易平台成交价低于市场［EB/OL］（2013-07-21）［2014-04-20］.
  http://news. online. cq. cn/chongqing/2013/07/21/3532195. html.
④ 政府采购进入网购时代［EB/OL］（2013-10-16）［2014-04-20］.
  http://tech. 163. com/13/1016/06/9B9OHL5700094MOK. html.
⑤ 浙江政府采购区亮相阿里巴巴首推国内 B2G［EB/OL］（2013-03-16）［2014-04-20］.
  http://www. 100ec. cn/detail——6160255. html.

化操作、全过程网络化监控、全覆盖一体化①。

4.6.2 生活服务业电子商务

1. 生活服务业电子商务发展的特点

（1）生活服务业电子商务行业细分化程度显著提高。包括家政、餐饮、酒店住宿、美容美发洗浴足疗、摄影、温泉滑雪、景点门票、电影等生活娱乐多个领域，呈现为线下生活服务行业释放更多的"余量价值"的发展趋势，并且借助 O2O 渠道，实现线上线下融合发展。

（2）生活服务业电子商务正在朝向移动端、流程闭环、平台化方向发展。2013 年 3 月前后，美团网和拉手网低调开放了针对商家的用户点评信息，通过真实的点评信息来吸引消费者，以提高网站作为消费决策入口的竞争力。2013 年 5 月，阿里巴巴斥资 2.94 亿美元投资高德地图，以 28％的持股成为高德第一大股东，蓄力布局本地生活服务电商平台。2013 年 6 月 5 日，苏宁 PC 端上线本地生活服务频道。2013 年 8 月，百度 1.6 亿美元收购糯米网，完成"地图＋LBS＋团购"闭环，实现生活服务平台转型。京东投资"到家美食会"，低调布局本地生活服务。腾讯的微信平台已经有大量餐饮企业入驻，2013 年 8 月，推出微信 5.0，凭借 O2O 应用支付的巨大客户流量，在生活服务、增值服务方面迅速构建一个商业化的微信平台，同步推动近程和远程的移动支付。2013 年 12 月，本地生活服务与手机浏览器结合，团 800 通过和 3G 浏览器的合作拉近用户和产品（服务）之间的距离，利于双方资源共享和提升用户黏性，促进用户的购买转化。58 同城、赶集网作为分类信息网站，涵盖了房产、二手物品买卖、教育培训、本地商务服务、招聘求职等十几项大类服务。2013 年 5 月，赶集网房产频道与腾讯旗下搜搜地图达成战略合作关系，上线"小区地图"服务，用三维立体形式向用户展示房源周边环境信息。11 月，赶集网携手百度 Openmap 共同探索 LBS 共赢新模式。用户可以在百度地图上方便获取来自赶集网的招聘、房产以及快递、婚庆等本地生活服务信息。

2. 家政服务业

据中国家庭服务业协会统计，2012 年全国家庭服务行业市场总值 8366.73 亿元，2013 年已逼近万亿市场规模。家政行业市场巨大，2013 年，O2O 家政成为热点，北京、上海等地出现了如 e 家洁、身边家政、云家政等数家创业公司。e 家洁 2013 年 5 月上线，凭借"39 元叫保洁，全市最低价。"迅速占领了家政 O2O 市场的高地。家庭服务行业的龙头运营商——易盟网已在全国近百个城市运营"95081 家庭服务中心"，并通过微信平台进行广告试投放，取得良好效果。由上海家庭服务行业协会开发的业内首个公益性管理信息系统——"云家政"信息管理平台已让 460 个家政机构、近 4 万名实名制家政员"上网"，服务 2 万多名雇主。目前，家政服务平台与 LBS 模式融

---

① 安徽 2014 年全面完成电子化政府采购管理应用系统推广建设［EB/OL］（2013-05-21）［2014-04-20］.
http://www. southcn. com/jsfw/zxdt/content/2013-05/21/content _ 69297117. htm.

合，平台展示服务者包括照片、价格、年龄、籍贯、服务经验、个人特长等信息，客户可通过移动端定位，筛选信息、预约保洁服务，同时提供相应的评价和惩戒管理，为商户建立信用机制。未来，"线下服务质量"仍是家政服务的核心内容，家政服务业服务范围也将向保姆、维修、开锁、管道疏通等项目拓展，满足消费者不同的需求。家政服务行业将通过平台不断规范价格与服务体系，在客户安全、清洁服务标准、保洁人员管理等方面不断改进。将不可控的信息尽量具体、明确，将不可控的因素降到最低，将服务尽可能标准化安全输出。

3. 餐饮、酒店、电影

餐饮、酒店、电影等生活服务业内容占据团购一定市场规模。以地方菜、自助餐、火锅烧烤为代表的"餐饮三强"，加上电影票和酒店团购，开始逐渐霸占团购类成交额排行榜前五位，掌控着一半以上的团购份额。根据团800统计，2013年1~10月，上述5个品类的月均市场占有率为56.6%，最高为3月的59.0%。

《2012—2013年中国餐饮行业O2O发展报告》显示，2013年中国餐饮行业O2O在线用户规模将突破1亿，达到1.39亿。2013年中国餐饮行业O2O市场规模将达到622.8亿元，相比2012年增长61.1%。根据大众点评网官方数据，目前其已覆盖260万家商户，超过2500万份消费者点评；在移动端上，大众点评提供餐厅会员卡、优惠券服务，尤其是餐饮团购服务在移动端上的延展，很多用户都形成了掏出手机店内下单、即时消费的习惯。

根据团800统计，2013年1~10月，酒店团购迅猛发展，成为众多OTA网站发展的重点。据团800对艺龙网、同程网、携程网和去哪儿网4家垂直OTA网站的监测统计，10月份4家垂直酒店预订网站的团购客房订单量为83.2万间/夜，成交额达1.9亿元，平均售价约为291.7元。其中，艺龙网的团购渠道销售业绩最好，占据这4家总量47.4%的市场份额。高朋网10月酒店旅游的营收比例达到60.3%，上月仅为2.7%，这在一定程度上反映出目前酒店团购品类发展火热。

网络团购电影票具有价格优势，据《2013年5月中国电影票团购研究月报》显示，5月全国团购平均票价为27.9元。北京市团购平均票价为28元，上海、广州两市团购平均票价超过40元，上海电影票团购业务多与其他娱乐项目捆绑销售，更为多元化。微信5.0版本新增电影票支付功能，覆盖20多个国内主要城市。接入微信电影票服务的包括金逸、星美、万达、大地等众多国内主流院线。支持微信在线选座的电影院已经超过了500家，2014年全年将会超过1500家。生活服务功能通过微信形成了闭环。[①]

4. 叫车出行

2013年，打车软件蓬勃发展，为居民叫车出行提供便利。嘀嘀打车、快的打车、摇摇招车、大黄蜂打车、好打车、打车小秘快速发展，其中嘀嘀打车、快的打车占据市场八成份额。打车软件应用累积注册用户井喷式增长，从2012年的400万发展到

---

① 团800. 2013年10月中国团购市场统计报告团购加速进入40亿时代［R/OL］（2013-12-03）［2014-04-20］. http://www.199it.com/archives/176597.html.

2013 年 2160 万，增长率高达 440%①。随着用户的增多，软件覆盖的区域也由一线城市深入到二三线城市。2012 年 9 月快的打车、嘀嘀打车正式上线，2013 年分别获得阿里巴巴、腾讯大额融资，并接入支付宝钱包、微信支付等移动支付终端，竞相降价营销，2013 年年初进一步点燃市场战火，市场竞争呈现白热化状态化。

为规范叫车市场的竞争，2013 年 6 月 1 日《北京市出租汽车电召服务管理试行办法》开始实施。该办法规定了出租车电召服务形式、服务违约、服务标准、服务监管以及奖惩措施等内容。包括建立统一特服号码调度平台，推进联合电召服务，提供 24 小时电话约车、网络约车、手机约车等电召服务方式。公众可以通过北京出租汽车联合电召服务网站和各大手机应用电子市场下载使用手机叫车软件。接入到全市统一电召平台的手机叫车软件都以"96106"开头，与出租汽车调度中心绑定服务，实现联合交互调派车辆。

5. 网络游戏

2013 年，中国网络游戏市场发展日趋成熟，客户端游戏用户黏性下降，市场规模总体增速走低。2013 年，中国网络游戏用户增长明显放缓。网民使用率从 2012 年的 59.5% 降至 54.7%。网络游戏用户规模为 3.38 亿，网络游戏用户规模增长仅 234 万。与客户端网络游戏用户增长乏力趋势不同的是，手机网络游戏迅猛增长，手机端游戏热度高，社交元素增强游戏黏性。截至 2013 年 12 月，我国手机网络游戏用户数为 2.15 亿，较 2012 年年底增加了 7594 万，年增长率达到 54.5%。游戏行业内用户从电脑端向手机端转换加大，手机网络游戏对于 PC 端网络游戏的冲击开始显现②。

6. 网络视频

截至 2013 年 12 月，中国网络视频用户规模达 4.28 亿，较上年年底增加 5637 万人，增长率为 15.2%。网络视频使用率为 69.3%，与上年年底相比增长 3.4 个百分点。网络视频用户数继续呈现快速增长趋势，得益于以下几方面的改善：首先，网络建设和视频设备为网络视频提供了更好的使用条件；其次，网络视频内容更为丰富，吸引更多网民在线收看视频；最后，网络视频与传统电视媒体的深入合作，带动了网络视频的播放。2013 年，中国网络视频行业发生显著变化：战略层面上，视频网站并购和整合力度加大，出现跨行业、线上线下等方面的整合，不断改变着网络视频行业格局。产品层面上，视频企业不但加强了 PC 端和移动端产品的优化升级，而且加强了与客厅娱乐相关的业务推进，围绕"家庭娱乐"推出了与网络视频相关的机顶盒、路由器、互联网电视等硬件产品，力求打赢"客厅争夺战"。网站内容层面上，不少视频企业一方面加大自制剧的开发，以降低版权购买成本、减少亏损，另一方面加强线下热播剧

① 速途网．2013—2014 年打车软件分析报告［EB/OL］（2014-02-21）［2014-04-20］．
　　http://www.sootoo.com/content/480044.shtml.
② 中国互联网络信息中心．第 33 次中国互联网络发展状况统计报告［R/OL］（2014-01-16）［2014-04-20］．
　　http://www.199it.com/archives/187771.html.

目的购买力度，以吸引新客户、增加广告收入①。

4.6.3 网络广告业

1. 市场规模

2013 年，国内整体经济形势保持平稳运行，投资、消费与出口均保持温和发展态势。网络广告市场与实体经济趋势息息相关，同比增长保持稳定。

2013 年，中国整体网络广告市场规模为 1105 亿元，同比增长 46.8%，达到新的量级（参见图4-8）②。其中，移动营销市场规模达到 155.2 亿元，同比增长 105.0%，发展迅速；新浪广告营收 5.265 亿美元，同比增长 28%；搜狐品牌广告营收 4.29 亿美元，同比增长 48%；腾讯广告营收 8.191 亿美元，同比增长 52%；网易广告营收 1.8 亿美元，同比增长 29%；以乐视网为代表的视频媒体，增长迅速，超过 90%。网络广告在整个广告行业所占比重越来越大。

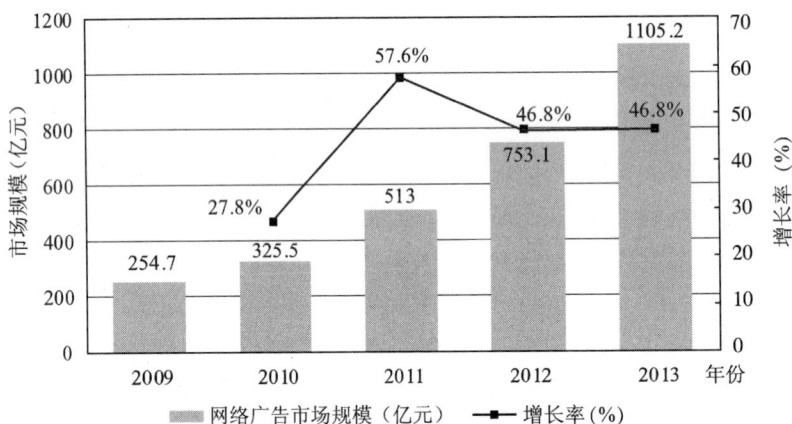

图 4-8 2009—2013 年中国网络广告市场规模

资料来源：历年《中国电子商务报告》。

在网络广告高速发展几年之后，网络媒体的营销价值已经得到广告主的较高认可。随着整体经济进入结构性改革阶段，经济增速将放缓，网络广告市场也受其影响，增速降低。国内网络广告市场规模在突破千亿元大关之后，随着市场的成熟度不断提高，将在未来几年放缓增速，平稳发展。

未来网络广告的增长力主要体现在：核心企业不断扩大自身实力，布局各类终端及服务，提高影响力，创新营收模式；广告技术不断革新，RTB（实时竞价）产业链逐渐完善，ADX（平均趋向指数）与 DSP（数字信号处理）平台涌现；注重用户数据挖掘与内容创意的原生广告等新兴网络营销形式将进一步挖掘网络媒体的营销价值。这些都将为未来国内广告市场的发展带来动力。

---

① 中国互联网络信息中心.第 33 次中国互联网络发展状况统计报告［R/OL］（2014-01-16）［2014-04-20］.
http://www.199it.com/archives/187771.html.

② 艾瑞网.2014 年中国网络广告行业年度监测报告［R/OL］（2014-04-01）［2014-04-20］.
http://report.iresearch.cn/2130.html.

2. 垂直搜索与视频成为最大增长亮点

2013 年，垂直搜索广告增长明显，占比达 28.9%，超越搜索关键字广告，成为占比最大的网络广告形式。视频贴片广告占比进一步上升，占比达 7.1%。品牌图形广告与搜索关键字广告作为传统网络广告形式，占比相对受到挤压。

以电商媒体为主的垂直搜索广告发展态势良好，占比不断上升，预计在 2017 年将达到 34.7% 的市场份额。电子商务行业高速发展，网络购物交易规模再创新高，在线旅游市场也保持较为迅速的增长，电商广告主依赖网络营销进行曝光与导流，是垂直搜索广告增长的源动力。淘宝、京东、去哪儿等广告平台不断演进，为入驻平台商家提供了更多营销机会，推动了垂直搜索广告市场规模。

视频贴片广告也成为新的增长亮点，网络视频服务在整体网民中渗透率超过 90%，是网民最常使用的网络服务之一，网络视频营销价值潜力巨大。以快消、交通为代表的大品牌广告主青睐视频贴片广告，以此作为电视广告的有益补充。广告主有持续营销的需求，且有线上投入加强的意向。此外，视频网站在内容方面和产品方面不断加大投入：内容上，加大优质内容的独家购买力度，纷纷开始自制节目以加强品牌特性；产品层面，视频行业并购频发，增强自身实力，在 PC 端和移动端均有重要布局。以上均推动了视频贴片广告的份额不断上升。

3. 违法广告仍然没有得到有效遏制

网络媒体的迅速发展，给网络广告带来巨大商机。一些不法分子利用网络广告监管相对宽松或不易监管的盲点，大量发布违法违规的广告甚至虚假广告，欺骗消费者，给许多消费者造成了损失。根据国家工商总局公布的对 20 家网站网络广告的监测数据，在监测抽查的各类网络广告总共 105.6 万条中，严重违法广告 34.7 万条，占监测总量的 32.93%。广告违法现象在药品、医疗、保健、食品、化妆品、美容服务等领域尤为突出[①]。

网络违法广告最主要的问题是误导消费者。在医疗行业，利用互联网进行虚假宣传，突出"卫生部直属"等字眼，或者用没有任何合作关系的行业专家进行宣传；在化妆品等行业，过分夸大其功效，对产品性能、使用效果进行虚假宣传、虚假承诺；在婚纱影楼广告中使用"规模最大"等绝对化用语。其次，网络公司代发虚假广告现象也非常严重。海南一家网络传媒公司在其经营的网站上开展广告经营业务，代为当地某大酒店发布含有"集吃、住、休闲娱乐为一体的新装修准四星级酒店"等内容的广告；某些网站在未取得相关证照的情况下，在网上开设旅游商场专卖店，擅自从事旅游组团接待、景区景点门票销售、宾馆酒店客房销售等经营活动[②]。

---

① 国家工商总局：20 家网站严重违法广告占 32.93% ［EB/OL］（2013-03-25）［2014-04-20］.
http://www.cnadtop.com//focusNews/2014/3/25/669e47ce-30e9-40ec-91d5-c4f659318da8.htm.
② 广告陷阱多 海南发布互联网广告典型案例［EB/OL］（2014-04-03）［2014-04-20］.
http://www.caanb.com/article-590-1.html.

第5章 地方电子商务发展状况

2013 年，电子商务以前所未有的速度迅猛发展，并逐步向实体经济渗透融合，成为引领社会生产生活方式变革的重要推动力。各地政府进一步明确电子商务战略性新兴产业的地位，将其作为 2013 年拉动地方经济的重要突破点，促进其在区域性的经济转型、产业升级，优化资源配置、转变经济增长方式等方面发挥积极作用。本章在全面分析中国不同地区电子商务发展状况的基础上，对部分省市自治区电子商务的发展经验进行了专门的介绍。

5.1 总体情况

1. 概况

2013 年，全国电子商务整体水平有所提高，但地域发展不平衡的问题仍然存在。其中，华东、华北、华南地区电子商务发展水平远高于东北、西南、西北等地区；与此同时，企业电子商务发展也不平衡，东南沿海及经济发达地区企业电子商务规模较大，发展速度快，而中、西部地区企业则刚刚起步。国家统计局数据显示：2012 年，广东、江苏、北京、山东、上海、浙江六省、市的电子商务交易额占全国电子商务交易额一半以上，达到 64.5％；2012 年，我国东部地区有电子商务活动的企业为 15 118 家、中部地区 4496 家、西部地区 2959 家，分别占全国的 67.0％、19.9％和 13.1％；电子商务交易额分别为 21 341.6 亿元、4653.7 亿元和 2829.9 亿元，分别占全国的 74.0％、16.1％和 9.8％（参见图 5-1）。

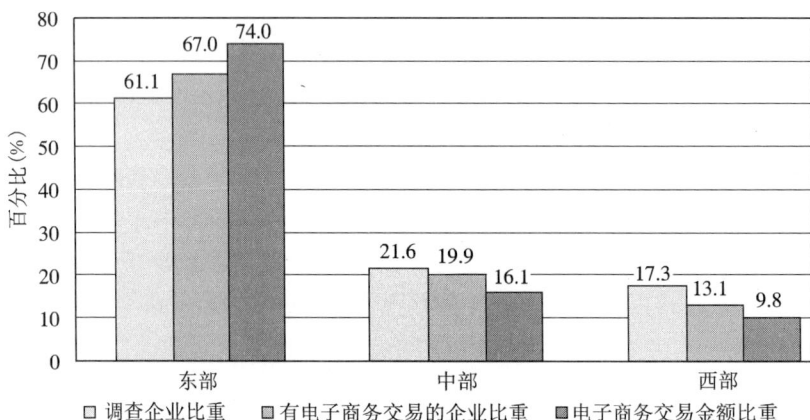

图 5-1 东中西部地区电子商务交易情况

县城及其广大农村区域（简称县域）因拥有巨大的消费者人群，逐渐成为电子商务关注的焦点和中国网购消费的新增长点。2013 年，中国县域网购消费额同比增长速度比城市快 13.6 个百分点。县域电子商务的发展对其所在省市电子商务乃至中国电子商务持续、健康发展具有战略价值。

2. 华东、华北、华南地区

华东地区是全国电子商务发展关注程度最高、影响力最大的区域。浙江、上海两省市继续领跑，开创华东地区乃至全国电子商务新局面。华东地区充分整合政府公共服务和市场服务资源，发展壮大了像阿里巴巴、苏宁易购、携程旅行网等知名电子商务企业与网站，形成区域明显发展优势，并呈现出与当地经济发展水平相适应的电子商务发展特色。华北地区电子商务的发展稳步推进。该地区以北京、天津为核心，发挥电子商务示范城市引领带动作用，聚集了一批像京东商城、当当网、凡客诚品、敦煌网、中粮我买网等著名电子商务企业，促进了周边区域电子商务的发展。华南地区电子商务发展现状与华北地区相类似，其中以福建、广东两省为轴心，深圳、广州两市电子商务发展水平位于华南地区前列。据国家统计局调查，2012 年企业电子商务最活跃的是广东省，电子商务交易额为 4921.7 亿元，排名全国第一。

华东、华北、华南地区县域电子商务发展状况喜人。研究显示[1]，全国县域电子商务发展分为六个梯队，华东、华北、华南三个地区的县域电子商务发展水平较高。其中华东地区的浙江县域成为第一梯队的唯一成员，2013 年，浙江县域零售网商占全省约 45%，县域 B2B 网商占全省超过 65%，县域网购消费金额占全省超过 40%。华东、华北、华南地区的上海、江苏、福建、北京、天津为第二梯队。在"2013 年中国电子商务发展百佳县"的评选中，来自浙江的县市多达 49 个，江苏、福建紧随其后，分别有 14 个和 13 个县入围。此外，河北入围 4 个，广东入围 3 个。华东、华北、华南地区的电子商务发展百佳县数量占全国电子商务发展百佳县总数的 85% 以上。

3. 东北、西北、西南地区

东北、西北和西南地区电子商务发展水平较之于华东、华北、华南地区还有很大差距，但当地政府高度重视，因地制宜，电子商务水平正在逐步脱离初级阶段。随着国家发改委第二批电子商务示范城市名单的公布，电子商务示范城市建设全面开展，这些示范城市未来将成为带动整个地区电子商务发展的重要力量，推动三个区域电子商务整体水平的提高。

东北、西北、西南地区各省市主要处于县域电子商务排名的第四至第六梯队中。其中，内蒙古锡林浩特呈现出"网购驱动型"发展特征，已挤身全国县域网购指数排名的前十位，位列第九。县域电子商务在东北、西北、西南地区仍有很大的发展空间，其中，在"2013 年中国电子商务发展百佳县"的评选中，四川、新疆、黑龙江、吉林、西藏、云南等地均有县市在百佳县之列。

---

[1]　阿里研究中心. 2013 年中国县域电子商务发展指数报告［R/OL］（2014-01-21）［2014-04-20］. http://www.aliresearch.com/? m-cms-q-view-id-75912.html.

5.2 北京市

1. 电子商务发展总体情况

2013 年，北京网上零售交易额达到 926.8 亿元，同比增长 44.3%，占社会零售总额的比重突破 11%，对其贡献度达到 42.4%，电子商务已经成为拉动首都消费市场的新引擎。2013 年前三季度，全国排名前九位的自营 B2C 平台中，有 5 家企业总部位于北京，其交易规模占全国的 62.4%。慧聪网、敦煌网市场份额分别居全国第三、第四位。

2. 电子商务支撑体系不断完善

（1）政策支持。《北京市人民政府关于促进电子商务健康发展的意见》于 2013 年 5 月出台。围绕《意见》的落实，建立了由市商务委牵头，市发改委等 21 个部门组成的全市电子商务促进工作机制，加强部门联动，共同完善电子商务发展环境。

（2）试点支持。北京市选取京东商城作为试点企业，在电子商务领域重点推进电子发票试点工作。截至 2013 年年底，试点企业京东商城累计开具电子发票 280 万张。自 2014 年 1 月 1 日起，北京市电子发票服务平台面向所有具备条件的电商企业开放，标志着北京市推进电子发票试点获得阶段性成功。同时推进跨境电子商务试点，4 家支付机构获全国首批跨境电子商务收付汇试点资格。

（3）认证支持。北京拥有 8 家电子认证服务机构、53 家第三方支付机构，数量居全国前列。

（4）物流支持。北京制定发布了《北京市"十二五"时期物流业发展规划》，引导全市物流业健康持续发展，推广城市末端物流共同配送，着力完善提升本市四大物流基地功能，在平谷马坊和大兴京南物流基地逐步形成了电子商务物流集聚区。同时，推广城市末端物流共同配送，全市布局共同配送网点 200 余个，对接电子商务等各类企业 36 家，日配送量 4 万余单。

（5）基础设施支持。"智慧城市"建设初具规模，信息化基础设施完善。截至 2013 年年底，北京市光纤到户接入家庭 600 余万户；全市无线通信网络覆盖率达到 97.92%；网民数量 1556 万人，网民普及率为 75.2%，网站数量 43.9 万个，居全国各城市之首。

3. 电子商务聚集示范效应明显

截至 2013 年年底，北京市培育了 2 个国家级电子商务示范基地以及 4 座电子商务特色楼宇。全市 12 家电子商务示范企业获得商务部认定，数量居全国首位。初步形成电子商务应用门类齐全、产业综合配套优势突出、支撑项目建设完备的电子商务全产业链体系，为辐射带动行业协同发展创造了条件。目前，通州商务园汇集乐友达康、裂帛网等各类电子商务企业 34 家，产业特色进一步凸显。大兴区暨北京经济技术开发区出台了《关于促进新区电子商务发展的若干意见》和《新区促进电子商务发展实施办法》，立足建设北京电子商务中心区、打造全产业链发展格局的战略目标，聚集了京东商城、酒仙网等电子商务企业 220 家，网通宽带、北京电信数据中心、KDDI（凯迪迪爱）数据中心、百度云计算中心等电子商务相关服务企业上千家，为电子商务提供海量数据存储及强大的数据计算支撑。

5.3　天津市

1. 电子商务发展总体情况

电子商务作为天津市创新商务方式、优化资源配置、推动产业升级的重要抓手，在 2013 年进一步实现了健康蓬勃发展。2013 年，天津市电子商务交易额 3145 亿元，同比增长 177%，网络零售额 463 亿元，同比增长 69%。

2. 电子商务发展主要特点

（1）电子商务产业集聚速度加快。2013 年，天津市进一步加大对发展势头良好的电子商务产业园区的支持力度，重点支持武清区、滨海高新区两个电子商务产业园。目前，武清区已吸引全国前 40 名电商中的 14 家落户，并初步建成电子商务区域物流分拨及支付结算中心。滨海新区在吸引各类电子商务企业方面招商环境明显改善，集聚了较为全面的电子商务应用和服务企业百余家。2013 年入选商务部国家级电子商务示范企业的天津市三家企业中，有两家均来自滨海新区。

（2）跨境电子商务进入实质推进阶段。按照国务院《关于实施支持跨境电子商务零售出口有关政策意见的通知》要求，天津市建立了跨境电子商务工作联席会议机制，商务委等九部门联合制定并印发了《天津市发展跨境电子商务扩大出口的实施方案》，一批跨境电子商务企业积极配合海关等部门，按照"清单核放、汇总申报"的出口通关模式，开展试点工作。

（3）大宗商品现货电子商务交易平台建设稳步推进。以渤海商品交易所、天津贵金属交易所、天津寿光蔬菜交易市场、中国大宗商城、天津联合商品交易所、天津粮油商品交易所、滨海化工网等为代表的一批大宗商品电子商务交易平台投入运营，在服务实体经济、帮助实体企业转型升级、促进形成大宗商品的中国价格等方面发挥了重要作用。

（4）电子商务支撑体系健全发展。2013 年，天津市信息基础设施进一步完善，已经形成覆盖全市的宽带骨干网络；支付体系主体呈多元化发展，驻天津市银行金融机构 62 家，支付机构 17 家，其中拥有支付牌照的本地机构 4 家；全市拥有快递企业共 212 家，快递企业营业网点 600 余处，2013 年快递业务量将完成 8909 万件。

（5）电子商务发展政策环境进一步优化。2013 年，在天津市电子商务发展联席会议机制的推动下，制定了《天津市推进电子商务发展三年行动计划》、《关于培育引进知名电商企业，普及深化电子商务应用的三年行动方案》、《天津市发展跨境电子商务扩大出口的实施方案》、《天津市电子商务示范基地认定办法》、《天津市电子商务示范企业评选办法》、《天津市电子商务发展资金管理办法（试行）》等政策文件，为各区县、企业电子商务发展提供政策指导。

5.4 黑龙江省

1. 对俄跨境电子商务发展迅速

（1）平台建设。黑龙江省高度重视跨境电子商务平台建设。黑龙江赛格国际贸易有限公司成功开发建设了大型对俄中俄双语 B2C 购物交易平台"中俄边贸网"，提供在线通关、国际交易支付、结汇、物流配送等功能的跨境贸易"一站式"综合服务，2013 年，该平台销售额超过 1 亿元。在推动中俄贸易电子商务应用方面发挥了积极作用。

（2）对俄跨境物流。哈尔滨市努力解决对俄跨境电子商务物流、邮件分拣等瓶颈问题。在哈尔滨国家电子商务示范基地建成北方电商物流仓储中心，总面积约 1.3 万平方米。为确保哈尔滨市对俄电商物流通道运营的长期性和稳定性，市政府在初期每年将拿出不少于 6000 万元专项资金，给予货运专机航线补贴和电商物流企业国内运输补贴。2013 年 11 月，开通哈尔滨至俄罗斯叶卡捷琳堡国际小包货运航线，为电商企业提供优质高效的对俄跨境物流绿色通道。

（3）对俄跨境支付。哈尔滨加快推进对俄电商在线支付平台建设。目前，哈尔滨银行是中国唯——家总部设在中俄边境地区的全国性商业银行，是境内重要的卢布现汇和现钞综合服务商，现已具备对俄电子商务主体提供卢布网上快速汇款支付及结算、清算的服务能力。

2. 电子商务示范基地建设情况

哈尔滨市经济技术开发区于 2012 年 5 月被商务部批准为全国首批 34 家国家电子商务示范基地之一。截至 2013 年年底，示范基地企业实现电子商务交易额 199.09 亿元。其中，对俄跨境交易 1 亿元、大宗商品粮网上拍卖 6.9 亿元、新农村建设 1.6 亿元，文化传媒 0.14 亿元、网上招投标采购医药耗材及低值器械 10.05 亿元、药品 146 亿元、科技成果转让 33.4 亿元。

（1）搭建平台，努力构建电子商务发展环境。为入驻企业提供初期的入驻优惠政策、中期的政策和资金扶持、长期的市场营销服务等一条龙服务。采取"园区整体规划、企业自主投资"方式，积极引导入驻企业搭建包括龙江商网电商公共平台、哈尔滨旅游电子商务平台和哈尔滨市电子商务公共服务信息试点项目平台等各类电子商务平台。

（2）重视数据资源共享，积极开展电子商务示范基地联盟组建工作。联盟由中西部、沿海等 7 省 8 市（地）国家电子商务示范基地组成。哈尔滨国家电子商务示范基地是联盟实施主体之一，与其他联盟成员建立长期战略合作伙伴关系，有效整合国家电子商务示范基地优势资源，实现电商数据资源共享和信息互联互通，促进相应的技术和标准的制定，打造电子商务应用产业链合作发展平台，提升联盟影响力，推动全国电子商务快速发展。

5.5　上海市

1. 电子商务发展总体情况

2013 年，上海市电子商务继续保持高速发展，交易总额突破万亿元，达到 10 560 亿元，同比增长 35.1%，超出年初预期，且高于"十一五"期间年均增幅 13.9 个百分点[①]。其中，B2B 交易额 8632 亿元，同比增长 28.6%；网络购物交易额 1928 亿元，同比增长 74.5%。网络购物中商品类交易相当于社会消费品零售总额 13.5%[②]。目前，全市电子商务交易额占全国电子商务交易额的比重达 9.9%[③]，整体规模和增长速度均处于全国领先省市行列。图 5-2 反映了上海市近年来电子商务发展态势。

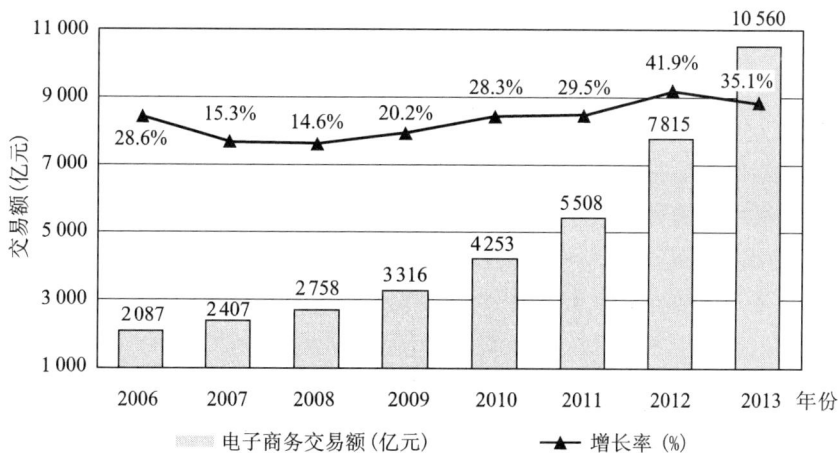

图 5-2　2006—2013 年上海市电子商务交易额

2. 电子商务发展特点

（1）重点领域电子商务应用不断深入。2013 年，制造业电子商务交易额达到 4670 亿元，在电子商务交易额中的占比为 44.2%，其中钢铁、化工、汽车、有色等大宗商品电商平台贡献显著。上海钢铁交易中心的成立标志着钢铁生产性服务业进入智能化、平台化的发展阶段，2013 年实现交易额 67 亿元。2013 年，商贸业电子商务交易额实现 4099 亿元，同比增长 82.0%。百联、1 号店、齐家网、易迅等为代表的新兴电商企业发展迅猛；东方国际集团收购玛萨玛索、光明集团收购菜管家，成为传统商贸企业加速向电子商务领域转型的典型。2013 年，旅游餐饮业电子商务交易额达到 998 亿元，同比增长 35.6%。携程网和大众点评网分别稳居旅游业和餐饮业交易额榜首。除此之外，对外贸易业和农业电子商务交易额也分别达到 652 亿元和 28 亿元（参见图 5-3）。

---

① "十一五"期间，上海市电子商务交易额年平均增长 21.2%。
② 2013 年，上海市网络购物商品类交易 1083 亿元；2013 年，上海市社会消费品零售总额 8019.01 亿元。
③ 2013 年，全国电子商务整体市场规模达到 10.67 万亿元，同比增长 33.5%。

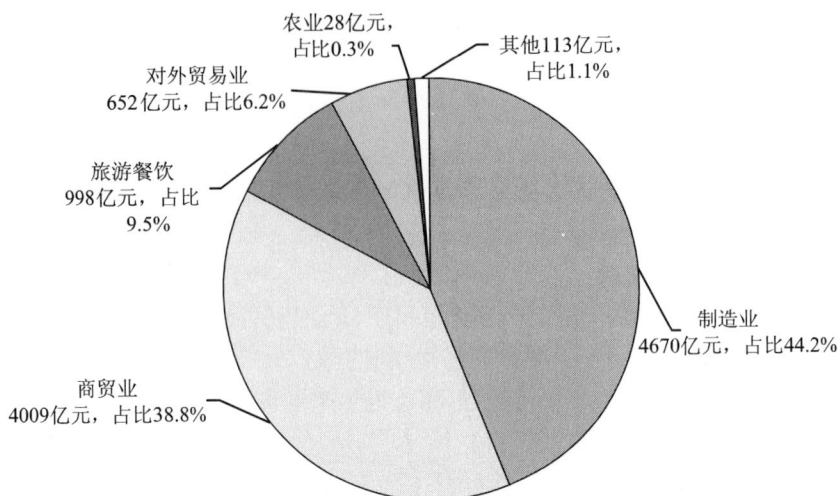

图 5-3　上海市重点行业电子商务交易额占比情况

（2）网络零售业务发展迅速。2013 年，上海市商品类网络购物交易额同比增长 81.7％；服务类网络购物交易额同比增长 66.0％。新兴电商企业如 1 号店、齐家网、易迅，2013 年同比增速超过 80％；百联集团、光明集团、锦江集团等传统商贸企业转型发展网上销售业务；麦德龙、大润发等外资大型连锁超市开始进军电子商务；沃尔玛、苏宁易购等国内外知名零售企业区域电子商务总部也纷纷落户上海市；农工商集团与天猫合作，开展"网订店取"模式，3000 多家网点日订单量超 5000 单；新世界百货与大众点评联合推出团购活动，让消费者享受线上购买、线下提货的双重体验；苏宁首家 O2O 示范店在上海开业，线上线下同价同质、互相融合，让消费者在门店直接体验线上购物。

（3）跨境电子商务迈出实质性步伐。据上海海关统计，近年来随着海淘业务迅速发展，上海关区日均进出境的商业快件达 10 万至 12 万件、邮件包裹达 7 万至 9 万件。2013 年，上海邮政物流跨境快件包裹数近 52 万件，总重近 1500 吨，月平均增长 20％左右，其中排名前三的入境商品品类分别为奶粉、食品及保健品和箱包，占比分别为 46％、28％和 13％。上海作为全国首批五个跨境电子商务试点城市之一，在海关总署的支持下，借助中国（上海）自由贸易试验区，12 月 28 日启动的全国首个跨境贸易电子商务试点平台"跨境通"，标志着上海市跨境电子商务迈出实质性步伐。一批电子商务企业也已经在自贸区内注册开展电子商务业务，如上海百联、盛大、百视通等。

（4）第三方支付全国领先。截至 2013 年 10 月，上海市获得央行颁发的非金融机构支付业务许可证的企业有 54 家，占全国 243 家的近 1/4。2013 年，列入上海市电子商务统计监测的第三方支付企业实现支付额 74 951 亿元，同比增长 69.1％，在全国处于领先地位。

5.6　浙江省

1. 电子商务发展总体情况

浙江省是国内电子商务市场最大、发展最快和业态最齐全的省份之一。2013 年，全省电子商务交易总额突破 1.6 万亿元；实现网络零售交易额 3821.25 亿元，同比增长 88.48%，相当于全省社会消费品零售总额的 25%；全省现有各类网店 120 多万个，网络零售额超亿元的企业有 100 余家；阿里巴巴集团旗下的阿里巴巴 B2B、淘宝网和支付宝分别是全球最大的企业间电商交易平台、网络零售平台及网络支付平台。电子商务在工业销售、农产品销售、传统商贸业提升、跨境贸易及居民消费等领域均获得较好发展。其中 2013 年，全省工业品实现网络零售额 800 多亿元，同比增长 150%；农产品网上零售达 100 多亿元，占全国 20% 以上，较 2012 年同期翻一翻；2013 年，全省从事跨境电子商务的经营主体约 3 万多个，开设各类网店 30 多万家，实现销售额近 30 亿美元，同比增长近 40%，市场覆盖了欧洲、北美、俄罗斯、南美、中东等 140 多个国家和地区。

2. 推进电子商务发展的措施

（1）全面梳理电商工作机制。省级层面，理顺省电商工作领导小组 31 个成员单位的职责，增设了电子商务处，系统推进电子商务工作的开展。地市层面，推动 11 个地市成立了电商工作领导小组，逐步推进电子商务工作机构建设，全省 9 个市及 25 个县（市、区）设立（或挂牌）电子商务业务处（科）室。

（2）启动电子商务进万村工程。选择部分县（市）进行试点，建立县级电子商务服务中心和村级服务点，为农民网络购物和农产品网上销售提供服务。目前，全省已建设电子商务服务点 380 多个。

（3）建立健全电商行业统计和数据发布制度。制定下发了《浙江省电子商务统计工作方案》，对电子商务企业、平台、园区的物流、支付、网络基础数据进行统计，并从 2013 年开始按月份公布网络零售数据；同时在全国率先把网络零售纳入社会消费品零售额统计范围。为推进电子商务地方标准体系建设，拟订了《浙江省电子商务企业服务与管理规范》，提出电商平台和企业经营管理的地方标准；积极推动阿里巴巴等企业制定《第三方电子商务平台网络安全标准》，争取尽快出台。

（4）制定电商人才培训和评价方案。针对电子商务迅猛发展对从业人员特别是实际操作人员的需求，制定了《浙江省电子商务人才培训和评价方案》，研究提出电商从业人员技能培训和职业经理人的培训及认证方案，在全国率先对各种电商培训活动进行规范，确保培养出适应电子商务需要的人才。

（5）加强政策环境建设。拟订《浙江省电子商务服务体系建设指导意见》，制定《浙江省电子商务示范县（市、区）创建办法》，开展省级电子商务示范县（市、区）创建工作。起草了《浙江省电子商务条例》，争取 2015 年颁布实施。

3. 宁波市电子商务发展情况

宁波市作为首批国家电子商务示范城市，2013 年电子商务交易额已突破 1600 亿元。其中本地电子商务企业网络零售额达到 280 亿元，同比增长 60%。宁波个体商家约 5 万家在淘宝网开店，3125 家在天猫商城上开店。宁波市本地优势企业如电器行业的奥克斯、帅康、方太、公牛插座等，汽车及配件行业的吉利、华翔等，服装业的博洋、GXG、太平鸟等纷纷试水电商。宁波市中小企业电子商务应用相对发达，以大宗商品交易为主的电商平台发展优势明显。宁波 B2B 网站约有 100 余家，主要涉及化工原料、有色金属、钢材等。其中"中国塑料城"年交易额达到 853 亿元，是全国最大的塑料原料网上交易市场和专业市场；"中国液体化工交易网"作为全国首家液体化工电子交易网站，2013 年市场销售额突破 150 亿元，同比增长 20%；"宁波神化网"是华东地区最大的电镀原材料和特殊化学品交易网站，2013 年销售额突破 100 亿元，入围"中国服务业 500 强"。与此同时，宁波市连接生产与流通的公共服务平台建设有序推进。宁波航交所、世贸通、第四方物流平台、宁波电子口岸等政府公共服务平台服务于宁波优势产业，有效提升货物交易和流通。2009 年宁波建立了国内第一个第四方物流平台信息标准体系的实体，成为国内第四方物流的试验场，目前，其用户超过7500 家，年信息发布量超过 120 万条，年均交易额超过 25 亿元。

5.7　福建省

1. 电子商务发展总体情况

（1）据不完全统计，2013 年，福建省电子商务交易总额超过 3200 亿元，同比增长30% 以上。全省电子商务发展已形成以福州、厦门、泉州、莆田为主导的"沿海引领、内地紧追"的产业空间格局。全省 3 家企业入选商务部 2013—2014 年度电子商务示范企业，13 个项目入选工业和信息化部全国电子商务集成创新试点工程入选项目。电子商务应用范围不断拓展。全省从事 B2B 业务的电商平台有 400 多个，B2C 电商平台2000 多个，C2C 网站及网店已超过 35 万家；相对集中于服装、鞋业、茶叶、陶瓷、汽配、工艺品、农副产品、水产、饲料、家电、软件、电子信息、房产交易等服务领域。

（2）跨境电子商务发展迅猛。《福建省跨境贸易电子商务工作实施方案》发布以来，各地积极探索跨境电子商务通关监管服务试点。平潭进出口综合试点方案已获海关总署批准，福州保税港区、晋江陆地港等正积极推进跨境电子商务零售服务试点。2013 年，全省开展跨境电子商务业务的企业超过 6000 家（B2C、C2C），全省收寄跨境电商邮件约 2000 万件，增幅一倍以上。

（3）电子商务信息化基础设施进一步完善。全省 100% 乡镇通光纤，100% 行政村通宽带，互联网用户达 3461 万户，互联网普及率达 93.04%。

2. 电子商务支撑服务发展状况

（1）政策环境优化。近年来，福建省市大力推动电子商务发展，先后出台《福建省关于加快发展电子商务的意见》、《关于加快移动电子商务发展的实施意见》，较早制定了电子商务发展规划；福州、厦门、泉州、莆田等沿海中心城市 2013 年均出台了本市加快电子商务发展的指导意见，部分区县还制定了专项扶持政策，对市场主体培育、产业创新发展、生态环境优化、促进产业集聚等方面给予了积极的政策支持，推动了电子商务快速发展。

（2）物流体系逐步完善。福建省已形成六大物流走廊、四大物流聚集中心和五条省际物流通道，网购快件占福建省快递服务企业的收件量 70% 以上。截至 2013 年 11

月底，全省共有 966 家快递企业及网点取得了合法经营资质，从业人员超过 3.5 万人，快递业务收入累计完成 57 亿元，同比增长 41.86%。

（3）信用认证发展良好。福建省在电子认证领域已设立 CA 数字安全中心，数字证书广泛应用于工商、税务、社保、医药招标、办公自动化、信息服务、企业信用信息查询、网上招投标等多个领域。目前，已有 45 万多户企业申请数字证书。

3. 电子商务示范工作进展情况

（1）示范城市。福州、厦门市于 2011 年 11 月被国家发改委、商务部等八部委授予首批"国家电子商务示范城市"。2013 年，泉州、莆田市两地积极申报第二批国家电子商务示范城市。

（2）示范基地。福建海峡电子商务产业基地于 2012 年 5 月被国家商务部授予首批"国家电子商务示范基地"称号。目前，基地共签约入驻电商企业 56 家，总注册资金达 7.2 亿元。2013 年，园区年营业额达到 30 亿元，税收 2000 多万元。基地牵头成立了"海峡电子商务产业技术创新战略联盟"，成员共有 86 家，形成了优势互补、产学研用一体化的发展格局。

（3）示范企业。2013 年福建省有两家电子商务企业被商务部评选为电子商务示范企业。环球鞋网是鞋行业 B2B2C 全程式电子商务公司，全面打造了制鞋行业的网络公共服务平台，以 B2B 及 B2C 综合方式，为传统制鞋企业提供了一站式、多方位的电子商务批发交易与网络分销服务，覆盖了从原材料到消费者的全产业链条。茶多网是中国茶叶官方电子商务平台，采用 F2C（农场到消费者）的网络交易模式，整合铁观音原产地的优质茶产品，面向全球客户进行销售，是目前福建省功能最完善的茶叶交易平台。该平台在价格鉴定和质量检测两大特色服务的基础上，建成了物流配送服务中心和电子商务创业孵化器，开通了五大平台和五大专区，为茶农茶商提供了较为完善的生态服务。

5.8　重庆市

1. 电子商务发展总体情况

2013 年，重庆市积极开展优化发展环境、培育本土企业、引进知名电商、发展壮大网商、推动电子商务应用、打造电子商务集聚区和强化行业服务管理等重点工作，电子商务取得较大进展。统计数据显示，2013 年，全市电子商务交易额达到 3000 亿元，网络零售市场规模超过 350 亿元，其中，网络零售额（重庆销售）超过 150 亿元，电子商务交易额和网络零售额的增长均实现了翻番。全市新增电子商务经营主体 3.7 万户，总量达到 11 万户，同比增长 25%，各平台活跃网商从 2012 年年底的 8000 余家增长至 1 万多家，网站（网店）总量达到 14.7 万个，同比增长 32.7%。重庆市规模以上快递服务企业业务量完成 1.06 亿件，同比增长 93.07%；业务收入完成 13.70 亿元，同比增长 32.42%。

2. 跨境电子商务有所进展

2013 年 8 月，海关总署正式发文批复《重庆市跨境贸易电子商务服务试点业务实施方案》，重庆成为具有跨境贸易电商服务四种模式全业务的试点城市。重庆市培育大龙网、易极付、爱购保税等本土跨境电子商务企业，鼓励其利用电子商务手段，自建平台或利用第三方平台大力拓展 B2B、B2C、C2C、O2O 等外贸新业态。2013 年，重庆大龙网在跨境电商领域实现了 6 亿美元的销售额。同时，成功引进广电商、CIECC（商务部中国国际电子商务中心）等多个具有国内外影响力的第三方跨境贸易电子商务平台，借助广电商 10 万家参展商和 600 万户全球客商资源，开展跨境电子商务业务。全市着力培育跨境贸易电子商务示范企业，2013 年，重庆市外经贸委共评选 20 家国际电子商务示范企业，发挥了引领示范和典型带头作用。

3. 渝中区电子商务示范基地建设情况

2013 年以来，重庆渝中区围绕"国家电子商务示范基地"建设，将发展跨境电子商务作为传统产业转型升级、新兴产业"弯道超车"的战略选择，整合构建物流仓储、支付结算及互联网金融、大型电商、资金融通、产业综合服务五大功能性平台，培育跨境电子商务全产业链条。2013 年，电子商务示范基地园区面积达到 7 万平方米，电子商务企业 170 余家，从业人员超过 3500 人，实现产值 103 亿元，同比增长 59%。

（1）科学分析区域条件，超前谋划发展规划。渝中区结合本地金融、商贸等服务业全市领先和电子商务产业集聚等特点，制定了渝中区《网络零售产业发展规划》；提出了以上清寺、两路口为技术核心区，以解放碑、朝天门、菜园坝、大坪、化龙桥为应用拓展区的空间布局，以创建国家电子商务示范基地为契机，推动电子商务与传统产业的深度融合发展。

（2）集聚龙头企业和电商平台，强化集聚辐射作用。2013 年，重庆市软件评测企业工程技术研究中心等 3 家市级研究中心落户渝中，新增了齐家网、奇虎 360 等 93 家电子商务市场主体；以大龙网为龙头，创建了"重庆龙工场跨境电子商务产业园"；同时依托传统商贸产业基础，推动线上线下融合发展；推动香满园（西部农产品交易平台）依托实体市场开展二期建设，2013 年销售额约 1 亿元；鼓励重百、千叶眼镜、一能燃具等传统企业开拓网上销售渠道。

（3）加大产业扶持力度，进一步优化环境。2013 年，渝中区共投资 2.6 亿元用于通信设施建设，新建通信基站 624 个，WLAN108 处，光缆 191 公里，集团客户专线 656 条，完成驻地网建设 7.1 万户；完成无线渝中一期工程建设，解放碑 CBD 公共区域实现免费 WIFI 全覆盖；强化资金扶持，2013 年全年共为电商企业争取到 2550 万元扶持资金；积极推动电子商务企业创新发展、推动中小企业应用电子商务"双推"工程；探索建立网络零售统计体系，完善电子商务网络监管体系。

5.9 四川省

1. 电子商务发展总体情况

（1）2013 年，四川省电子商务交易额总量和增速双双大幅增长。1～12 月，全省电子商务市场交易额达到 8800.9 亿元，同比增长 66.1%。其中，网络零售交易额为

923.5 亿元，同比增长 59.2%，网络购物增速为社会消费品零售总额的近 4 倍。四川本土电子商务纷纷整合线下资源、开展促销活动，呈现百花齐放、你追我赶的态势。中药材天地网、成都九正科技、文轩在线等国家电子商务示范企业加大推进传统市场电子商务孵化工作，行业影响进一步扩大。

（2）开展农村商务信息服务试点，争取国家级农村商务信息服务试点县，全省通过 10 家国家级农村商务信息服务试点县（市）、31 个试点县（区）推动农村电子商务与基地、营销大户、商超、院校、军队、餐饮企业等对接。

2. 电子商务支撑体系建设情况

（1）电子支付产业初步形成。摩宝网络科技等 5 家企业获得第三方支付牌照。成都市成华区"中国移动电子商务支付基地"初具规模，2013 年全省移动支付交易额预计超过 300 亿元以上，覆盖金融、民生等七大类 90 余项，应用项目在全国领先。成都市高新区打造了"移动电子商务应用示范街区"项目。

（2）快递体系更加完善。青白江区、龙泉驿区、新都区、简阳市重点打造现代物流基地和物流园区，资阳市、遂宁市结合自身特点打造西部物流基地。本土人人快递、城市配送、货运班车等应用更加成熟。

5.10　河南省

1. 电子商务发展总体情况

2013 年，河南省电子商务呈现快速发展的良好态势。据不完全统计，全年电子商务交易额达到 4300 亿元，增长 34.3%，网络零售交易总额突破 580 亿元，增长48.7%。第三方电子商务平台发展迅速。中华粮网已成为全国粮食行业最大的网上交易平台；世界工厂网已发展成为国内有知名度的 B2B 电子商务平台；企汇网、中国制造交易网等第三方 B2B 电子商务平台客户数量年均增长 30% 以上。中华粮网、众品商城、企汇网等三家企业被商务部命名为国家级电子商务示范企业。在培养骨干平台的基础上，一批像山药、红枣、茶叶、女裤、内衣等地方特色行业电子商务平台也快速成长起来，IP 访问量节节攀升。"豫货网上行"功能进一步提升，2013 年促成销售 32亿元，有力地提升了河南品牌市场占有率。

2. 电子商务支撑体系建设情况

（1）网络交易环境日益优化。2013 年年底，全省宽带接入端口网民规模达到 6000万人，其中手机网民数量为 5000 余万人，互联网普及率为 61.4%。全省网民对商务交易类应用具有较高的使用倾向，网络购物、网上支付和网上银行的渗透率分别为56.0%、47.1%、48.2%，均高于全国平均水平。

（2）中部地区电子商务物流配送的中心地位逐步形成。郑州航空港经济综合实验区、郑州国际物流园区、中原国际陆港等大型物流工程项目相继实施。

（3）数字认证广泛应用。目前，全省数字证书认证中心有效电子签名认证证书持有量超过 300 万张，其数字证书产品在国家储备粮网上交易、网上证券交易等电子商务领域开展了应用。

（4）电子支付灵活多样。河南汇银丰信息技术有限公司成为河南省首批获得中国人民银行颁发的第三方支付牌照的支付机构，推出豫商卡、惠通卡、惠游卡等支付类产品；郑州银保托管电子商务有限公司在全国首创了可以一票多单付款的第三方支付模式。

5.11　江苏省

1. 电子商务发展总体情况

近年来，江苏省电子商务快速发展，市场规模不断扩大。2013年全省电子商务交易额达1.2万亿元，网络零售额1800亿元。支付宝2013年度账单显示，江苏居民网上支出额列全国第五位，网络消费百强县前十名江苏占四席。截至2013年年底，江苏网民规模4095万人，互联网普及率达到51.7％；备案网站数为345 634个，经营性网站达到21万个，其中网络交易平台216个（其中B2B 97个，B2C 112个，C2C 7个）。

江苏省商务厅以及无锡、淮安、盐城等市商务主管部门都已建立了电子商务处，其他省辖市商务主管部门也在积极筹备确定电子商务职能处室；省政府成立了"省跨境贸易电子商务服务试点工作领导小组"，推动全省开展跨境电子商务零售出口试点，促进外贸转型升级。目前，省政府正积极推动建立江苏省电子商务跨部门协调工作机制，加大全省电子商务工作推进力度。

2. 电子商务平台发展情况

（1）B2B平台。中国制造网2013年达成的订单交易额约420亿美元；仕德伟网络科技研发并运营的循环经济门户"5R网"，截至2013年10月底，企业注册总数接近20万家，再生资源交易量超过30万吨，成为江苏省具有重要影响力的循环经济信息发布和再生资源交易电子商务平台。

（2）网络零售平台。2013年，苏宁易购网络销售额约300亿元，同比增长八成；途牛网跻身国内在线旅游品牌影响力前十；同程网创新运营模式，架构"一站式"旅游预订、旅游社区和旅游B2B三个战略业务单元。

（3）大宗商品平台。中国纺织材料交易中心已吸引国内纺织业领军企业2382家注册，交易企业数468家；无锡不锈钢电子交易中心、华西村大宗商品电子交易中心成为国际市场价格指数发布中心；南通叠石桥家纺、吴江盛泽丝绸、张家港化工被商务部定为中国商品指数发布中心。

（4）移动电子商务平台。无锡"买卖宝"掌上移动商城，是国内一家专业从事移动互联网的B2C商城，面向广大四、五线城市，尤其是村镇手机上网用户，服务对象可覆盖至全国5亿乡镇居民群众。

3. 电子商务应用情况

在传统工业领域，如沙钢、波司登、徐工、红豆等企业，纷纷将电子商务作为企业发展方式转型的突破口。红豆集团不断推进红豆商城、轩帝尼高端定制、红豆网络订货平台的发展，2013年3月获得由中国电子商务协会颁发的"运营模式创新奖"荣誉，2013 年 4 月获得由商务部颁发的"国家级电子商务示范企业"称号。

在传统流通领域，家电零售龙头苏宁电器更名为"苏宁云商"，提出云商模式，确定了线上线下融合发展的基本战略。宏图三胞打造的"新街口商圈网"探索建设以商业中心区为主体的网上商圈，促进圈内企业线上与线下一体化经营。

在农业领域，如皋市、海安县、如东县等全国农村商务信息服务试点县（市）示范、辐射效应不断增强，农产品网上购销对接日益紧密。南京市高淳区在淘宝网开设"特色中国·高淳馆"，有力推动了高淳当地的螃蟹等地方特色农产品销售，月销售额过 1000 万元。2013 年全国 20 个淘宝村中，江苏占了 3 个，分别是：徐州市睢宁县沙集镇，网商超过 2000 家，主营板材家具；宿迁市耿车镇大众村，网商 300 家，主营板材家具；沭阳县颜集镇，网商超过 2000 家，主营花木。

在旅游领域，江苏省已建成能够基本满足旅游电子商务发展需要的网络体系，典型企业发展迅速。同程网的注册会员累计达到 4600 多万，平台全年交易额超过 90亿元。镇江市积极启动了智慧旅游云计算平台以及架构在该云平台上的旅游信息服务门户和应用平台建设，预计投资超过 1 亿元。2013 年，常州恐龙园股份有限公司对电子商务业务实现了全面整合，打通了与长三角地区三大 OAT 网站携程、同程、驴妈妈的对接。

江苏省积极推进跨境电子商务发展，充分发挥跨境电子商务对实现外贸转型升级的重要作用，明确南京、苏州、无锡作为第一批跨境电子商务试点城市。其中，南京市确定以龙潭保税物流中心为依托，采取"保税出口"方式开展试点；苏州市以苏州工业园区的苏州物流中心有限公司为依托，以"一般出口"方式开展试点；无锡市以苏南国际机场为依托，采取"机场监管场所＋国际快件中心"的方式开展试点，先行先试"一般出口"。苏州跨境贸易电子商务服务试点平台已于 2013 年 12 月 18 日正式启动，兰亭集势（苏州）贸易有限公司每天约有 200～300 单业务通过平台出口。

4. 电子商务示范基地建设情况

江苏省现有南京建邺区（电子商务基地）和苏州金枫产业园两家国家级示范基地。

（1）载体建设。目前，南京建邺区示范基地规划建筑面积约 80 万平方米，先导区两大核心载体——江东产业园和舜天产业园相继开园，共有 100 余家企业入驻。苏州金枫产业园已拥有 A、B、C 三个园区，共计孵化面积 60 000 平方米，集聚企业 130 余家。2013 年，园区经营总额近 8 亿元，实现税收 1200 多万元。

（2）组织架构和政策环境建设。南京先后制定了《关于实施创新驱动战略建设创新型城区的决定》、《南京市建邺区迎青奥"千日行动计划"（2011—2014）》、《建邺区科技创新创业五年发展计划》、《关于加快建邺区电子商务产业发展的若干意见》、《建邺区电子商务产业发展促进办法（试行）》等一系列扶持政策。苏州先后制定了《关于促进电子商务发展的若干政策意见》、《关于促进吴中区商务转型升级的若干意见》等促进电子商务产业发展的专项扶持政策。

（3）配套服务体系建设。南京发起设立了规模 1 亿元的电子商务科技金融创新创业产业引导基金，构筑以天使投资、风险投资、股权投资和产业基金为重点的支持自主创新的电商科技金融体系。苏州 IDC 数据中心于 2013 年正式投入试运行，"金枫网"服务平台预计 2014 年正式上线运行；苏州的投融资服务平台"科创贷" 2013 年已为 10 多家企业成功提供小额贷款服务。

5.12 江西省

1. 电子商务发展总体情况

据调查统计，2013 年江西省电子商务交易额突破 650 亿元，达到 657.5 亿元，同比增长 103.4%。其中，网络零售交易额为 170.2 亿元，同比增长 70%；B2B 交易额为 487.3 亿元（含跨境电商交易额 155.2 亿元），同比增长 118.4%。全省共有各类电子商务实体 3.5 万多家，2000 余家电商企业数量比上年大幅攀升，涌现出九州通药业、鸭鸭集团、开心人集团等一批发展迅猛的电子商务企业。特色产业加大转型力度，线上销售取得良好成效，如樟树中药材 45% 交易通过 B2B 模式完成，年网络交易额达到 39.66 亿元。

2. 特色电子商务产业发展较快

（1）培育和引进绿滋肴、三融联创、江西子略、奥赢科技等省内外企业。四家企业旗下的绿滋肴商城、派啦网、赣韵网、灵动江西、赣品会等省特产网上销售平台均已上线运行。其中，赣州市举办的首届网络脐橙节，7 天活动期间网上销售超过 1000 吨，交易额达 1000 多万元。江西淘鑫电子商务有限公司成功对接淘宝网，取得"特色中国·江西馆"的承办资质，自"江西馆" 2013 年 11 月上线试运营以来，入驻商户 275 家，馆内特产达 600 余种，累计电商交易额达 700 余万元。

（2）特色产业电子商务应用良好。据统计，矿产、光伏光电、药材、家居、服装为江西电子商务交易额前五的商品类别，交易规模总量达 400 亿。"双 11"当天江西省昌东工业区纺织服装企业交易额达到 6000 万元，九江鸭鸭羽绒服交易额达到 1500 万元。

3. 电子商务支撑体系取得进展

吉安市万佶全国物流公共信息平台立足于以现代企业多元化物品流通需求为核心，以打破传统的货运操作模式为出发点，整合了企业、司机、物流公司、配货信息部的最新资源，实现全国物流信息资源共享。"缴费通"支付方式填补省内网上支付的空白，与"支付宝"、"财富通"深度合作开展业务，打造具有创新意义的一卡通解决方案，通过"联名卡"方式，不仅解决了省内各部门各单位电子缴费的需求，也拓宽了自身的功能。2013 年业务量已达到 3.75 亿元，同比增长 10%。

5.13 广西壮族自治区

1. 电子商务发展总体情况

据初步统计，2013 年全区电子商务交易额约达 813 亿元，同比增长 32.2%；企业应用第三方电子商务平台出口 11.7 亿美元，同比增长 17%。广西网民近 1200 万人，网购用户近 300 万人。全区共有电子商务应用企业 8325 个，同比增长 47%。电子商务服务企业从业人员 18 万人。

2. 电子商务平台建设情况

（1）特色电子商务平台。目前已与阿里巴巴建有西部首个西南国际站——"阿里巴巴—广西专区"，与商务部中国国际电子商务中心开通了"诚商网—广西平台"。正与阿里巴巴策划开设"广西产业带"、"广西特色商品馆"，开展广西特色商品网上大促销等活动。

（2）网络零售平台。美丽湾商城、美美购、老友购、西团网等一批面对个人消费者的 B2C 和 O2O 知名电子交易平台纷纷涌现。美丽湾网上商城已于 2013 年 11 月上线运行，利用猫扑网丰富的客户资源导入流量，平台运营良好。

（3）大宗商品平台。南宁（中国—东盟）商品电子交易平台、广西大宗茧丝交易市场、北部湾华诚商品交易平台、华盈茉莉花茶电子交易平台、联合产权电子交易平台等 B2B 大宗商品电子交易平台、广西大宗食糖交易中心、广西食糖中心批发市场等大宗商品电子交易市场的建设取得突出成果。

3. 电子商务示范基地建设情况

南宁高新技术产业开发区制定了《南宁高新技术产业开发区管理委员会关于鼓励电子商务产业发展的暂行办法》，从组织协调、政策导向、项目安排和机制创新等方面提供切实保障，调动一切积极因素，促进电商产业的良性健康发展。

（1）载体建设。南宁国家电子商务示范基地地上建筑面积约 47 000 平方米，地下室建筑面积约 15 000 平方米。到目前为止，已完成主体结构工程并经主体验收，进入装修阶段。项目建成后将成为高新区电子商务产业最大载体和聚集区。

（2）信息基础设施建设。2013 年，在已有中国联通广西分公司高新区 IDC 数据机房的基础上，加快建设了中国移动广西公司移动产业园，建设信息化基础设施管理与综合服务平台，构建了统一的网络呼叫中心、服务器托管服务中心和信息系统运维监控管理中心，满足入驻企业服务器托管、带宽租用、坐席租用、系统监控和网络安全等需求。产业园光纤网络、无线宽带网络覆盖率超过 80%。

（3）投融资渠道建设。以南宁联合创新融资性担保有限公司为基础，积极引入其他担保公司，为高新区电子商务企业提供融资担保服务，鼓励金融机构为电子商务企业提供多种形式的投融资服务，已为电子商务企业提供担保贷款近 5000 万元。

5.14　湖北省

1. 电子商务发展总体情况

湖北省电子商务起步较晚，但发展速度较快，现已初具规模。据初步预计，2013年，全省电子商务交易规模近 6000 亿元（含企业间供应链电子商务），网络零售交易额近 600 亿元，相当于 2013 年全省社会消费品零售总额的 5.7%。目前全省网民总数达 2100 多万人，网络用户近 200 万户，用户数居全国第九位。全省 12 000 多家限额以上批发零售、住宿餐饮企业大部分实现了财务、统计数据的电子化处理，在线采购和在线支付的比例逐年提高。截至 2013 年年底，全省大型企业电子商务应用普及率近50％，中小企业超过 30％。

2. 农村电子商务发展状况

2013 年以来，湖北省商务厅依托组织部门远程教育网络开展农村商务信息服务试点工作，将农业产业化有优势、有特色的 13 个县（市）纳入试点范围，加强农产品信息发布，为农村和农民提供及时准确的市场信息，帮助和扶持全省农产品和特色企业搭建网上销售平台。同时，通过商务部《新农村商网》发布农产品产销信息，开展农产品网上交易对接活动，共实现交易 4.4 亿元，在一定程度上缓解了农产品"卖难"问题，促进农民增收。由省商务厅推动在淘宝网上搭建的"特色中国·湖北馆"，自2012 年 4 月上线以来，入驻的湖北老字号、特色食品及农产品企业近 1000 家，月在线交易额突破 5000 万元。

3. 电子商务示范基地建设情况

2013 年是全面启动汉正街都市工业区国家电子商务示范基地创建工作的第一年。示范基地企业全年实现电子商务交易额突破 350 亿元，年营业额亿元以上电子商务企业达 5 家。目前，汉正街已有 3800 多家商户实现网上交易，其中 2013 年新增 1000 户，整体网上交易额突破 30 亿元，线上洽谈带动线下交易超过 200 亿元。基地全年新增各类电子商务企业 73 家，其中具有一定规模电子商务企业 34 家，总注册资本超 2 亿元；建成可供电子商务企业入驻载体 20 万平方米；直接推动辖区近百家传统企业开展电子商务应用；对基地内电商企业提供专项资金和贷款总额超过 1 亿元。

示范基地努力促进环境优化。在载体建设方面，加快园区腾退和建设，集中建设新工厂产业园、汇丰企业天地、名典屋等专业园区和楼宇供电商企业入驻。在技术支撑方面，与中国电信、中国联通等企业建立战略合作关系，加快园区信息化基础设施和"智慧园区"建设，实现"千兆到楼层、百兆到桌面"的全数字化宽带覆盖，电商大楼 WIFI 项目列入市信产办"无线城市"示范项目。在物流配套方面，58 万平方米蓝焰轻仓物流基地已启动一期 12 万平方米建设，同时还与孝感锦龙物流园签署了合作协议，共建专用物流园区。在人才培育方面，与商学院、职业技术学校建立战略合作关系，学校电子商务专业学生毕业后将直接到基地电商企业实现就业。

5.15 河北省

1. 电子商务发展总体情况

2013 年，河北省电子商务交易额突破 7500 亿元大关，同比增长 50％；网络购物突破 700 亿元，同比增长 40％。河北省 70％以上的大中型企业、31％的小型企业建立了网站，网站数量已达 68 193 家。河北省大宗商品交易平台初具规模，县域特色产业交易平台异军突起，单品交易平台精彩纷呈，初步形成了以发展优势行业交易平台为重点、发展特色产业交易平台为支撑、发展消费类交易平台为补充的多层次格局。

2. 电子商务平台发展状况

（1）以优势行业为重点，发展大宗电子商务平台。河北省在钢铁、纺织、电子产品、农产品等传统领域有着明显的行业优势和基础。2013 年，河北省陆续建设了河北钢铁电子交易中心、秦皇岛海运煤炭交易市场、河北农产品电子交易中心、河北纺织原料电子交易市场、河北滨海大宗商品电子交易市场、清河新百丰羊绒交易网、秦皇岛生猪交易网、华北大宗商品交易中心、河北鑫农大宗商品交易平台等九大平台，目前均已上线运行，唐山曹妃甸大宗商品交易中心正在抓紧建设。其中，秦皇岛海运煤炭交易市场每周发布动力煤价格指数，在国内具有一定的话语权和定价权。河北省大宗商品交易平台有效地推动了河北传统优势行业的发展。

（2）以特色产业为支撑，发展县域特色电子商务平台。安平丝网、清河羊绒、辛集皮革、安国药材等代表了河北省县域经济独特的产业色彩和资源基础。2013 年，"中国搜丝网"、"万户通箱包网"、"清河羊绒交易网"、"河北纺织原料交易网"等 30 余个县域特色电子商务交易平台已在国内具有一定的知名度和影响力，带动了县域经济特色产业的发展。以"中国马铃薯交易网"、"中国钢锹交易网"、"中国板栗交易网"、"食用菌交易网"为代表的一批单品电子商务交易平台的上线运行，更直接提升了县域特色产业的知名度，壮大了产业实力。

（3）以消费类平台为补充，培育网络购物平台。石家庄市北人集团的如意购、廊坊 366 购物网、石家庄国大连锁集团的爱购网、邯郸美食林购物网等网络购物平台和专业批发市场交易平台不断壮大和完善，成为河北居民购物消费的新平台和扩大消费的新动力。同时电子商务触角逐渐向社区、农村延伸。国大连锁 36524、联通万家、石家庄惠民网、河北顺时针平台的上线运营，有效地解决了社区居民和农民"卖难买难"问题，推动了电子商务在社区和农村中的普及和应用。

5.16　辽宁省

1. 电子商务发展总体情况

2013 年，辽宁省电子商务交易额达到 3180 亿元，同比增长 23%；B2B 交易额 2770 亿，同比增长 18.6%。辽宁省扶持大商集团、兴隆集团、五爱集团、东北参茸中草药材市场、佟二堡裘皮皮装市场西柳服装、南台箱包等市场建设电子商务平台。大商官网、网上兴隆、绿金在线、五爱购均已上线运行。依托沈阳、大连、鞍山、营口、铁岭等地产业集群、专业市场、农产品生产基地，引导协调大连东北亚现货交易所有限公司、鞍山东北矿业产品交易中心、营口辽宁北方商品交易中心和大石桥东北亚镁质材料交易中心等建设大宗商品电子商务平台。组织开展农产品网上购销，组织举办"2013 年夏季农产品网上购销对接会"和"2013 年冬季农产品网上购销对接会"，实现农产品总交易额 2.74 亿元。

2. 电子商务示范基地建设情况

（1）电子商务示范基地。2013 年，沈阳浑南电子商务产业园企业交易额突破百亿元，示范基地电商产业集群初具规模。京东商城、苏宁易购、北方煤炭交易市场等电商平台项目，辽宁易玛、拉卡拉支付东北总部等电子服务类项目，以及普洛斯、嘉民、东北冷鲜港等现代物流项目均已在基地设立东北或辽宁区域总部和运营中心。累计投入 3000 余万元利用现有标准厂房改造成为 2.8 万平方米的电子商务大厦，打造了沈阳市最大的电子商务公共服务平台。

（2）以装备制造、商贸流通、特色农副产品三个领域为突破口，促进电子商务在传统行业和优势产业的应用。在商贸流通领域，推进九龙港、兴隆大家庭、商业城等传统零售百货行业和北方煤炭交易市场、盈盛贵金属交易市场等大宗商品电子商务交易平台建设。在装备制造和农特产品领域，与阿里巴巴、京东商城开展战略合作，采用政府、平台、服务企业三方合作模式，依托阿里巴巴网上交易平台建设了"辽宁产业带"、"特色中国·辽宁馆"。在社区便民领域，联想控股旗下中国最大的线下支付公司拉卡拉投资建设的东北第一家社区便民电子商务金融营业厅——浑南新区文欣苑社区营业厅现已投入使用，社区居民可在百米之内实现生活缴费、金融服务、网络购物等一站式服务。示范基地服务支撑体系日益完善。

（3）启动"辽宁电商创业梦工厂"建设和电商人才培训平台的筹建工作，引进了赛斯特、中科实训等培训机构，与东北大学、淘宝大学达成合作意向，依托本省地区高校，与培训机构、企业合作，探索政、校、企三方合作的电子商务实用人才培养的新模式。同时，IDC 云计算数据中心、投融资服务平台的建设正在加快推进。

（4）电子商务示范企业。据统计，2013 年，全省 13 家示范企业电子商务交易额达 227.7 亿元，同比增长 77%。东北参茸中草药材市场和辽宁迈克集团创建成为国家级电子商务示范企业。

3. 大连市电子商务发展情况

2013 年，大连市电子商务年度交易额超过 1600 亿元人民币，年增速率在 20% 以上；电子商务企业达 14 426 家，全市已有近 2000 家外贸企业加入"大连国际电子商务应用平台"，有 4000 多家企业在阿里巴巴平台上开展电子商务活动。大连信用中心基本完成了全市公共信用信息平台的建设；已经构建全市统一的数字证书认证体系，逐步实现全市网上签名认证"一证通"。

大连商贸、医药、装备、服装等传统行业龙头企业正在形成以产业链为基础、以供应链管理为重点的电子商务应用。赫格雷、吉林敖东大连药业、美罗药业等一批药业企业通过电子商务，带动了产业链上下游企业协同发展。面向个人的电子商务服务业态创新活跃，乐佰购物网、太阳系便利店电商平台、麦客商城网等网站为人们生活提供了方便。

大连商品交易所是中国最大的农产品期货交易所。大连大宗商品电子交易现货交易快速发展，相继成立了国际农产品交易中心、东北亚煤炭交易中心、东北亚现货商品交易所、再生资源交易所、东北亚石化交易中心等电子商务服务企业，建立了农产品、煤炭、钢铁、汽车、石化等大宗商品电子交易市场。

第三方电子交易平台特色突出。围绕国际航运中心建设，一批港航物流电子商务服务平台迅速成长。"航运在线"打造了航运门户网站，大连港、烟大轮渡、辽渔等客货运都陆续在该网实现网络订票；"码头网"打造一站式 B2B 航运业专业电子商务平台，致力于为全国 400 万航运商家与 80 万艘船只船舶提供完整的信息化管理平台和电子商务解决方案。辽宁电子口岸平台为中小企业提供电子单证处理、报关、退税、结汇、保险和融资等"一站式"服务；大连迈克集团建立的"设备时代网"成为专门开展中小成套设备及专机的 B2B 外贸平台。

5.17　陕西省

1. 电子商务发展总体情况

陕西省政府高度重视电子商务发展。2013 年，陕西省政府起草《陕西省促进电子商务发展实施意见》，组织专家编制《陕西省电子商务突破发展规划》，已通过专家评审。对全省未来五年电子商务发展进行了科学规划。积极培育电子商务服务龙头企业，利安集团、艾派信息技术有限公司、印象西安、同一医药公司、陕西知医堂药业公司、西安力邦健康产业公司、陕西利安信息传播有限公司、丝路商旅等一批电商企业快速发展。其中，利安社区电超市年交易额已突破 400 亿元、丝路商旅年交易额突破 15 亿元。农村商务信息化试点建设取得进展，被商务部确定为依托中组部党员远程教育网络开展农村商务信息化试点省，先后四个被批准为试点县，制定了《陕西省开展农村信息化试点工作方案》。

2. 电商企业模式创新情况

陕西利安集团与松林超市、古都华天早餐公司等品牌企业合作，斥资 1.6 亿元打造的"社区百姓生活通"服务平台，推出了市民生活七大类、300 多个品种的年货盛宴，开通当天，成功下单超过 1000 笔，销售金额突破 10 万元。"社区百姓生活通"是利安社区电超市与社区实体超市的合作升级版，其服务领域从原先的缴费、票务、保险等扩展到了日用生活商品销售与配送；服务方式也由原先的店面服务扩展到为周边社区居民送货上门，真正实现了线上线下融通互动、提货送货并行的一体化服务；支付手段也从原先实体购物现金付款扩展到了网上购物网银付款的自由选择。

3. 电子商务示范基地建设情况

（1）截至 2013 年年底，西安高新区国家电子商务示范基地已注册电子商务企业达 2100 余家，吸引阿里巴巴、58 同城、奇虎 360、易迅、网库、易车、大龙网等国内知名电商的运营中心或营销中心落户，吸引了力邦、立高、沙漠庄园等一批国内和本地电子商务企业落户。基地相关研发、营销、物流等各环节从业人员超过 5 万人，企业自建电子商务平台 500 余个，全年交易总额达到 630 亿元。丝路商旅和熊猫伯伯成为国家级电子商务示范企业。

（2）示范基地制定了"十二五"期间电子商务发展战略，出台了电子商务、战略性新兴产业、高技术服务业、软件和服务外包产业等扶持政策，继续拿出 5000 多万元资金扶持电子商务企业发展；西安软件新城一期研发区的"国家电子商务示范基地"大厦工程总建筑面积 3 万平方米，2014 年一季度将投入使用。基地不断与高校、研究机构、企业联合开展应用性人才和管理型人才的职业培训和岗前培训，使示范基地成为电子商务人才的培训基地和人才高地。

5.18 湖南省

1. 电子商务发展总体情况

2013 年，湖南省电子商务继续保持高速发展势头，全年电子商务交易额达 1215 亿元，增长 102%，其中网络零售额为 216 亿元，增长 111%。2013 年，全国电子商务示范企业 4 家，在中西部排名第一；中小企业电子商务应用普及率达到 40%，大型企业电子商务应用普及率达到 50%；湖南本地手机支付注册用户累计超过 1000 万户，交易用户数超过 80 万户。

2. 电子商务发展政策环境不断完善

2013 年，湖南省开展各类电子商务调研，先后完成《2012 年湖南省电子商务报告》、《关于湖南跨境贸易电子商务发展的调研报告》、《把电子商务尽快发展为我省经济新的重要增长点——湖南电子商务发展机遇及对策的调研报告》等报告；制定了《加快电子商务发展的若干政策措施》、《湖南省电子商务发展规划（2013—2020 年)》、《湖南省电子商务统计制度》、《湖南省电子商务企业认定办法》文件。各项政策意见为湖南省的电子商务发展提供了良好的政策环境。

3. 电子商务示范基地建设情况

2012 年 5 月 29 日，湖南省长沙市由商务部授牌成为"国家电子商务示范基地"，示范基地建设由国家级长沙高新技术产业开发区、雨花现代电子商务产业园和长沙金霞经济开发区三个园区共同组成。

截止到 2013 年 10 月，高新区电子商务企业数量已超过 150 家，新增电子商务企业超过 40 家，预计全年电子商务交易额将突破 1000 亿元。园区初步形成了以华菱、怡清园、梦洁、多喜爱为代表的制造业电子商务应用；以步步高、家润多、国美为代表的流通业电子商务应用；以现代农商、湖南供销电子商务、农迅村村通为代表的农业电子商务应用，以浦发行、工行、建行等为代表的金融业电子商务应用；以百信科技、网创、搜云、御家汇、鹰皇商务、东欣等为代表的电子商务平台服务企业；以中移支付、天骄物流、东方新诚信、竞网等为代表的支付、物流、认证及数据服务的电子商务支撑服务企业，以及电子商务外包等较为完善的电子商务产业链。

高新区积极完善电商公共服务平台，以原有长沙软件园的公共服务平台为基础，长沙信息产业园正在建设电子商务基础网络平台、人才培训基地、公共信息交流发布平台、工业地产租赁平台（已经上线）等公共平台。雨花区按照"一基地一园区"和培育龙头企业的发展思路，重点以雨花现代电子商务产业园为核心区，以德思勤中部电子商务基地和全洲农产品电子商务综合服务产业园为载体，大力推进国家级电子商务示范子基地建设，电子商务企业已突破 110 家。长沙金霞经济开发区计划五年内规划用地 2100 亩，建设一个高水平的电子商务产业园，重点引进国内外优秀电子商务企业，形成集聚发展和示范效应。

5.19 青海省

1. 电子商务发展总体情况

截至 2013 年年底，青海省互联网用户规模达到 274 万，普及率达 47.8%；电子商务交易额达到 189.2 亿元，同比增长 42%；网络零售市场交易额为 40.9 亿元，同比增长 47%。

2013 年，青海省物流业发展迅速，中国速递服务公司、宅急送、顺丰、圆通、申通、中通、韵达等国内知名快递企业，纷纷在全省设立分公司和网点。全省经备案及注册快递企业共有 26 家，有分支网点 133 个。据不完全统计，全省快递行业 2013 年年末从业人员约 1300 人、机动车约 200 辆，快递业务量达 372.2 万件，同比增长 45.5%，业务收入 10 705.6 万元，同比增长 19.8%。但电子支付、认证、运营服务等支撑服务业发展较慢。

2. 电子商务示范工作进展情况

国家电子商务示范基地落户青海朝阳物流园区，基地服务建设用地 30 亩，已完成规划设计。青海聚宝盆电子商务有限公司入选商务部 2013—2014 年度电子商务示范企业名单。公司业务覆盖互联网信息服务业务（增值电信业务）、散装食品的批发零售、藏族特色产品销售代理和进出口业务。公司旗下的第三方特产交易平台——中国特产网是一家以特产信息咨询为特色的门户网站，是青海省唯一一家以青藏高原纯天然、绿色、无污染的青藏特产销售为主体的食品类电子商务网站。截至 2013 年 4 月底，注册会员 15 000 家，入住商家 9000 余家。青海商务网是西宁德世商贸有限公司旗下网站，是为省内外各大中小企业走出省门而搭建的推广和营销平台，网站于 2012 年 8 月建成上线，现已注册供求商 7000 余家。

5.20 吉林省

1. 加强电子商务示范基地建设

2013 年，长春净月高新区国家电子商务示范基地已入驻省级电子商务示范企业 4 家，电子商务平台注册企业已达到 15 000 余家，其中，省内企业占 70% 以上，实现电子商务交易额 468 亿元，实现了国家级电子商务示范基地创建工作的良好开局。

吉林省出台了《关于支持电子商务产业园发展的若干政策》，在土地、税收、人才、投融资、孵化和企业奖励等方面给予扶持。"十二五"期间，净月高新区将累计投入 5 亿元专项资金用于电子商务示范基地共性技术开发、基础设施建设和孵化器建设，支持电子商务领域信息资源的公益性开发和利用，同时每年将列支 500 万元作为重点应用示范的引导性投入。2013 年，净月高新区一次性奖励吉视传媒 100 万元，专项用于扶持其电子商务平台的技术开发。

基地引进的中国移动吉林分公司、中国电信吉林分公司和吉视传媒三家企业分别建设物联网中心、呼叫中心和电子商务总部。目前，电信、移动和电视三网融合工作取得突破性进展。吉林移动公司的物联网中心和中国电信东北最大的区域性呼叫中心已启动建设，两个项目建成后将全面满足净月高新区电子商务在物联网应用和呼叫业务支持上的需求。

基地规划建设了占地80万平方米的吉林清华金融科技园，打造电子商务金融公共服务平台，重点包括金融总部、金融结算、金融数据处理、信用评估、融资担保、金融人才培养等金融服务项目。基地积极与工商银行、建设银行、中国银行等金融机构联系，为电子商务企业搭建金融服务平台，解决电子支付等方面的问题；引进吉林省开发区信用投资有限公司，为电子商务企业提供专用化的评估担保服务。

基地不断整合物流资源，建立电子商务配送体系。在区域内现有的吉林省邮政速递物流中心、荷兰TNT物流等5家物流企业的基础上，积极引进从事第三方物流的300多家物流企业，鼓励其在基地内建立区域总部或设立服务网点，为基地电子商务企业提供高效便捷的物流服务。同时，一汽启明不断提升GPS服务平台的能力和水平。该平台已在全国建立了270个分中心，入网用户5万户。

2. 积极促进行业平台发展

（1）吉林省农村电子商务平台"好汇购"是富有特色的面向农村的电子商务平台，设有农资电子商务平台、农产品电子商务平台、日用品下乡平台、吉林农网商务频道等四个电子商务子平台，在网注册农村用户270万户，农资销售会员企业336家，农产品销售会员企业1579家，种子、肥料、农药、农机具等农资交易额达2亿元。未来将进军农特产品、生鲜冷链产品、大宗农产品三个重点领域。

（2）汽车交易与服务综合信息平台面向整个汽车产业链，为一汽集团的众多整车厂、上游供应商、下游销售服务商提供整合的交易服务，包括汽车零部件及原材料采购、汽车整车销售、汽车售后市场服务。

（3）吉林省烟草采购销售平台开创全省范围内170多个烟草品种的网上采购、网上订购销售、在线支付结算、物流配送、在线客服管理、技术中心支撑的全产业链电子商务B2B模式。

（4）电视电子商务平台充分整合了吉视传媒旗下的广播电视传输基本业务服务平台、互动视频点播业务服务平台、支付结算业务服务平台、视频通信业务服务平台，打造声音、图像、数据传输且具有双向交互功能的吉林省交互式电子商务平台，开展数字电视增值、宽带双向交互等业务。目前，电视银行、电视商城、电视营业厅、电视社区、电子优惠券等系统已全部上线运行，在线用户达300万户，实现交易额2亿元。

5.21 新疆维吾尔自治区

1. 电子商务发展总体情况

据行业不完全统计，截至2013年10月底，全区85％以上的大中型企业和53.6％

以上的小微企业开展了不同程度的电子商务应用工作。其中，有 24.4% 以上的大中型企业和 22.1% 以上的小微企业开展了不同程度的网上采购和销售活动，电子商务应用快速发展。

2. 电子商务环境不断完善

组织编制《新疆电子商务"十二五"发展规划》、《关于促进新疆电子商务发展的若干意见》和《新疆电子商务发展研究报告》，成为指导全区电子商务行业发展的重要依据，对全面推进新疆电子商务发展具有重要指导作用。同时积极推动自治区出台有关扶持政策，上报了《关于促进新疆电子商务发展的指导意见》（代拟稿）和《关于设立自治区电子商务发展专项资金的请示》，为全区电子商务发展争取更加有利的政策保障。

协助商务部在乌鲁木齐市举办了电子商务应用培训班，对各地州市商务主管部门和 80 余家企业代表进行了培训；安排商务厅电子商务业务骨干参加商务部在香港举办的电子商务应用高级研修班。积极组织全国农村商务信息服务 6 个试点县（市）12 人参加商务部在银川举办的培训班。

积极推动新疆电子商务协会筹备工作。自治区民政厅于 2012 年 8 月下达同意成立批复文件。目前，截至 2013 年年底，申请入会并注册为会员的法人和个人已达 89 个，新疆电子商务协会成立的各项筹备工作一切准备就绪。

3. 新疆农产品流通公共信息服务平台建设和应用情况

按照商务部统一部署，根据全区农产品产销特点，在前期调查、征求意见和反复论证的基础上，拟订了农产品流通公共信息服务平台建设方案。依托商务部国富通公司、厅市场建设处、信息化处和信息中心组建高效运维管理团队，实现了与商务部新农村商网的互联互通，高效运营。截至 2013 年年底，已收集农产品主体 2209 家，其中：涉农企业 960 家，合作社 109 家，经纪人 892 人，种养大户 247 户，发布各类特色农产品 100 余种，供销信息 6123 条，涉农资讯 45 227 条，报价信息 10 万余条。

4. 伊犁州奎屯市电子商务示范基地建设情况

（1）大力推进城市信息化建设，并被住建部评为第一批国家级"智慧城市"试点城市。同时，被自治区经信委推荐进入国家级"信息消费城市"试点城市范围。

（2）电子政务稳步推进。近年来先后实施和完成了政府门户网站、党政公众信息网站群，电子政务专网、电子监察系统等一系列电子政务项目建设，政府部门办公网络和网站建设率达 100%。奎屯市政府网站在全疆县市级政府网站发展评估中连续五次名列前茅。

（3）大力推进跨境电子商务平台建设。通过亚欧国际物资交易中心与俄罗斯联邦储蓄银行"商界"网进行合作，为中俄两国企业提供跨境电子商务信用认证、贸易信息共享、跨境贸易物流、贸易金融等综合跨境电子商务服务；建设国内分销平台，培育自有贸易服务链条，即国外生产企业→亚欧平台→国内流通市场；完善中乌商品交易子平台服务，在 2013 年多次与乌兹别克斯坦国家原料商品交易所进行业务、技术交流，进一步深化了双方合作。亚欧国际物资交易中心跨境电子商务平台建设日趋完善，利用线上竞价拍卖商品，线下国际物流交易方式，实现电子商务服务，注册企业 4226 家，发布商品供求信息 10 971 条，涉及棉花、化工产品、机械设备和矿产品原料等领域，实际交易企业 58 家。平台总计成交金额 1840 万美元，撮合交易成交额 3881 万美元。

（4）传统企业逐步向电子商务经营模式升级转型。奎屯市重点商贸物流企业新疆汽贸园，于 2013 年正式开建投资额为 4.21 亿元的电商港项目，其中一期项目"华夏易商网"正式上线，平台已开始录入信息；在线会员商铺信息 400 余户，发布产品涉及汽车、五金、机电等 1000 余种。

（5）社区电子商务服务平台建设稳步推进。"社区缴费一站通"平台已开通社区服务功能，可为辖区居民服务的项目有：代收移动话费、电信话费、联通话费、电费、代售机票、代收城镇居民基本医疗保险和城镇居民基本养老保险。

5. 22 云南省

1. 电子商务发展总体情况

阿里巴巴数据显示，2013 年，云南省的支付宝网上支出金额同比增加 87％，达到 350 亿元；淘宝（含天猫）销售额 66 亿元；云南注册淘宝用户约为 940 万户，较 2012 年的 750 万增长了 25.3％；卖家数新增注册 13 万户，达到 79 万户，同比增长 19.7％。

2. 物流支撑服务取得长足进展

（1）行业效益增长显著。2013 年，随着网购经济的迅速发展，云南省快递市场需求快速增长。截至 2013 年 11 月 30 日，全省邮政业累计完成业务收入 25.66 亿元（未包括邮政储蓄银行直接营业收入），同比增长 29.02％；全省累计完成业务总量 21.30 亿元，同比增长 28.75％。2013 年 1～11 月，全省快递企业累计完成快递业务量6093.13万件，同比增长 79.68％；累计完成快递业务收入 9.68 亿元，同比增长 25.92％。

（2）行业规模迅猛发展。近年来，云南省快递物流行业总体规模不断扩大，呈现出国有、民营、外资等各类市场主体多元并存，差异化竞争的格局。除国有快递公司和国际快递企业外，截至 2013 年年底，云南省共有经营快递服务的法人、非法人企业828 家，其中注册的法人企业（办理了《快递业务经营许可证书》）263 户，与 2003 年相比增长 40 倍；非法人企业（办理了备案登记的分支机构）565 户，与 2005 年相比增长近 140 倍。

（3）行业结构多元化健康发展。云南省在国内业务方面，国有快递企业占据主导地位，中国邮政是主要代表；在国际业务方面，则由国际快递公司占主导地位，国际"四大家族"快递公司占据了云南市场国际快递 70％～80％的份额。另外，东部民营快递的加盟公司在全省异军突起，呈现高速发展的势态。2013 年 1～11 月，云南省民营快递企业累计完成快递业务量 6093.13 万件（业务总量为 10.9 亿元），占全省业务总量的 51.2％；累计完成快递业务收入 9.68 亿元，占全省业务收入的 37.7％。

3. 昆明高新区国家电子商务示范基地建设情况

基地以打造电子商务楼宇为抓手，结合昆明高新区当前的资源状况，重点建设和成大厦、高新科技广场、云南软件园、山瀚国际大厦、高新阳光大厦等楼宇。同时，倾力打造"云南电商谷"，以品类交易网为抓手，建设 B2B 实体企业的电子商务交易平台集群——"云南商品交易网"，目前已经聚集了几十家机构和企业。

基地积极探索跨境电子商务发展思路，一方面打造面向东南亚、南亚科技、文化、电子商务融合的现代服务业体系；另一方面加快发展进出口跨境电子商务。目前，《昆明高新区跨境电子商务建设实施方案》（初稿）已经完成，主要从进口、出口电子商务交易平台建设两个方面突破。

5.23　山东省

1. 电子商务发展总体情况

2013 年，山东省电子商务持续快速发展，电子商务交易额达到 10 000 亿元，同比增长 30％以上。其中，B2B 电子商务交易额超过 8200 多亿元，同比增长近 30％；网络零售额近 1800 亿元，同比增长 40％以上。2013 年"双 11"节中，省内消费者网上交易额达到 17.3 亿元，位列全国第七位，同比增长 94.3％。

2. 电子商务发展特点

（1）电子商务企业发展壮大。山东电子商务应用企业不断增加，利用第三方电子商务平台开展业务的中小企业达到 120 多万家，传统企业纷纷借助电子商务开展网上营销，取得良好成效。山东九州通医药有限公司网络营销覆盖全省 17 地市，年交易额超过 25 亿元；济南市"优生活"电子商务企业年交易额为 21 亿元，同比增长 95％；山东三际电子商务有限公司年销售额为 10.8 亿元人民币，位列全国手机类电商企业三甲，已连续四年成为天猫网手机系列销量冠军；山东韩都衣舍电子商务有限公司 2013 年销售额达 10.2 亿元，位列天猫女装类目销量冠军。其中，"双 11"购物节当天的点击量超过 1 亿次，居女装类全国第一。山东银座科技有限公司（银座网）年交易额为 5.3 亿元，增长 1 倍以上；"张裕直供网"已成功上线运营近三年，年销售额达 5800 万元；山东华建铝业集团（潍坊）通过阿里巴巴国际贸易平台全年铝材产品对外销售占到全部出口交易额的 70％。

（2）行业平台凸显产业优势。山东省围绕煤炭、钢铁、工程机械、农产品等优势产业，涌现出一批行业内知名电子商务平台和大宗商品电子交易平台。中国矿用物资网 2013 年交易额达到 51 亿元，成为业界龙头；中国工程机械商贸网会员数量达到 30 多万，为 3000 多家工程机械企业提供电子商务服务，成为行业内著名的专业信息化服务商；恩源百仕达电商平台采用 C2B 电商模式，为会员提供定制服务，目前拥有 210 多万高端企业会员；潍坊威龙商务网拥有会员近百万人，日平均页面浏览量 60 万人次，进入"中国行业电子商务网站 100 强"。山东省名特优农产品电子交易平台、新车易站专业网上汽车交易平台、E 钢在线、中国钢铁超市等电子商务平台也在 2013 年上线运营。

（3）电子商务支撑体系日益完善。全省物流企业有 20 家企业进入全国百强；获得非金融机构支付业务许可证的企业共计 9 家，其中商务支付平台已投入使用，实现水、电、气、交通违章罚款等公共费用的网上缴费。截至 2013 年 9 月，山东省固定宽带接入用户数达到 1432.4 万户，居全国第三位。3G 基站数量达到 5.31 万个，WLAN 公共运营接入点（AP）数量达 114.9 万个，占全国的近 1/5，居全国第一位。移动电话用户 8142.9 万户，居全国第二位。

（4）产业园区建设方兴未艾。各具特色、错位发展、功能互补的电子商务产业园区发展格局正在形成。济南市山大路电子商务产业园正式挂牌，潍坊高新技术产业开发区建设的"潍坊软件园"软件大楼开始启用，潍坊安丘市"山东颐高国际电子商务产业园"目前已完成一期工程，济南国家信息通信国际创新园、济南黄台电子商务产业园、山东莱芜莱城电子商务产业园、烟台易贸科技产业园、烟台电子商务产业园、菏泽天翔电子商务产业园、临沂天源国际物流园区、济宁电商谷、潍坊中国食品谷等多个园区都在积极建设中。

3. 青岛市崂山区国家电子商务示范基地建设情况

2013 年，崂山示范基地电子商务交易额突破 1000 亿元，业务规模位居全省首位。电子商务应用和服务企业达 800 余家，电子商务的应用领域已全面覆盖农业、制造业和服务业等产业，服务体系日趋完善，企业提质增效作用显著。示范基地通过阿里巴巴、环球资源等第三方平台拓展国际市场的外贸企业超过 300 家，占崂山区外贸企业的 60% 以上。示范基地的电子商务正呈现出产业规模与发展质量齐头并进的良好态势。

在政策环境方面，颁布实施了《崂山国家电子商务示范基地专项考核办法》、《关于加快推进电子商务发展的实施意见》、《崂山区电子商务企业认定管理办法（试行）》等一系列政策意见。在产业布局方面，崂山示范基地规划并实施了"东园西港"的电子商务产业发展布局。不断推动传统产业利用电子商务实现转型升级。2013 年 6 月，海尔集团与阿里巴巴集团达成战略合作。积极发展青岛大宗商品电子商务交易平台，2013 年实现线上交易额 18 亿元，贸易融资额近 10 亿元，成功入选"国家电子商务集成创新试点工程项目"。在公共服务方面，崂山风景区电商服务平台已正式上线运营，此外不断整合民政、城管、市政、卫生等政务资源，打造一口受理、互联互通的"政务云"体系并提供公共服务。在人才培养方面，依托崂山区首创的"高校 121 工程创新人才培养平台"，加强电子商务相关专业的学科建设，进一步扩大电子商务实用性人才的培养规模。2013 年，"高校 121 工程"新设网络营销与物流管理两个本科专业，在校生规模超过 7000 人。

5.24 贵州省

1. 电子商务发展总体情况

（1）根据对全省 30 家电子商务典型企业的数据统计，2013 年电子商务交易额总计 99.29 亿元，其中 B2B 成交 79.38 亿元、B2C 17.36 亿元，估计全省全年交易额达 240 亿元。全省累计已通过电子标识审核的电子商务企业有 639 家；已经申请并进入办理流程的企业有 987 家；全省全部记录在案具有域名的企业经济户口总数是 10 272 家。已获批全国电子商务示范企业 2 家。

（2）京东贵州馆于 2013 年 12 月上线开馆，首批入驻企业 62 家，产品 700 余个。遵义市在阿里巴巴平台上建设农食类产业集群"阿里巴巴遵义产业带"，目前已注册会员 300 余家，入驻企业 200 余家；铜仁市与淘宝网合作搭建"特色中国·铜仁馆、印江馆"专区，2013 年两馆成交额为 595.3 万元。同时，贵州省建立贵州白酒交易所有限公司等 9 家大宗商品交易中心。

（3）社区电子商务发展取得进展，"优随享 Palmar Store"在为社区居民提供实惠便利的全网社区电子商务服务，入选国家工业和信息化部 2013 年电子商务集成创新试点项目单位。

2. 电子商务支撑服务情况

（1）信息基础设施建设情况。中国移动（贵州）数据中心总投资约 20 亿元，项目以"绿色、生态、活力"为重点，以"国际化"为目标，努力打造国内数据中心标杆。中国联通（贵安）云计算基地计划投资约 60 亿元，建成后将形成以数据中心为基础、辐射周边的产业园区集群。中国电信、中国移动、中国联通三大国内通信运营商在贵安新区布局的数据中心全部开工建设。

（2）第三方支付企业创新情况。截至 2013 年年底，全省有 3 家企业获得了第三方支付牌照，开展网上金融 P2P 业务牌照"招商贷"1 家，获牌企业将会有力地推动贵州电子商务和金融中介服务行业发展进入一个新的阶段。

（3）物流体系建设情况。目前，贵州省已经建成石板物流园、孟关汽车城、毕节远航商贸物流园、都匀农产品物流园；正在加快建设西南物流中心、扎佐物流园、桔山商贸物流园；正在加大贵州孟关国际物流港（无水港）、黄桶幺铺物流园、平坝黔中现代物流园、汇兴物流园、贵州白云国际综合物流园等的前期工作力度。全省快递业各家的业务增长较快，年增长超过 120%。申通、圆通、中通、天天、韵达等全国较大的快递企业在全省各地区都建有配送中心。

3. 贵阳经济技术开发区示范基地建设情况

2013 年 9 月 24 日，位于贵阳国家高新区的贵阳国际电子商务产业园启动开园。项目将建设电子商务产业总部大厦和总部基地，聚集国内外优秀电子商务企业入驻发展。截至 9 月 15 日，已有近 1000 家海内外电商企业登记要求入驻，首批入驻的 7 家企业已开始办公。贵阳国际电子商务产业园建成后，预计可实现年交易额 300 亿～500 亿元，年营业收入 100 亿元。贵阳国际电子商务产业园将建设成为"中国西南电子商务总部"。

5.25　安徽省

1. 电子商务发展总体情况

（1）电子商务环境优化。安徽省人民政府办公厅制定出台了《关于加快发展电子商务的实施意见》，明确了打造电子商务区域发展格局、加快电子商务普及应用、实施电子商务示范带动工程、推进安徽产品网络销售、推动大宗商品电子商务交易、完善电子商务发展支撑体系、推动跨境贸易电子商务、加快发展农村电子商务等 11 项主要任务。同时成立了安徽省网商协会，发展 200 余家会员企业，涵盖交易、物流、支付等多个领域。开展安徽省"十佳网商、十大网货品牌"评选活动，展示皖货的品牌形象，提升皖货、徽商的口碑。示范创建活动扎实推进，合肥、芜湖积极争创国家电子商务示范城市。两家皖企获评国家电子商务示范企业。全省开展电子商务业务培训：全年共开展 26 场，受训人数达 6000 多人。根据茶叶网销、促销等项目内容，特邀行业专家、淘宝类目负责人开展"网商大讲堂"系列培训活动 4 场，参训网商约 1000 人次。

（2）电子商务平台建设情况。在 B2B 平台建设方面，淮矿物流主要从事大宗商品电子交易，2013 年交易额达到 330 亿元。安徽华源医药电子商务网站成为全国最大的医药门户网站之一，2013 年销售突破 10 亿元。在网络零售平台建设方面，淘宝网"特色中国·安徽馆"2013 年 4 月正式运营，提高了安徽农特产品和旅游产品的知名度和销售量，全年实现馆内成交 1.5 亿元，带动淘宝网安徽特产类交易超过 3.12 亿元。芜湖、宣城市级馆和宁国县级馆以及池州和马鞍山频道相继开通。苏宁开放平台联盟大会在合肥召开，酷豆丁童车等传统外贸企业、星星家纺等生产型企业入驻苏宁平台，为中小微企业实现互联网转型提供了一次重大的机遇。12 月，安徽省商务厅与京东商城就发展安徽生鲜食品电子商务达成初步合作意向。

（3）电子商务应用情况。安徽省在淘宝网平台上已有 30 多万家网店，1000 余家天猫商城，其中皇冠卖家 2000 多个。2013 年安徽网上农产品卖家数居全国第十位，农产品销售居全国第八位，增幅分别为 24％和 273％，两项指标的增长速度均居全国首位。农村电子商务加快发展，宁国、宿松、金寨等 8 个县（市、区）成为国家农村商务信息服务试点县（市、区）。跨境电子商务发展较快，针对欧美市场，主营服装、家具、网游、玩偶、灯饰等产品的全省跨境电子商务的企业已有 200 余家。

（4）物流配送基础设施建设快速发展。全省已建成各类物流园区 70 个，在建 95 个，列入"十二五"规划以及"861"项目的超过 130 个，逐步建立完善了适应电子商务发展需求的城市物流配送体系。

2. 电子商务示范基地建设情况

合肥（蜀山）国际电子商务产业园于 2011 年 12 月开园，总规划 20 平方公里，其中先导区规划用地 719 亩，总投资逾 50 亿元，建筑面积 122 万平米。按照"百万平米空间、千亿产值园区"的目标，重点引进电子商务、呼叫中心、云计算建设平台、电商总部基地项目。园区在经历了基础建设的 1.0 阶段和产业聚焦的 2.0 阶段，目前，已经发展到了"产城一体、人力资源平台、技术创新"的产业升级 3.0 阶段。2012 年 5 月，被商务部认定为国家级电子商务示范基地，2013 年 4 月，国家信息中心授予园区"中国呼叫中心专业示范园区"称号，成为安徽省电子商务及呼叫中心产业的排头兵。目前，园区已签约入驻企业 102 家，已引进十余家知名企业，形成了以电子商务、呼叫中心为核心，服务外包、远程增值服务、人力资源培训、物流配送等为一体的电子商务产业链。

5.26　广东省

1. 电子商务发展总体情况

广东省电子商务发展迅速，总体处于全国领先水平，与长三角、京津冀地区并列成为我国电子商务发展的三大增长极；目前正处于总量扩张、领域扩大、密集创新的阶段，呈现专业化、规模化、集聚化发展的特点；电子商务与其他产业的融合加快，在稳增长、扩消费、调结构、惠民生以及推动经济发展方式转变方面发挥的作用日益明显。

（1）网商群体涌现，活力增强。广东网商数量在阿里巴巴集团旗下三大平台均居首位。2013 年，广东省网商在"天猫"销售额将超过 600 亿元，占"天猫"销售额 20％左右，居首位。全省"骆驼"、"茵曼"、"林氏木业"、"富安娜"等 4 家企业在 2013 年"阿里巴巴"、"双 11"活动中，成交额均超亿元，占据了前十强的 4 席。一批广货网络品牌快速崛起，如"梦芭莎"年销售额已经接近 20 亿元。这些网商活跃在全国各大电子商务交易平台，成为广货销售的中坚力量。

（2）市场规模迅速扩大。2013 年，广东省电子商务交易总额将超过 2 万亿元，增长超过 30％。其中，网络购物市场交易额超过 2500 亿元，增长近 50％，相当于社会消费品零售总额的 10％左右。网络购物订单数突破 8 亿单。广东使用支付宝进行网购人群比例占全国 14.2％。

（3）龙头企业快速成长。"兰亭集势"成功在海外上市。全省已有"腾讯"、"唯品会"、"环球市场"、"兰亭集势"等多家电子商务上市企业，成为电子商务上市企业最多的省份之一。在钢铁、石化、塑料、木材、粮食、煤炭等大宗生产资料领域涌现出一批年交易额超过 100 亿元的大宗商品电子商务平台，广东塑料交易所年交易额超过 1500 亿元。

（4）电子商务与实体经济相互融合，互动发展。据调查，全省企业应用电子商务的比例超过 30％。艾瑞咨询调查显示，广东的 B2B 网站占全国 B2B 网站总数的 16.11％。广东电信增值服务（ICP）备案企业近 4000 家，占全国 10％左右。"TCL"、"华帝"、"格力"、"美的"、"志高空调"等大型传统制造企业年网络销售额均已超亿元，"天虹商场"、"广东物资集团"、"广新控股"、"广百股份"等传统商贸企业纷纷推进电子商务渠道建设，网络销售占比逐年攀升。同时，在优势传统产业领域也涌现出"中农网"、"欧浦钢网"、"顺德家具网"、"中国汽车用品网"、"中国五金网"、"21 世纪丝绸之路"等一批有影响力的行业电子商务平台。

（5）电子商务发展环境和服务体系逐步完善。广东省在全国率先制定了电子商务发展规划纲要及其相关政策。全省共有 13 个地市成立了电子商务行业组织，深圳、珠海、惠州等市成立了电子商务综合服务中心。电子商务服务业蓬勃发展，出现了"易积电器"、"小冰火人"、"大卓咨询"等知名代运营服务商；电子商务数字证书累计发放超过 2071.44 万张，约占全国的 40％；有 1800 多家快递企业，接近全国的 1/3，"顺丰速运"位居全国快递行业第二位；有 23 家机构获得央行颁发的第三方支付牌照。电子商务生态环境的明显改善，促进了电子商务发展水平的总体提升。

2. 电子商务示范工作进展情况

广东省电子商务示范工程引领作用明显。全省有 3 个城市获批开展国家电子商务示范城市创建工作；1 个城市被认定为国家移动电子商务示范城市；"广州云埔"、"深圳福田"等 2 个基地获批开展国家电子商务示范基地创建工作；有 11 家企业被评为国家电子商务示范企业，占全国 11%，居第二位；有 28 个项目入选工信部电子商务集成创新试点项目；认定了 73 家省级电子商务示范企业。这些示范工程的开展，在营造发展环境、推动创新应用、引导企业集聚等方面发挥了良好的带动作用。

广州市已获批成为华南地区首个国家电子商务示范城市跨境贸易电子商务服务试点城市，在 B2C 一般出口（邮件/快件）、B2B2C 保税出口、B2B 一般出口这三类业务进行跨境贸易电子商务服务试点。这将有利于本地企业直接与世界市场对接，推动广州外贸转型升级和经济发展方式的转变，为广州的经济发展注入新的活力。而目前亟需解决两大问题：一是社会和企业要求进一步提高通关效率，降低贸易成本，解决外贸电商结汇、退税难的问题；二是应对跨境快件、邮件数量的快速增长，提高海关通关管理和服务水平的问题。而就跨境电子商务的流程而言，广州市在电子通关和跨境物流两个方面取得了一定的进展。

深圳福田国际电子商务产业园聚集了电子商务服务支撑类、电子商务平台运营类、垂直行业服务平台类、第三方服务类企业近 300 多家企业。电子商务上下游产业链在园区企业中均有分布，电子商务全产业链的模式架构已经在园区初步形成。2013 年产值为 30 亿元，纳税 1 亿多元。产业园积极探索公共服务模式创新，推进公共服务平台建设，引入商务秘书企业，积极开展电子商务可信交易环境建设，推进电子商务人才培养体系建设，构筑虚拟互动协作生态圈。

5.27 甘肃省

截至 2013 年年底，甘肃省电子商务市场交易规模达 860 亿元，同比增长 39%，占全国同期电子商务整体交易规模的 0.84%。其中，网络零售交易额达 151 亿元，同比增长 45.1%。全省有涉及电子商务交易的相关企业 20 000 多家，其中，个人经营的 C2C 店铺 4000 余家，法人经营的网上 B2C 店铺 40 余家，利用阿里巴巴等平台开展 B2B 业务的企业占绝大多数共 14 000 多家，利用电子商务开展团购促销的餐饮、娱乐、住宿类企业（门店）2800 多家。甘肃省商务厅成功组织了"促进西部电子商务发展研讨会暨全国知名电商考察兰州新区"活动；成立了甘肃省电子商务协会，加强人才培训；目前，甘肃酒泉市电子商务示范基地项目总体备案、规划选址工作已经完成，重点项目工程推进顺利。

5.28 宁夏回族自治区

宁夏回族自治区积极推进银川 iBi 育成中心（原宁夏软件园，iBi 即信息产业、生物技术和知识产权）国家电子商务示范基地建设。夯实基础，健全功能，营造电商发展良好氛围。搭建电商企业投融资平台，建立"发展基金"、"资金互助社"、"中小企业基金池"，为基地电商企业在融资上市、股权改革、重点项目建设、孵化培育、科技创新、知识产权转化等方面提供融资服务。加强基地企业与京东、义乌购、敦煌网等一线电商企业合作，加快基地企业在电商服务外包、平台研发、物流信息化、管理咨询及 O2O 互动运营等方面的发展。同时加大招商引资力度，增强基地综合竞争力。2013 年，示范基地成功引进了淘宝"特色中国·宁夏馆"平台项目。相继实施了"宁品汇"、"优百贸"、"社区便民服务"、"物流信息化"等重点电商项目，推动金智电子、西部绿谷、领航等一批电商企业快速发展；西北大宗商品交易所、银汇贵金属交易中心、宁夏大宗商品交易所等金融类电商崭露头角，丰富了基地电商内容；成立了宁夏软件工程学院，积极培养电商发展的后备力量和专业人才。

5.29　山西省

山西省 2013 年电子商务企业有 501 个，行业从业人员达 3.16 万人，与 2012 年同期相比，增幅超过 50%。电子商务交易额达 9074.68 亿元，与 2012 年同期相比增长79.95%，增幅明显。B2B 交易额为 8874.68 亿元，网络零售交易额 204 亿元（含团购3.5 亿元）。从企业类型看，从事 B2B 交易的企业国企性质居多，从事 B2C 的企业基本为民企性质。从交易商品结构看，大宗商品交易集中在煤炭、焦炭、钢铁领域，消费品交易主要集中在土特产、服装鞋帽、3C 领域，服务类交易集中在餐饮、酒店旅游、休闲娱乐领域。从地域上看，电子商务企业主要集中在太原，约占 80% 左右，其次是临汾、运城、长治等地区。

5.30　西藏自治区

西藏自治区目前在线的电子商务企业有 3 家（其中 2 家已正式运营，1 家正在筹备运营当中）。正式运营的企业中，一家是商务部授予"金鼎百货店"的拉萨百货大楼，是目前拉萨市最大的百货商场；另一家是西藏百益商贸有限公司建设的百益超市网上购物平台，于 2014 年 1 月 8 日正式上线运营。该超市是目前拉萨最大的超市，有自己的物流企业队伍，配送以拉萨市内为主。

附　录

附录 A　本报告采用的电子商务交易额测算方法

A.1　电子商务交易额的统计定义

电子商务交易额是指报告期内通过网络订单采购或销售商品和服务的总额。借助网络订单是指通过网络发送订单，而付款可以在网上，也可以在网下进行。

电子商务交易额拆分为两个指标进行统计。一是电子商务采购额，指报告期内借助网络订单采购商品和服务的总额。借助网络订单是指通过网络发送订单，而付款可以在网上，也可以在网下进行。二是电子商务销售额，指报告期内借助网络订单销售商品和服务的总额。借助网络订单指通过网络接受订单，而付款可以在网上，也可以在网下进行。电子商务交易额是电子商务采购额与电子商务销售额加和的平均值。

A.2　已有的数据资源

本报告在撰写过程中收集了四方面的数据：一是国家统计局、艾瑞咨询集团（简称艾瑞）、赛迪顾问股份有限公司（简称赛迪）对中国大中型企业电子商务的调查数据；二是工业和信息化部（简称工信部）、艾瑞、赛迪对中国中小企业电子商务的调查数据；三是中国互联网络信息中心（简称 CNNIC）、艾瑞、易观智库（简称易观）、赛迪、阿里研究中心对中国网络零售的调查数据；四是部分省市的数据。

2004—2012 年的相关数据分别从《中国电子商务报告（2003 年）》、《中国电子商务报告（2004—2005 年)》、《中国电子商务报告（2006—2007 年)》、《中国电子商务报告（2008—2009 年)》、《中国电子商务报告（2010—2011 年)》、《中国电子商务报告（2012 年)》中获得，同时参考了其他资料。

A.3　对 2012 年全国电子商务交易额的修正

A.3.1　加和法

加和法计算的基本思路：电子商务交易额应当是若干不同部分电子商务交易额的总和构成：

$$S = \Sigma S_i$$

按不同的数据来源，加和法有多种测算方式：

　　S＝各行业电子商务交易额之和；

或 S＝B2B、B2C、C2C、G2B、G2C 等电子商务交易额之和；

或 S＝大中型、中小型、小微型企业电子商务交易额之和；

目前由于数据来源有限，采用以下公式测算：

（1）中国电子商务交易额＝（大中型工业企业电子商务交易额＋中小企业电子商务
交易额＋网络零售交易额）×补缺去重综合系数

（2）中国电子商务交易额＝大中型企业电子商务交易额×（1＋p）
＋中小企业电子商务交易额×（1－q）
＋网络零售交易额×（1－r）

上式中，q、r 为去重系数，p 为补缺系数。

A.3.1.1　补缺去重系数综合修正 2012 年全国电子商务交易额

（1）大中型企业电子商务交易额。由于 2013 年上半年在编写《中国电子商务报告（2012 年）》时，尚未获得 2012 年大中型工业企业统计数据，当时按照 2012 年中国大中型企业电子商务交易额比 2011 年增长 20％估算，估算值为 26 418 亿元。2013 年 9 月，国家统计局提供了 307 746 家按行业分类的大中型及部分规模以上企业电子商务交易金额及其比重（参见表 A-1）。[①]

在表 A-1 中，2012 年全国大中型及部分规模以上工业企业（制造业、采矿业、电力热力燃气供应业）调查统计的汇总数据中，电子商务采购额为 17 832.59 亿元，电子商务销售额为 25 324.31 亿元，全国大中工业企业电子商务交易额为 21 578.46 亿元，低于原报告中估算值 26 418 亿元；与 2012 年艾瑞、赛迪提供的大中型企业电子商务交易数据平均，2012 年大中型企业电子商务交易额为：

（21 578.46＋23 090＋28 090）/3＝24 252.82（亿元）

（2）中小企业电子商务交易额。第一，根据工业和信息化部《2009 年中国中小企业电子商务应用及发展状况调查》项目组提供的数据，2009 年中国中小企业电子商务交易额为 19 900 亿元，预计 2009—2012 年这一数据将以 30％的年均复合增长率增长，2012 年中国中小企业电子商务交易额为 43 720 亿元；第二，艾瑞提供的数据显示，2012 年中国中小企业电子商务交易额为 43 396 亿元；第三，赛迪提供的数据显示，2012 年中国中小企业电子商务交易额为 40 900 亿元；取平均值，2012 年中国中小企业电子商务交易额为：

（43 720＋43 396＋40 900）/3＝42 672（亿元）

（3）网络零售交易额。CNNIC、艾瑞、易观、赛迪、清科研究中心提供的 2012 年网络零售交易额数据分别为 12 594 亿元、13 040 亿元、13 018 亿元、13 050 亿元、

---

① 国家统计局 2013 年调查企业 307 746 家，包括：年营业收入 2000 万元且从业人员 300 人及以上的工业企业，有资质的建筑企业、年营业收入 4 亿元且从业人数 200 人及以上的批发业和年营业收入 2 亿元且从业人员 300 人及以上的零售业、全部房地产开发经营法人单位、年营业收入 1000 万元以上或期末从业人员 50 人及以上的服务业法人单位。

13 848 亿元；取平均值，2012 年中国网络零售交易额为 13 110 亿元（参见表A-2）。

表 A-1　2012 年按行业分类的大中型企业电子商务交易金额及其比重

行　业	企业数（个）	有电子商务的企业（个）	比重（%）	有电子商务销售的企业（个）	比重（%）	有电子商务采购的企业（个）	比重（%）	全年电子商务交易额（亿元）	电子商务销售额（亿元）	B2B销售额（亿元）	B2C销售额（亿元）	电子商务采购额（亿元）
总　计	307 746	22 573	7.3	14 908	4.8	17 242	5.6	28 825.20	34 656.14	29 886.06	4 538.72	22 994.25
采矿业	2 873	221	7.7	92	3.2	202	7.0	407.24	148.26	146.09	1.83	666.21
制造业	46 313	9 971	21.5	8 140	17.6	7 611	16.4	20 155.95	24 982.08	22 972.38	1 873.38	15 329.81
电力、热力、燃气及水生产和供应业	2 231	166	7.4	38	1.7	153	6.9	1 015.27	193.97	190.70	3.26	1 836.57
建筑业	84 724	4 499	5.3	1 725	2.0	4 170	4.9	138.44	104.60	92.45	9.84	172.27
批发和零售业	3 287	608	18.5	537	16.3	326	9.9	5 675.77	6 894.01	5 066.19	1 768.96	4 457.52
交通运输、仓储和邮政业	25 651	927	3.6	661	2.6	569	2.2	600.86	1 089.45	770.52	308.19	112.27
住宿和餐饮业	641	238	37.1	215	33.5	80	12.5	16.83	26.73	8.72	16.81	6.93
信息传输、软件和信息技术服务业	9 821	1 369	13.9	1 031	10.5	761	7.7	481.29	768.83	395.53	360.33	193.74
房地产业	86 655	2 164	2.5	793	0.9	1 945	2.2	40.91	60.77	8.19	51.80	21.05
租赁和商务服务业	21 960	1 136	5.2	790	3.6	706	3.2	210.65	291.15	165.18	119.92	130.14
科学研究和技术服务业	11 708	481	4.1	253	2.2	369	3.2	43.04	35.58	26.47	7.81	50.50
水利、环境和公共设施管理业	2 931	198	6.8	170	5.8	77	2.6	5.26	10.14	4.13	6.01	0.37
居民服务、修理和其他服务业	3 528	132	3.7	86	2.4	81	2.3	3.66	3.38	2.45	0.89	3.93
教　育	963	36	3.7	25	2.6	17	1.8	2.30	4.55	0.90	3.31	0.05
卫生和社会工作	889	42	4.7	23	2.6	27	3.0	1.59	0.52	0.23	0.27	2.65
文化、体育和娱乐业	3 571	385	10.8	329	9.2	148	4.1	26.16	42.10	35.92	6.11	10.21

资料来源：国家统计局。

表 A-2　2012 年中国网络零售交易额

公布数据的咨询企业	2012 年网络零售交易额（亿元）	平均值（亿元）
CNNIC	12 594	
艾瑞	13 040	
易观	13 018	13 110
赛迪	13 050	
清科研究中心	13 848	

（4）补缺去重系数综合修正。由于大中型企业电子商务交易额未包含农业和文化产业的数据，出现负偏差，需要"补缺"；大中型企业、中小型企业、网络零售之间存在统计对象重复计算的情况，产生正偏差，因此需要"去重"。有关商品和服务的网络零售交易额统计口径暂未统一，如航空、铁路电子客票有的尚未计入、有的也不计网络付费数字产品下载和网络代缴费等，存在缺口，多年来由于缺口造成的负偏差要比重复计算的正偏差大，在互相抵消后尚存在部分负偏差，所以，"补缺去重综合权重"应大于1，不应小于1。

根据专家讨论，确定"补缺去重综合修正系数"为1.03，按照加和法计算：

2012年中国电子商务交易额＝大中型工业企业电子商务交易额＋中小企业电子商务交易额＋网络零售交易额）×补缺去重综合权重

2012年中国电子商务交易额＝(24 252.82＋42 672＋13 110)×1.03＝82 435.86(亿元)

A.3.1.2　用补缺、去重系数分别修正2012年中国电子商务交易额

中国电子商务交易额＝大中型企业电子商务交易额×$(1+p)$
＋中小企业电子商务交易额×$(1-q)$
＋网络零售交易额$(1-r)$

上式中，q、r为去重系数，p为补缺系数。专家讨论设p补缺修正系数为0.3，q、r去重修正系数为0.015。

1）大中型工业企业电子商务交易额，采用国家统计局数据计算

2012年中国电子商务交易额＝21 578.46×(1＋0.3)＋42 672×(1－0.015)
＋13 110×(1－0.015)
＝28 051.998＋42 031.92＋12 913.35＝82 997.286（亿元）

2）大中型工业企业电子商务交易额，采用国家统计局与第三方平均数据计算

2012年中国电子商务交易额＝24 252.82×(1＋0.3)＋42 672×(1－0.015)
＋13 110×(1－0.015)
＝31 528.666＋42 031.92＋12 913.35＝86 473.936（亿元）

取1）与2）计算结果的平均值84 735.61亿元，约为8.47万亿元。

3）大中型企业电子商务交易额，采用国家统计局30.8万家企业调查数据计算

国家统计局对第二、第三产业30.8万家大中型及部分规模以上企业调整统计的2012年电子商务交易额为28 825.2亿元，由于未包含农业和文化产业的数据，出现负偏差，需要"补缺系数"修正；根据专家讨论，确定"补缺修正系数"p为0.05；大中型企业、中小型企业、网络零售之间存在统计对象重复计算的情况，产生正偏差，因此需要"去重系数"修正，根据专家讨论，确定去重修正系数q、r为0.015：

2012年中国电子商务交易额＝28 825.2×1.05＋42 672×0.985＋13 110×0.985
＝30 266.46＋42＝031.92＋12 913.35＝85 211.73（亿元）

上述加和法的几种计算结果分别为：82 435.86亿元、84 735.61亿元、85 211.73亿元，取其平均值：(82 435.86＋84 735.61＋85 211.73)/3＝84 127.73（亿元）

A.3.2　自然增长法

自然增长法计算的基本思路认为，电子商务交易总额是上年电子商务交易额与

（1＋平均复合增长率）的乘积：

电子商务交易额＝上年电子商务交易额×（1＋平均复合增长率）

2004—2011 年中国电子商务交易额年平均复合增长率的计算结果参见表 A-3。

表 A-3　2004—2011 年中国电子商务交易额年平均复合增长率计算

年　份	交易额（亿元）	以 2004 年为基期的年平均复合增长率（％）
2004	9 293	
2005	12 992	39.8
2006	15 494	29.1
2007	21 709	32.7
2008	31 427	35.6
2009	36 730	31.6
2010	45 500	30.3
2011	60 879	33.8

按 2004—2011 年中国电子商务交易额年平均复合增长率 30.8％计算，则有：

2012 年中国电子商务交易总额＝60 879×（1＋30.8％）＝79 630（亿元）

A.3.3　比例法

按行业与地区电子商务交易额及其占全国电子商务交易额的比例推算全国电子商务交易额，每年部分行业与地区电子商务交易额及其占全国电子商务交易额的比例比较稳定，不会突变，就可基于某一行业或地区电子商务交易额，测算全国电子商务交易额。

表 A-4　2005—2011 年工业电子商务交易额占比和上海电子商务交易额占比

年份	全国电子商务交易额（亿元）	全国工业交易额（亿元）	工业占比（％）	上海电子商务交易额（亿元）	上海占比（％）
2005	12 992	5 504	42.4	1 327.09	10.2
2006	15 494	6 570	42.4	1 899.65	12.2
2007	21 709	6 728	30.9	2 407.3	11.08
2008	31 427	14 127	44.9	2 758.17	8.77
2009	36 730	9 566	26.1	3 252.21	8.85
2010	45 500	13 183	28.9	4 095.1	8.21
2011	60 879	22 014.9	33.1	5 401	8.87
平均值			32.79		9.75

A.3.3.1　地区比例法

由于上海市是我国经济发达城市，电子商务发展水平很高，且多年来电子商务交易额统计数据齐全完善，可以用上海市电子商务交易额来估算全国电子商务交易额。

2012 年上海市电子商务交易额为 7815 亿元，2005—2011 年上海市电子商务交易额占全国比例的算术平均值约为 9.75％，这一比例多年来较为稳定。因此 2012 年按该比例法估算：

2012 年中国电子商务交易额为：7815/0.0975＝80 153.8（亿元）

A.3.3.2　行业比例法

由于工业电子商务交易额有多年的调查统计，2007—2011 年工业电子商务交易额占全国电子商务交易额的平均比例为 32.79％，此比重随服务业的发展逐步下降，2012 年此比重已为 32％，2012 年大中型企业电子商务交易额按现有数据估算为 22 601.1 亿元，因此按工业行业比例测算，

2012 年中国电子商务交易额为：24 593.7/0.32＝76 855.3（亿元）

取城市比例法与行业比例法的算术平均值，得到按比例法测算的 2012 年中国电子商务交易额：

(80 153.8＋76 855.3)/2＝78 504.5（亿元）

A.3.4　2012 年中国电子商务交易额的综合测算

中国电子商务交易额根据上述三种方法计算的结果进行测算。本书编委会组织有关专家，利用德尔菲法给出相应的权重：加和法的权重为 0.4，自然增长法的权重为 0.3，比例法的权重为 0.3，则有：

2012 年中国电子商务交易总额＝84 127.73.6×0.4＋79 630×0.3＋78 504.5×0.3
$$＝33 651.09＋23 889＋23 551.366＝81 091.46（亿元）$$

即：2012 年中国电子商务交易总额为 81 091.46 亿元，约为 8.11 万亿元。

A.4　2013 年全国电子商务交易额的计算方法

A.4.1　加和法

加和法计算的基本思路认为，电子商务交易额应当是若干不同部分电子商务交易额的总和构成：

$$S＝\Sigma S_i$$

由于国家统计局在调查中将 B2B 与网络零售分开统计，本书有针对性地对 2012 年计算方法进行调整，采用以下公式进行测算：

(1) 中国电子商务交易额＝大中企业电子商务交易额×(1＋p)
　　　　　　　　　　　　＋全国中小企业电子商务交易额×(1－q)
　　　　　　　　　　　　＋网络零售交易额×(1－r)

上式中，p 为补缺系数，q、r 为去重系数。

(2) 中国电子商务交易额＝全国大中企业 B2B 电子商务交易额×(1＋p)
　　　　　　　　　　　　＋全国中小企业 B2B 电子商务交易额×(1－q)
　　　　　　　　　　　　＋网络零售交易额×(1－r)

上式中，p 为补缺系数，q、r 为去重系数。

A.4.1.1　全国大中企业电子商务交易额及 B2B 交易额

根据国家统计局公布的数据，2012 年 30.8 万家大中型及部分规模以上企业的电子

商务销售额为 34 656.1 亿元，同比增长 20.1%，其中销售给企业（B2B）29 886.1 亿元，销售给个人（B2C）4538.7 亿元；电子商务采购额为 22 994.3 亿元，30.8 万家大中型及规模以上企业电子商务交易额（34 656.1＋22 994.3)/2＝28 825.2（亿元）。

1）2013 年全国大中企业电子商务交易额

2013 年以同比增长 20% 估算，30.8 万家大中型及部分规模以上企业电子商务交易额为：

28 825.2×1.2＝34 590.24（亿元）

以 30.8 万家大中型及部分规模以上企业电子商务交易额推算全国大中企业电子商务交易额，经专家讨论按增加 30% 推算：

2013 年全国大中企业电子商务交易额＝34 590.24×(1＋30%)＝44 967.31（亿元）

2）2013 年全国大中企业 B2B 电子商务交易额

依据上述 2012 年国家统计局数据计算得出 30.8 万家大中型及部分规模以上企业 2012 年的 B2B 交易额为 26 440.155 亿元（计算公式为：（29 886.1＋22 994.3)/2＝26 440.155（亿元）），按照同比增长 20% 估算：

2013 年 30.8 万家大中型企业 B2B 电子商务交易额为：

26 440.155×1.2＝31 728.186（亿元）

以 30.8 万家大中型及部分规模以上企业 B2B 电子商务交易额推算全国大中企业 B2B 电子商务交易额，经专家讨论按增加 30% 推算：

2013 年全国大中企业 B2B 电子商务交易额＝31 728.186×(1＋30%)

＝41 246.64（亿元）

A.4.1.2　全国中小企业电子商务交易额及 B2B 交易额

1）2013 年全国中小企业电子商务交易额

《中国电子商务报告（2012）》统计的 2012 年中国中小企业电子商务交易额为 42 672 亿元，2013 年以同比增长 20% 估算，中国中小企业电子商务交易额应为：

42 672×1.2＝51 206.4（亿元）

2）全国中小企业 B2B 电子商务交易额

根据国家统计局的调查结果，2012 年 30.8 万家大中型及规模以上企业中 B2C 交易额占全部电子商务交易额的比重为:(28 825.2—26 440.155)/28 825.2×100%＝8.27（%）

一般中小企业 B2C 的比重要比大中企业 B2C 的比重大一些，设定中小企业 B2C 交易额占比为 20%，则有：

2012 年全国中小企业 B2B 电子商务交易额＝42 672×(1—20%)＝36 271.2（亿元）

以同比增长 20% 估算 2013 年全国中小企业 B2B 电子商务交易额，则有：

2013 年全国中小企业 B2B 电子商务交易额＝36 271.2×1.2＝43 525.44（亿元）

A.4.1.3　网络零售交易额

根据 CNNIC、艾瑞、易观的统计数据，取平均值，2013 年中国网络零售交易额为 18 517 亿元（参见表 A-5）。

表 A-5　网络零售交易额的统计数据与平均值

咨询企业数据	2013 年网络零售交易额（亿元）	平均值（亿元）
CNNIC	18 477	
艾瑞	18 500	18 517
易观	18 574	

2013 年，中国网络零售交易额为 18 517 亿元。

A.4.1.4　加和计算

按照上述加和法计算：采用两种计算公式：

（1）中国电子商务交易额＝全国大中企业 B2B 电子商务交易额×（1＋p）
　　　　　　　　　　　　＋全国中小企业 B2B 电子商务交易额×（1－q）
　　　　　　　　　　　　＋网络零售交易额×（1－r）

其中，p 为补缺系数，q、r 为去重系数。由于大中型企业 B2B 电子商务交易额未包含农业、文化产业及政府采购 G2B 等交易的数据，出现负偏差，需要"补缺"，大中型企业与中小型企业之间有部分中型企业数据重复、网络零售数据中有小部分 B2B 的数据，存在统计对象重复计算的情况，产生正偏差，因此需要分别"去重"；经专家研究，设 p 为 0.05，去重系数 q 为 0.2，r 为 0.03；则有：

2013 年中国电子商务交易额＝41 246.64×（1＋0.05）＋43 525.44×（1－0.2）
　　　　　　　　　　　　＋18 517×（1－0.03）
　　　　　　　　＝43 308.97＋34 820.35＋17 961.49＝96 090.81（亿元）

（2）中国电子商务交易额＝全国大中企业电子商务交易额×（1＋p）
　　　　　　　　　　　　＋全国中小企业电子商务交易额×（1－q）
　　　　　　　　　　　　＋网络零售交易额×（1－r）

上式中，p 为 0.05，q 为 0.25，r 为 0.03，则有：

2013 中国电子商务交易额＝44 967.31×（1＋0.05）＋51 206.4×（1－0.25）
　　　　　　　　　　　　＋18 517×（1－0.03）
　　　　　　　　＝47 215.67＋38 404.8＋17 961.49＝103 582（亿元）

取上述两算法的平均值：2013 中国电子商务交易额为 99 836.39 亿元。

A.4.2　自然增长法

自然增长法计算的基本思路认为，电子商务交易总额是上年电子商务交易额与（1＋平均复合增长率)的乘积：

电子商务交易额＝上年电子商务交易额×（1＋平均复合增长率）

2004—2012 年中国电子商务交易额年平均复合增长率的计算结果（参见表 A-6）。

表 A-6　2004—2012 年中国电子商务交易额年平均复合增长率计算

年　份	交易额（亿元）	以 2004 年为基期的年平均复合增长率（％）
2004	9 293	
2005	12 992	39.8
2006	15 494	29.1

续　表

年　份	交易额（亿元）	以 2004 年为基期的年平均复合增长率（%）
2007	21 709	32.7
2008	31 427	35.6
2009	36 730	31.6
2010	45 500	30.3
2011	60 879	30.8
2012	81 091.46	33.2

按 2008—2012 年中国电子商务交易额年平均增长率 32.3% 计算，则有：

2013 年中国电子商务交易总额 = 81 091.46 × 1.323 = 107 284（亿元）

A.4.3　比例法

按行业与地区电子商务交易额及其占全国电子商务交易额的比例推算全国电子商务交易额，每年部分行业与地区电子商务交易额及其占全国电子商务交易额的比例比较稳定，不会突变，就可基于某一行业或地区电子商务交易额，测算全国电子商务交易额。

表 A-7 列出了 2005—2012 年工业电子商务交易额、上海电子商务交易额占全国电子商务交易额的比例。

表 A-7　2005—2012 年工业电子商务交易额占比、上海电子商务交易额占比

年　份	全国电子商务交易额（亿元）	全国工业交易额（亿元）	工业占比（%）	上海电子商务交易额（亿元）	上海占比（%）
2005	12 992	5 504	42.4	1 327.09	10.2
2006	15 494	6 570	42.4	1 899.65	12.2
2007	21 709	6 728	30.9	2 407.3	11.08
2008	31 427	14 127	44.9	2 758.17	8.77
2009	36 730	9 566	26.1	3 252.21	8.85
2010	45 500	13 183	28.9	4 095.1	8.21
2011	60 879	22 014.9	33.1	5 401	8.87
2012	81 139.4	24 252.8	29.89	7 815	9.52
2013				10 560	
2007—2012			平均 32.29		平均 9.21

A.4.3.1　行业比例法

由于工业电子商务交易额有多年的调查统计，2008—2012 年占全国电子商务交易额的平均比例为 32.58%。2012 年大中型企业电子商务交易额为 24 252.8 亿元，以年增长率 20% 估算：

2012 年大中型企业电子商务交易额 = 24 252.8 × (1 + 0.2) = 29 103.384（亿元）

根据国家统计局的调查，2013 年工业电子商务交易额占全国电子商务交易额的比重与 2012 年相比无大变化，为 32.3%。因此，按照工业电子商务占比测算，则有：

2013 年中国电子商务交易额 = 29 103.384/0.323 = 90 103.35（亿元）

A.4.3.2　地区比例法

由于上海市是我国经济发达城市，电子商务发展水平很高，且多年来电子商务交易额统计数据齐全完善，可以用上海市电子商务交易额来估算全国电子商务交易额。

2013 年上海市电子商务交易额为 10 560 亿元，2005—2012 年上海市电子商务交易额占全国比例的算术平均值约为 9.21%，多年来较为稳定。因此，2013 年中国电子商务交易额可以按照这一比例进行估算：

2013 年中国电子商务交易额＝10 560/0.0921＝114 657.98（亿元）

取城市比例法与行业比例法的算术平均值，得到按比例法测算的结果：

2013 年中国电子商务交易额＝(114 657.98＋90 103.35)/2＝102 380.66（亿元）

A.4.4　中国电子商务交易额的综合测算

中国电子商务交易额根据上述三种方法计算的结果进行测算。本书编委会组织有关专家，利用德尔菲法给出相应的权重：加和法的权重为 0.4，自然增长法的权重为 0.3，比例法的权重为 0.3，则有：

$$2013 年中国电子商务交易总额＝99 836.39×0.4＋107 284×0.3$$
$$＋102 380.66×0.3$$
$$＝39 934.556＋32 185.2＋30 714.198$$
$$＝102 833.95（亿元）`$$

即：2013 年我国电子商务交易额为 102 833.95 亿元，超过 10 万亿元，约为 10.28 万亿元。

说明：

（1）本报告调查统计的网络购物交易以实物类商品为主；对部分服务类商品（如航空机票、火车票等）的网络销售没有考虑。

（2）中小企业电子商务交易额是基于目前获得数据估算，有一定误差。

（3）本附录测算中没有包括港澳台地区的电子商务交易额。

（4）随着我国电子商务统计制度的建立，电子商务统计的数据来源、统计口径的统一与计算方法将进一步趋于完善。

附录 B　我国已经颁布实施的电子商务标准

序号	标 准 号	中文标准名称	状态	实施日期
1	GB/T 19252—2003	电子商务协议	废除	2003-12-01
2	GB/T 19256.1—2003	基于 XML 的电子商务第 1 部分：技术体系结构	现行	2003-12-01
3	GB/T 19256.2—2006	基于 XML 的电子商务第 2 部分：协同规程轮廓与协议规范	现行	2007-03-01
4	GB/T 19256.3—2006	基于 XML 的电子商务第 3 部分：消息服务规范	现行	2007-03-01
5	GB/T 19256.4—2006	基于 XML 的电子商务第 4 部分：注册系统信息模型规范	现行	2007-03-01
6	GB/T 19256.5—2006	基于 XML 的电子商务第 5 部分：注册服务规范	现行	2007-03-01
7	GB/T 19256.6—2006	基于 XML 的电子商务第 6 部分：业务过程规范模式	现行	2007-03-01
8	GB/T 19256.9—2006	基于 XML 的电子商务第 9 部分：核心构件与业务信息实体规范	现行	2007-03-01
9	GB/T 20538.1—2006	基于 XML 的电子商务业务数据和过程第 1 部分：核心构件目录	现行	2007-03-01
10	GB/T 20538.6—2006	基于 XML 的电子商务业务数据和过程第 6 部分：技术评审组织和程序	现行	2007-03-01
11	GB/T 20538.7—2006	基于 XML 的电子商务业务数据和过程第 7 部分：技术评审指南	现行	2007-03-01
12	GB/Z 20539—2006	电子商务业务过程和信息建模指南	现行	2007-03-01
13	SB/T 10469—2008	网络营销运营规范	现行	2009-03-01
14	GB/T 24359—2009	第三方物流服务质量要求	现行	2009-12-01
15	GB/T 23830—2009	物流管理信息系统应用开发指南	现行	2009-11-01
16	GB/T 18127—2009	商品条码物流单元编码与条码表示	现行	2009-11-01
17	GB/T 23831—2009	物流信息分类与代码	现行	2009-11-01
18	GB/T 24662—2009	电子商务产品核心元数据	现行	2010-02-01
19	GB/T 24663—2009	电子商务企业核心元数据	现行	2010-02-01
20	GB/T 24661.2—2009	第三方电子商务服务平台服务及服务等级划分规范第 2 部分：企业间（B2B）、企业与消费者间（B2C）电子商务服务平台	现行	2010-02-01
21	GB/T 24661.3—2009	第三方电子商务服务平台服务及服务等级划分规范第 3 部分：现代物流服务平台	现行	2010-02-01

序号	标　准　号	中文标准名称	状态	实施日期
22	SB/T 10518—2009	电子商务模式规范	现行	2009-12-01
23	SB/T 10519—2009	网络交易服务规范	现行	2009-12-01
24	ISO/IEC TR15944-6-2009	信息技术商业运作综览第6部分：建立电子商务模型的技术介绍	现行	2009-11-15
25	ISO 15944-7—2009	信息技术商业运作综览第7部分：电子商务词汇表	现行	2009-12-01
26	GB/T 19252—2010	电子商务协议样本	现行	2011-05-01 实施，代替 GB/T 19252—2003
27	GB/T 20538.2—2010	基于XML的电子商务业务数据和过程第2部分：业务信息实体目录	现行	2011-06-01
28	GB/T 26151—2010	基于XML的电子商务发票报文	现行	2011-06-01
29	GB/T 26152—2010	基于XML的电子商务订单报文	现行	2011-06-01
30	GB/T 26360—2010	旅游电子商务网站建设技术规范	现行	2011-06-01
31	GB/T 22263.7—2010	物流公共信息平台应用开发指南第7部分：平台服务管理	现行	2011-05-01
32	GB/T 22263.8-2010	物流公共信息平台应用开发指南第8部分：软件开发管理	现行	2011-05-01
33	GB/T 26839—2011	电子商务仓单交易模式规范	现行	2011-12-01
34	GB/T 26840—2011	电子商务药品核心元数据	现行	2011-12-01
35	GB/T 26841—2011	基于电子商务活动的交易主体企业信用档案规范	现行	2011-12-01
36	GB/T 26842—2011	基于电子商务活动的交易主体企业信用评价指标与等级表示规范	现行	2011-12-01
37	GB/T 28041—2011	基于电子商务活动的交易主体个人信用评价指标体系及表示规范	现行	2011-12-01
38	GB/T 28042—2011	基于电子商务活动的交易主体个人信用档案规范	现行	2011-12-01
39	GB/T 18811—2012	电子商务基本术语（代替标准号 GB/T 18811—2002）	现行	2012-11-01
40	SB/T 10721—2012	金属材料电子商务平台建设与管理规范	现行	2012-11-01
41	YZ/T 0130—2012	快递服务与电子商务信息交换标准化指南	现行	2012-10-01
42	GB/T 29622—2013	电子商务信用卖方交易信用信息披露规范	现行	2013-11-30
43	SB/T 10469—2013	电子商务商品营销运营规范	现行	2013-12-01
44	SB/T 11009—2013	电子合同在线订立流程规范	现行	2013-12-01
45	SB/T 11004—2013	电子提单（物权凭证）使用规范	现行	2013-11-01
46	SB/T 11005—2013	电子提单（物权登记）服务系统规范	现行	2013-11-01
47	SB/T 11006—2013	电子一般原产地证明书格式规范	现行	2013-11-01
48	SB/T 11008—2013	用于贸易融资的电子信息查询规范	现行	2013-11-01
49	DIN CWA 16525—2013	电子商务中的多语种电子编目和分类		

资料来源：国家标准化管理委员会网站，2013 年 4 月 20 日。

附录 C　缩略语中英文对照表

缩略语	英　文	中　文
ADSL	Asymmetric Digital Subscriber Line	非对称数字用户线路
ASP	Application Service Provider	应用服务提供商
B2B	Business to Business	企业与企业的交易
B2C	Business to Consumer	企业与消费者的交易
B2G	Business to Government	企业与政府的交易
BOM	Bill of Material	物料清单
BPM	Business Process Management	业务流程管理
BSP	Billing and Settlement Plan	开账与结算计划
B2E	Business to Employee	面向内部员工和营销员的管理模式
BI	Business Intelligence	商务智能
C2C	Consumer to Consumer	消费者与消费者的交易
CA	Certification Authority	认证机构
CAD	Computer Aided Design	计算机辅助设计
CAM	Computer Aided Manage	计算机辅助管理
CBEC	Cross Border Electronic Commerce	跨境电子商务
CFCA	China Financial Certification Authority	中国金融认证中心
CMS	Content Management System	网站内容管理系统
CPCA	China Post Certificate Authority	中国邮政安全认证体系
CP	Content Provider	互联网内容服务提供商
CRM	Customer Relationship Management	客户关系管理
DIDMS	Defense Integrated Disposal Management System	证书验证系统
DRP	Distribution Resource Planning	分销资源计划
EDI	Electronic Data Interchange	电子数据交换
EMS	Express Mail Service	邮政特快专递服务
EPC	European Policy Centre	欧洲政策中心
ERP	Enterprise Resource Planning	企业资源计划
ESB	Enterprise Service Bus	企业服务总线
ET	Electronic Ticket	电子客票
GDP	Gross Domestic Product	国内生产总值
GPRS	General Packet Radio Service	通用分组无线业务
GPS	Global Position System	全球定位系统
IaaS	Infrastructure-as-a-Service	基础设施即服务
IDC	Internet Data Center	网络数据中心
IPO	Initial Public Offerings	首次公开发行股票
ISO	International Organization for Standardization	国际标准化组织

续　表

缩略语	英　文	中　文
IPv4	Internet Protocol version 4	互联网协议第 4 版
IPv6	Internet Protocol version 6	互联网协议第 6 版
IT	Information Technology	信息技术
LRP	Logistics Resource Planning	物流资源计划
Mbps	Millions bits per second	兆比特每秒
MES	Manufacturing Execution System	制造执行系统
MID	Mobile Internet Devices	移动互联网设备
MIS	Management Information System	管理信息系统
MMORPG	Massive Multiplayer Online Role Playing Game	角色扮演类网络游戏
O2O	Online to Offine	网上网下的结合
MRP	Manufacturing Resource Planning	制造资源计划
OTA	Online Travel Agency	在线旅游运营商
OA	Office Automation	办公自动化
P2P	Peer to Peer	个人对个人
PaaS	Platform-as-a-Service	平台即服务
PC	Personal Computer	个人计算机
PLM	Product Lifecycle Management	产品生命周期管理
POS	Point of Sells	电子收款机系统
POS	Point of Sale	时点销售系统
PKI	Public Key Infrastructure	公钥基础设施
PV	Page View	网络浏览量
RFID	Radio Frequency Identification	无线射频识别
RSS	Really Simple Syndication	聚合内容
SaaS	Software-as-a-Service	软件即服务
SCM	Supply Chain Management	供应链关系管理
SIM	Subscriber Identity Model	客户识别模块或用户身份识别卡
SNS	Social Networking Services	社会性网络服务
SOA	Service-Oriented Architecture	面向服务架构
SP	Smart Phone	智能手机
SP	Service Provider	互联网应用服务的直接提供商
UHF	Ultrahigh Frequency	超高频
VSS	Vender Service System	供应商服务系统
VPN	Virtual Private Network	虚拟专用网络
WAP	Wireless Application Protocol	无线应用协议
WPKI	Wireless Public Key Infrastructure	无线公开密钥体系
Wiki	Wikipedia	维基百科
移动 APP	Mobile application development	移动应用开发

附录 D 2013 年我国颁布的
电子商务相关政策与法规

颁布时间	发文单位	名　称
2013 年 1 月	交通运输部	《快递市场管理办法》
2013 年 1 月	国务院	《征信业管理条例》
2013 年 1 月	工业和信息化部	《关于推进物流信息化工作的指导意见》
2013 年 2 月	国家外汇管理局	《支付机构跨境电子商务外汇支付业务试点指导意见》
2013 年 2 月	国家税务总局	《网络发票管理办法》
2013 年 3 月	商务部	《关于进一步做好电子商务示范企业工作的通知》
2013 年 3 月	中国证券监督管理委员会	《证券投资基金销售机构通过第三方电子商务平台开展业务管理暂行规定》
2013 年 3 月	中国人民银行	《支付机构网络支付业务管理办法（征求意见稿）》
2013 年 4 月	国家发改委、财政部、农业部等	《关于进一步促进电子商务健康快速发展有关工作的通知》
2013 年 5 月	教育部、商务部	《教育部办公厅、商务部办公厅关于举办"电子商务行业面向应届高校毕业生网上招聘会"的通知》
2013 年 5 月	工业和信息化部	《工业和信息化部办公厅关于开展电子商务集成创新试点工程工作的通知》
2013 年 7 月	工业和信息化部	《电信和互联网用户个人信息保护的规定》
2013 年 7 月	国家工商总局	《关于加快促进流通产业发展的若干意见》
2013 年 8 月	国务院	《国务院关于促进信息消费扩大内需的若干意见》
2013 年 8 月	国家食品药品监督管理总局、国家互联网信息办公室、工业和信息化部、公安部、国家工商行政管理总局	《开展打击网上非法售药行动工作方案》
2013 年 8 月	商务部等九部委	《关于实施支持跨境电子商务零售出口有关政策意见》
2013 年 8 月	国务院	《"宽带中国"战略及实施方案》
2013 年 9 月	国家工商总局	《网络商品交易及有关服务管理办法（征求意见稿）》
2013 年 9 月	国家邮政局	《快递业务旺季服务保障工作指南》
2013 年 9 月	国家发改委等八部委	《关于启动第二批国家电子商务示范城市创建工作有关事项的通知》
2013 年 9 月	商务部	《关于商务部 2013—2014 年度电子商务示范企业的公告》
2013 年 9 月	国家发改委	《关于组织实施 2013 年移动互联网及第四代移动通信（TD-LTE）产业化专项的通知》
2013 年 10 月	全国人大常委会	《关于修改〈中华人民共和国消费者权益保护法〉的决定》

续　表

颁布时间	发文单位	名　称
2013 年 10 月	商务部	《关于促进电子商务应用的实施意见》
2013 年 10 月	国家发改委	《关于组织开展 2014—2016 年国家物联网重大应用示范工程区域试点工作的通知》
2013 年 11 月	商务部	《商品现货市场交易特别规定（试行）》
2013 年 11 月	国家发改委	《关于报送国家电子商务示范城市创建工作方案的通知》
2013 年 11 月	国家质量监督检验检疫总局	《关于支持跨境电子商务零售出口的指导意见》
2013 年 12 月	中国人民银行	《征信机构管理办法》
2013 年 12 月	国家邮政局	《无法投递又无法退回邮件管理办法》
2013 年 12 月	中国人民银行、工业和信息化部、银监会、证监会、保监会	《关于防范比特币风险的通知》
2013 年 12 月	财政部、国家税务总局	《关于跨境电子商务零售出口税收政策的通知》
2013 年 12 月	中国人民银行	《关于金融支持中国（上海）自由贸易试验区建设的意见》

附录 E　商务部 2013—2014 年度
电子商务示范企业名单

北京市
北京京东世纪贸易有限公司（京东商城）
中粮我买网有限公司（中粮我买网）
北京当当网信息技术有限公司（当当网）
北京慧聪国际资讯有限公司（慧聪网）
北京小米科技有限责任公司（小米网）
凡客诚品（北京）科技有限公司（凡客诚品）
北京乐友达康科技有限公司（乐友孕婴童用品网）
国富商通信息技术发展股份有限公司（中国诚商网）
北京敦煌禾光信息技术有限公司（敦煌网）
国美在线电子商务有限公司（国美商城）
北京上品科技发展有限责任公司（上品折扣网）
中建材国际贸易有限公司（易单网）

天津市
五八有限公司（58 同城）
天津市广卓信息技术有限公司（BargainOut 网）
天津蒲尚科技有限公司（Pisanio 网）

河北省
河北讯成网络科技有限公司（366 网上商城）
石家庄北国电子商务有限公司（北国购商城）
河北玛世电子商务有限公司（搜丝网）

山西省
山西百事帮科技股份有限公司（百事帮商城）

内蒙古自治区
通辽市草原旭日电子商务有限公司（草原旭日网）

辽宁省

辽宁迈克集团股份有限公司（EquipmenTimes 网）

东北参茸中草药材市场管理有限公司（绿金在线）

吉林省

长春欧亚集团股份有限公司（欧亚 E 购）

长春市购够乐科技有限公司（购够乐商城）

黑龙江省

哈尔滨极光文化传播有限公司（国际文化产品交易网）

黑龙江赛格国际贸易有限公司（come365 商城）

上海市

上海携程电子商务有限公司（携程网）

上海钢联电子商务股份有限公司（我的钢铁网）

纽海信息技术（上海）有限公司（1 号店）

上海亿贝网络信息服务有限公司（ebay）

上海农产品中心批发市场经营管理有限公司（上海农产品中心批发市场）

东方钢铁电子商务有限公司（东方钢铁网）

百联电子商务有限公司（百联 E 城网）

江苏省

江苏苏宁易购电子商务有限公司（苏宁易购）

无锡买卖宝信息技术有限公司（买卖宝）

焦点科技股份有限公司（中国制造网）

江苏红豆实业股份有限公司（红豆商城）

江苏仕德伟网络科技股份有限公司（5R 网）

宏图三胞高科技术有限公司（宏图三胞）

同程网络科技股份有限公司（同程网）

浙江省

阿里巴巴集团有限公司（阿里巴巴）

浙江珍诚医药在线股份有限公司（珍诚医药在线）

杭州祐康电子商务网络有限公司（祐康健康食品购物网）

浙江网盛生意宝股份有限公司（中国化工网）

浙江搜富网络技术有限公司（中国食品产业网）

浙江英特药业有限责任公司（英特药谷网）

浙江绿森数码科技有限公司（绿森数码商城）

宁波市

宁波太平鸟魔法风尚服饰有限公司（太平鸟商城）

宁波国际物流发展股份有限公司（四方物流网）

安徽省

安徽易商数码科技有限公司（安徽进出口商品网上交易会）

安徽商之都股份有限公司（徽之尚商城）

福建省

福建省讯网网络科技有限公司（环球鞋网）

茶多网络（安溪）有限公司（茶多网）

厦门市

名鞋库网络科技有限公司（名鞋库）

江西省

新余兴邦信息产业有限公司（居无忧商城）

山东省

山东家家悦集团有限公司（家家悦商城）

山东银座科技有限公司（银座商城）

潍坊恩源信息科技有限公司（恩源百仕达网）

青岛市

海尔集团电子商务有限公司（海尔商城）

青岛微品网络有限责任公司（微品网上商城）

利群集团青岛电子商务有限公司（利群网上商城）

河南省

郑州华粮科技有限公司（中华粮网）

河南众品食业股份有限公司（众品商城）

河南企汇信息技术有限公司（企汇网）

湖北省

九州通医药集团股份有限公司（九州通网）

武汉良中行供应链管理有限公司（良中行冷链大市场）

安琪酵母股份有限公司（安琪 E 家商城）

湖南省

湖南御家汇网络有限公司（汇美丽）

湖南快乐淘宝文化传播有限公司（嗨淘网）

湖南商康医药电子商务有限公司（商康医药网）

鹰皇商务科技有限公司（1872club）

广东省

广州唯品会信息科技有限公司（唯品会）

广州摩拉网络科技有限公司（梦芭莎）

中经汇通有限责任公司（中经汇通）

广州龙媒计算机科技有限公司（环球市场网）

真维斯服饰（中国）有限公司

广东环球汽车用品有限公司（中国汽车用品网）

深圳市

深圳市华动飞天网络技术有限公司（A8 音乐）

兰亭集势贸易（深圳）有限公司（兰亭集势）

深圳市腾讯计算机系统有限公司（QQ 网购）

顺丰速运（集团）有限公司（顺丰速运）

深圳市中农网电子商务有限公司（中农网）

广西壮族自治区

广西南百电子商务有限公司（美美购）

海南省

海口聚金网络科技有限公司（中国咖啡商城）

重庆市

重庆猪八戒网络有限公司（猪八戒网）

重庆维普资讯有限公司（维普资讯网）

重庆易易商电子商务股份有限公司（每日鲜购物网）

四川省

成都九正科技实业有限公司（九正建材网）

四川文轩在线电子商务有限公司（文轩网）

成都天地网信息科技有限公司（中药材天地网）

贵州省

大唐高鸿数据网络技术股份有限公司（高鸿商城）

家有购物集团有限公司（家有购物）

云南省

云南鲲鹏农产品电子商务批发市场有限公司（昆商糖网）

陕西省

陕西熊猫伯伯农业网络科技有限公司（熊猫伯伯商城）

陕西丝路商旅股份有限公司（丝路商旅）

甘肃省

甘肃烽火网络有限公司（嘉酒视窗网）

青海省

青海聚宝盆电子商务有限公司（中国特产网）

宁夏回族自治区

宁夏恒盛友情网络科技有限公司（中国枸杞商城）

新疆维吾尔自治区

新疆果业集团有限公司

新疆生产建设兵团

新疆合源果业开发有限责任公司（新疆大宗农产品交易网）

附录 F　全球电子商务发展概况

F.1　全球电子商务发展的特点

F.1.1　全球上网人数持续增长

2013 年，全球上网人数继续保持了快速增长的态势。据国际电信联盟（ITU）的估计，截至 2013 年年底，世界互联网用户达到 27.49 亿人，相当于世界人口的 39%。其中，发展中国家互联网的普及率达到 31%，欠发达国家也达到 10%[①]。全球移动电话注册用户达到 68.35 亿，数目与全球人口接近。其中活跃的宽带移动用户数量达到 20.96 亿（参见表 F-1）[②]。预计 2014 年世界互联网渗透率将达到 41.89%，2015 年将达到 44.88%（参见图 F-1）。

表 F-1　世界高速通信统计汇总（截至 2013 年）

	总量（亿）	宽带总量（亿）	高速宽带所占比例（%）
互联网使用人数	27.49	—	—
固定互联网注册用户		6.96	
移动电话注册用户	68.35	20.96	30.7[①]
活跃的宽带移动电话用户	20.96[②]	1.5[③]	30

① 手机宽带和缴费人数不是严格的蜂窝式手机的一个分支，因为其中包括 USB/接收器（这部分属于蜂窝式手机）。

② 引用 GSMA 数据。

③ 引用摩根士丹利 2013 年互联网趋势估计值。

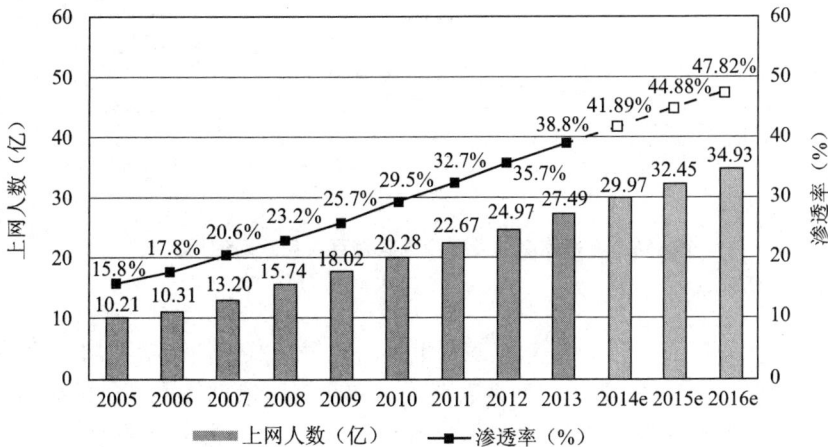

图 F-1　2005—2016 年世界互联网用户渗透率

① ITU，Broad band Commission. The State of Broadband 2013：Universalizing Broadband［R/OL］（2013-09-15）［2014-04-20］. http://www. broadbandcommission. org/Documents/bb-annualreport2013. pdfv.

② ITU. The World in 2013：ICT Facts and Figures［R/OL］
（2013-09-15）［2014-04-20］. http://www. itu. int/en/ITU-D/Statistics/Pages/stat/default. aspx.

在全球信息与通信技术（ICT）发展指标[①]上，从地区角度看，欧洲、北美处于领先地位，独联体（CIS）、阿拉伯、亚太地区处于中等水平，非洲仍处于比较落后的状态（参见图 F-2）。从国家角度看，韩国连续三年领先世界；紧随其后的是瑞典、冰岛、丹麦、芬兰、挪威、荷兰、英国、卢森堡；中国处于中间地位。发展中国家与发达国家之间仍然存在一定差距（参见图 F-3)[②]。

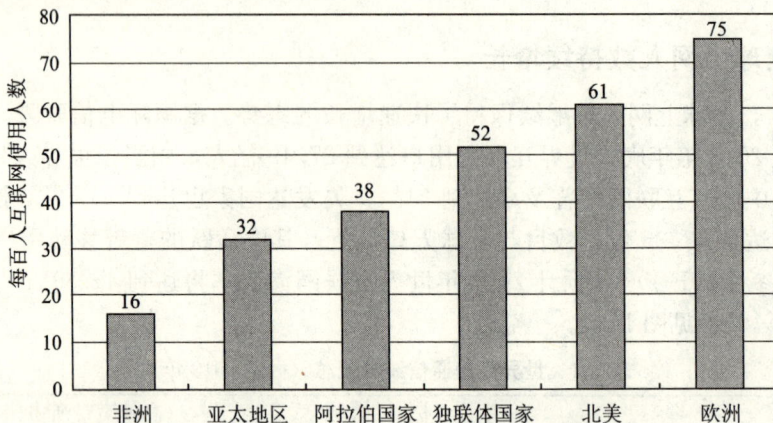

图 F-2　世界不同地区每百人互联网使用人数

数据来源： ITU/ICT。

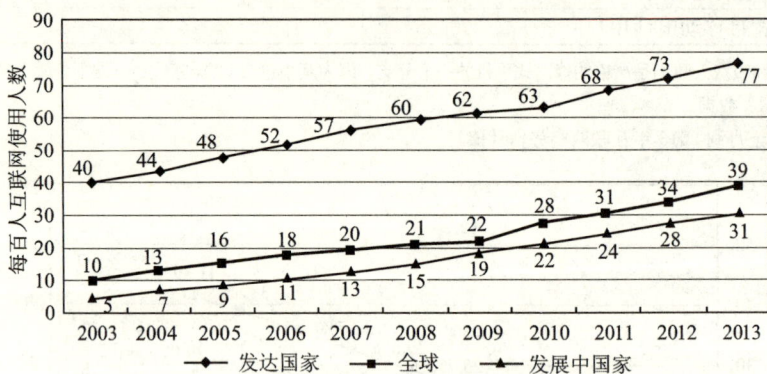

图 F-3　发达国家与发展中国家每百人互联网使用人数

数据来源： ITU/ICT。

就网络服务费用而言，2013 年年底，世界居民每月宽带使用费平均为 76.25 美元，每兆流量费用平均为 1.47 美元。许多欧洲国家和北美国家都提供廉价的宽带服务；而生活在中东、非洲和东南亚等一些欠发达地区的用户则要为宽带服务支付较高费用，主要原因是由于基础设施投资较低，应用规模经济较小；亚太地区一般国家都提供畅

---

① 全球信息与通信技术指标是国际电联根据接通、应用和技术状况进行的测评，现包括 157 个国家或地区的排名。
② ITU, Broad band Commission. The State of Broadband 2013：Universalizing Broadband ［R/OL］（2013-09-15）［2014-04-20］. http://www. broadbandcommission. org/Documents/bb-annualreport2013. pdfv.

通的宽带网络，使用价格也比较低。性价比最高的是日本、新加坡和韩国（参见图 F-4）①。

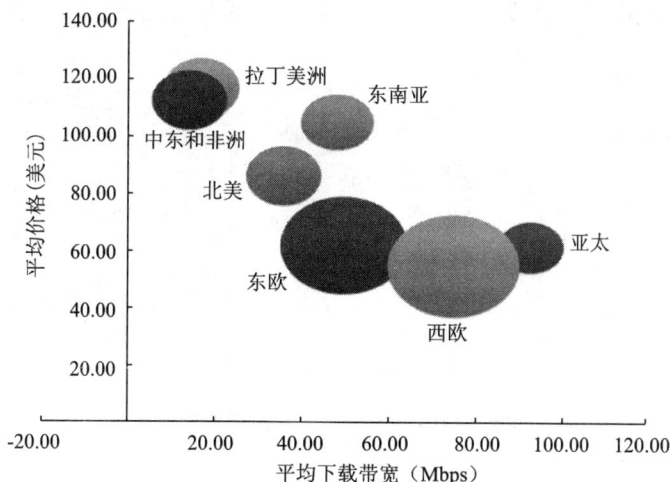

图 F-4　2013 年第四季度世界不同地区平均带宽速度与价格

根据 Netcraft 调查，截至 2013 年 12 月底，在侦测时共收到全球 861 023 217 个网站站点的反馈信息。其中，活跃网站数量约 1.84 亿个②。在经历了 2012 年 8 月到 2013 年 3 月网站发展的调整后，从 2013 年 4 月起，全球互联网站重拾快速发展的势头，网站数量较 2012 年增长了 26.4%（参见图 F-5）。

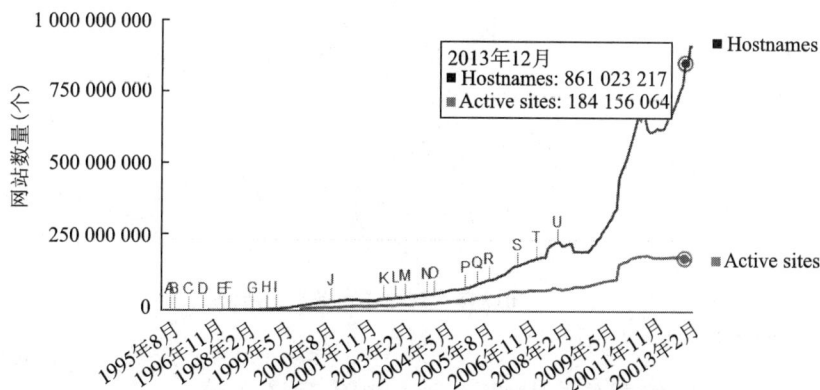

图 F-5　1995—2013 年全球互联网站的发展

注：Hostnames，网站；Active Sites，活跃网站。

F.1.2　全球电子商务产业规模达到 33.4 万亿美元

2013 年度全球电子商务产业规模达到 33.4 万亿美元，其中市场交易额达到 30.1

---

① Point Topic. Global and regional benchmarks for residential broadband services ［R/OL］（2014-09-15）
［2014-04-20］. http://point-topic. com/free-analysis/residential-broadband-tariff-benchmarks-q4-2013/.

② Netcraft. March 2014 Web Server Survey ［EB/OL］（2014-03-05）［2014-04-20］.
http://news. netcraft. com/archives/2014/03/03/march-2014-web-server-survey. html.

万亿美元。产业规模较 2012 年相比增长率为 15.9％，增幅略有下降（参见图 F-6）。
2009—2013 年全球电子商务交易额的年均复合增长率为 19.3％。

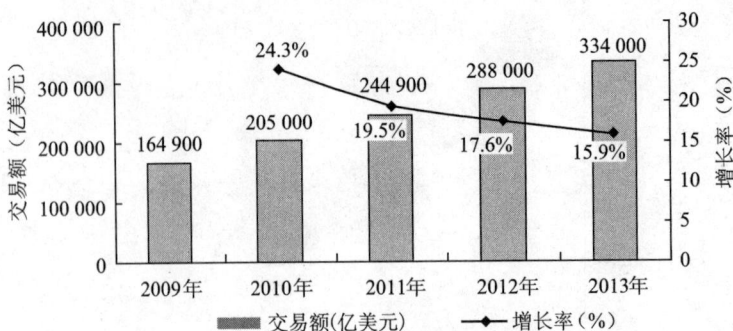

图 F-6　2009—2013 年全球电子商务产业规模与增长率

数据来源：赛迪顾问，2014 年 1 月。

从全球电子商务产业结构看，2013 年全球电子商务应用体系的规模（电子商务交
易额）达到 29.8 万亿美元，基于电子商务服务平台的服务体系规模达到 1.5 万亿美
元；以物流、支付、平台开发等领域为代表的支撑体系产业规模达到 2.1 万亿美元
（参见图 F-7）。

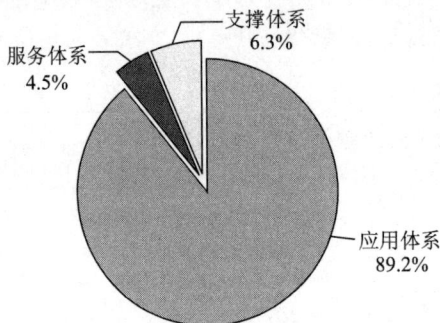

图 F-7　2013 年全球电子商务产业结构

数据来源：赛迪顾问，2014 年 1 月。

F.1.3　全球网络零售交易额达到 1.248 万亿美元

根据 eMarketer 公司的监测，2013 年世界网络零售（B2C）的交易额达到 1.248 万
亿美元，较 2012 年增加 18.0％[1]。增长的动力主要来自迅速膨胀的在线和移动用户、
商业销售的增长、先进的物流和支付手段，以及著名电子商务网站的国际扩张。预计
2014 年将突破 1.5 万亿美元（参见图 F-8）。

---

[1]　eMarketer. Global B2C Ecommerce Sales to Hit ＄1.5 Trillion This Year Driven by Growth in Emerging Markets
［EB/OL］（2014-02-03）［2014-04-20］. http：//www. emarketer. com/Article/Global-B2C-Ecommerce-Sales-Hit-
15-Trillion-This-Year-Driven-by-Growth-Emerging-Markets/1010575.

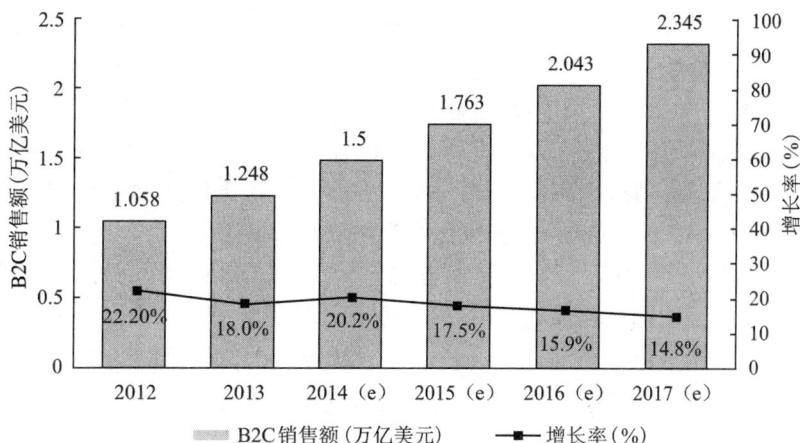

图 F-8　全球 B2C 电子商务发展趋势（2012—2017 年）

北美地区仍然是世界最大的电子商务市场，其次是亚太地区，西欧地区位列第三。预计 2014 年亚太地区将超越北美成为世界上最大的地区电子商务市场①。

从国家网络零售发展情况看，2013 年中国为 3323 亿美元，位居世界第一；美国达到 2625 亿美元②，已占到全部零售额的 5.77％，位居第二；欧洲中心地区网络零售达到 1295 美元，比 2012 年增长 23％，位居第三③；之后，网络零售发展比较好的还有英国（估计 990 亿美元）④、韩国（估计 351 亿美元）⑤ 等国。

F.1.4　全球跨境电子商务市场达到 1050 亿美元

根据 PayPal 的研究，近年来全球跨境电子商务市场增速明显。2013 年全球跨境电子商务交易额为 1050 亿美元，五年内有望达到 3070 亿美元⑥。美国、英国、德国、澳大利亚、中国内地和巴西是世界上跨境电子商务最发达的地区，而中国、巴西、阿根廷、俄罗斯等新兴国家的发展速度最快。研究同时显示，移动跨境网购市场规模的增速高于整体跨境电子商务市场规模增速，仅美国单一市场的移动跨境网购消费总人数超过 1500 万。

---

① eMarketer. Global B2C Ecommerce Sales to Hit ＄1.5 Trillion This Year Driven by Growth in Emerging Markets [EB/OL]（2014-02-03）[2014-04-20]. http://www.emarketer.com/Article/Global-B2C-Ecommerce-Sales-Hit-15-Trillion-This-Year-Driven-by-Growth-Emerging-Markets/1010575.

② U.S. The Census Bureau of the Department of Commerce. Quarterly Retail E-Commerce Sales 4th Quarter 2013 [EB/OL]（2014-02-18）[2014-04-20].
http://www.census.gov/retail/mrts/www/data/pdf/ec_current.pdf.

③ Ecommerce Europe. Press Release：23％ E-Commerce growth projected for Central Europe, a region full of diversity and enormous potential [EB/OL]（2014-03-06）[2014-04-20]. http://www.ecommerce-europe.eu/home.
欧洲中心地区包括奥地利、捷克、德国、匈牙利、波兰、斯洛伐克、斯洛文尼亚、瑞士。

④ eMarketer：Tablets to Account for Over 10% of UK Retail Ecommerce Sales [EB/OL]（2013-08-28）[2014-04-20]. http://www.emarketer.com/newsroom/index.php/emarketer-tablets-account-10-uk-retail-ecommerce-sales/.

⑤ Statistics Korea. E-commerce and Cyber Shopping Survey in the Third Quarter 2013 [EB/OL]（2013-11-26）[2014-04-20]. http://kostat.go.kr/portal/english/news/1/12/2/index.board bmode=read&bSeq=&aSeq=311087&pageNo=1&rowNum=10&navCount=10&currPg=&sTarget=title&sTxt=.

⑥ Paypalv. Modern Spice Routes [R/OL]（2013-07-22）[2014-04-20].
https://www.paypal-media.com/assets/pdf/fact_sheet/PayPal_ModernSpiceRoutes_Report_Final.pdf.

2013 年，美国有 3410 万的跨境电子商务购物者，跨境电子商务购买消费额达到 406 亿美元，主要领域涉及衣服、鞋帽、配品（49 亿美元），健康和美容品（26 亿美元），首饰、珠宝和手表（25 亿美元），个人电器家庭电器（20 亿美元）。

2013 年，英国有 1590 万跨境电子商务购物者，2013 年跨境电子商务消费额达到 85 亿英镑，主要涉及衣服、鞋帽、配品（95.8 万英镑），飞机票网上预定（50.4 万英镑），计算机硬件（48.7 万英镑），健康美容产品（43.2 万英镑）。

2013 年，德国有 1410 万跨境电子商务购物者，2013 年跨境电子商务消费达到 76 亿欧元。德国销售到法国的商品达到 4.23 亿欧元，销售到荷兰的产品和服务达到 1.75 亿欧元。德国从英国进口的产品达到 2 亿欧元，从美国进口的产品达 2.63 亿欧元，贸易顺差达到 1300 万欧元。图 F-9 显示了德国近年来跨境电子商务的增长情况。

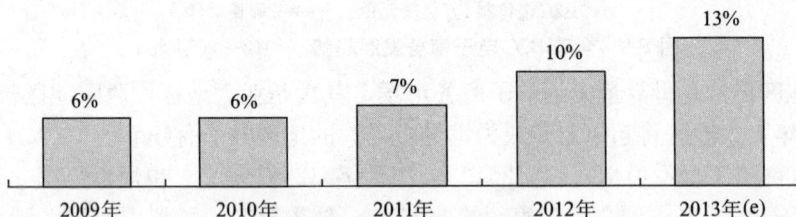

图 F-9　德国跨境电子商务增长情况（2009—2013 年）

俄罗斯是 2013 年外贸电商最活跃的一块市场。数据显示，从 2011 年到 2012 年，中国对俄电子贸易量增长了 8 倍。阿里巴巴的统计显示，2013 年，淘宝每天有 400 万美元的货物销往俄罗斯。包括阿里巴巴、敦煌网、DX、中环运、DHL、PayPal 在内的多家外贸企业均先后推出了快速送达俄罗斯境内的物流产品，中俄货运配送时间从原先的 60 天缩短到 15 天左右。目前，俄前四大网络商城为 Ozon. ru、Dostavka. ru、Borero. ru 和 Books. ru。全球的电商和服务商也都在垂涎俄罗斯网购市场。德国在线零售商 Otto、亚马逊旗下时尚电商 Shopbop、eBay、Zara 等零售巨头都在俄罗斯有较大的销售额。

沙特电子商务行业的年产值约为 40 亿美元，是阿拉伯国家中电子商务发展最快的一个。然而也存在一些制约因素，如网上购物时，个人信用卡信息泄露风险，商品与期望值存在差距。未来两年沙特电子商务市场将快速发展，市场规模有望达 130 亿美元，将占中东电商市场份额的 45%。值得注意的是，基于宗教习俗方面的特殊性，沙特不少年轻的女企业家对电商领域表现出极大兴趣和关注。

尼日利亚互联网用户已经达到了 4000 多万，且增长迅猛。同时，尼日利亚的网购需求正在提高。近几年来，尼日利亚涌现出了各类电子商务网站，包括食品、饮料、房地产、旅游和手机转账业务等。以 Jumia、Konga 和 Dealdey 等为主的电商竞争格局正在形成，"非洲版携程"Hotels. ng 也正在迅速抢占在线旅游市场。不过，这个非洲国家的电子商务也面临着支付系统落后、物流网络稀少等基础设施层面的问题。

印度的电子商务是从票务网购开始的。印度铁道部下属国企印度铁路公司（Indian　Railways)在 2002 年开始尝试网络售票，开启了印度电子商务潮流。2005 年，印度旅游电商 Make my trip 上线。2010 年，Make my trip 在纳斯达克成功上市，迎来印度电子票务网站的高峰。随后，印度版"亚马逊"Flipkart 迅速走红，实物类电商开始在印度发展到高潮，其中书籍、唱片、电子产品等标准产品依然是领军品类。值得一提的是，假冒伪劣产品也是印度电商的一个突出问题。为了应对假冒伪劣产品，Lacoste、Puma、Benetton、佳能和尼康等国际品牌发动了一系列救济措施，包括法律诉讼、警示消费者以及与顶级零售商合作抵制假货等。

表 F-2 反映了 2013 年世界主要跨境电子商务国家和地区相互交易情况①。

表 F-2   2013 年世界主要跨境电子商务国家和地区相互交易比例   （单位：%）

	美国	英国	中国	加拿大	中国香港	澳大利亚	德国	爱尔兰	荷兰	奥地利	日本
美国		49	39	34	20	18					
英国	70		23	21			19	15			
德国	48	46	17						16	13	
中国	84	43			58	39					52
澳大利亚	69	47	31	9	29						
巴西	79	17	48	14	17						

跨境电子商务目前遇到的最大问题是如何赢得消费者的信任，数据显示，只有 35% 的欧盟受访者信任跨境电子商务并愿意通过互联网在他国购物，远低于对本国销售商的信任比例（59%）。

F.2   世界部分国家和地区电子商务发展情况

F.2.1   美国电子商务发展状况

美国电子商务交易额约占全球电子商务交易的 1/4。在美国零售总额持续增长的背景下，电子商务在全部销售中所占比例也在逐渐提高（参见表 F-3 和图 F-10）②，显示出了强劲的增长势头。

表 F-3   美国零售业季度销售额的估计：全部销售额和电子商务销售额

	零售总额（百万美元）		电子商务在全部销售中的比例（%）	比上一季度的百分比变化（%）		与上一年同比的百分比变化（%）	
	全部	电子商务		全部	电子商务	全部	电子商务
调整过的数据							
2013 年第四季度	1 147 679	69 208	6.0	0.6	3.4	3.8	16.0
2013 年第三季度	1 141 077	66 930	5.9	1.3	3.5	4.7	17.4
2013 年第二季度	1 126 486	64 653	5.7	0.7	4.8	4.7	18.2
2013 年第一季度	1 118 329	61 720	5.5	1.2	3.5	4.1	16.4
2012 年第四季度	1 105 348	59 642	5.4	1.4	4.6	4.5	15.7

---

① Paypalv. Modern Spice Routes ［R/OL］（2013-07-22）［2014-04-20］. https://www.paypal-media.com/assets/pdf/fact_sheet/PayPal_ModernSpiceRoutes_Report_Final.pdf.

② U.S. Census Bureau. Quarterly Retail E-Commerce Sales 4th Quarter 2013 ［R/OL］（2014-02-18）U.S. Census Bureau website：http://www.census.gov/retail/mrts/www/data/pdf/ec_current.pdf.

续　表

	零售总额（百万美元）		电子商务在全部销售中的比例（%）	比上一季度的百分比变化（%）		与上一年同比的百分比变化（%）	
	全部	电子商务		全部	电子商务	全部	电子商务
未调整的数据							
2013 年第四季度	1 201 460	83 569	7.0	5.7	36.0	3.9	16.0
2013 年第三季度	1 136 625	61 453	5.4	−0.2	2.1	5.4	17.3
2013 年第二季度	1 138 866	60 176	5.3	7.9	3.5	4.5	18.3
2013 年第一季度	1 055 907	58 132	5.5	−8.7	−19.3	3.0	16.3
2012 年第四季度	1 156 432	72 073	6.2	7.2	37.6	4.5	15.7

数据来源：美国人口调查局网站，2014 年 3 月。

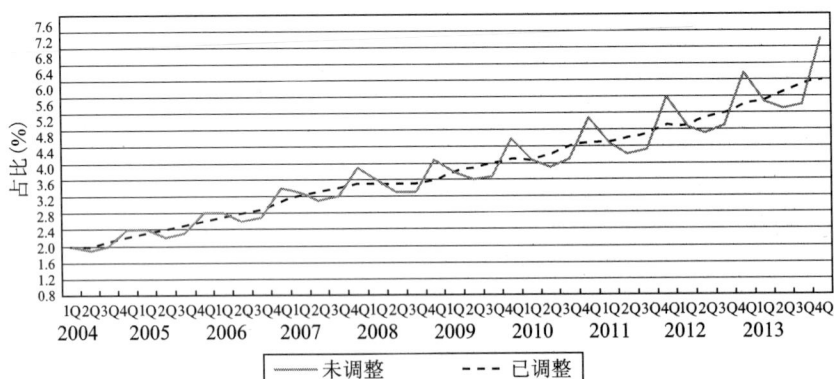

图 F-10　美国电子商务零售额占比情况（2004 年第一季度至 2013 年第四季度）

从美国的贸易、零售和税收额来看，制造业中采纳电子商务占到一半左右，但是占比较小的零售业和服务则呈现出小幅增长（参见表 F-4）[①]。

表 F-4　美国的贸易、零售、税收和电子商务：2011 年和 2010 年

	贸易、零售和税收额（百万美元）				比上一年百分比变化（%）		电子商务占比（%）	
	2011 年		2010 年					
	总值	电子商务	调整后的总值	调整后的电子商务	总值	电子商务	2011 年	2010 年
制造业	5 498 599	2 710 307	4 905 446	2 350 457	12.1	15.3	49.3	47.9
商业批发	6 469 112	1 573 129	5 756 743	1 427 121	12.4	10.2	24.3	24.8
零售业	4 136 352	193 904	3 841 454	1 66 522	7.7	16.4	4.7	4.3
服务业	11 535 147	346 060	11 157 581	306 501	3.4	12.9	3.0	2.7

2013 年，美国电子商务发展中出现一些新的特点：

（1）推动跨境电子商务发展。卡哈拉邮政组织作为由世界 10 家领先邮政机构组成的联盟，与美国 Amber Road 签署协议，旨在利用美国 Amber Road 公司软件平台——全球贸易管理平台（GTM），该系统为在线跨境电子商务客户提供了极高的可视性，

---

① U. S. Census Bureau. 2011 E-commerce Multi-sector Data Tables ［R/OL］（2013-05-23） U. S. Census Bureau website：http://www. census. gov/econ/estats/2011/all2011tables. html.

方便邮政客户邮寄跨境包裹，推动跨境电子商务业务的发展。

（2）移动电子商务交易额上涨迅速。eMarketer 的数字显示，2013 年美国移动端的成交额将达 390 亿美元（约合 2418 亿人民币），比 2012 年的 250 亿美元增长 56.5％。2012 年来自移动端的交易额占比达到 11％，这一比例在未来相当长的一段时间内都将持续增长，预计 2013 年将达 15％，2017 年提升到 25％。

（3）社交媒体服务促进电子商务的发展。Twitter 与美国运通签署了合作协议推出电子商务业务，将卡号与 Twitter 账户捆绑的美国运通卡持有人，可在 Twitter 发布内容以购买精选的产品。另外美国运通还与 Facebook、Foursquare 和微软合作推出了类似的服务。消费者通过将账户与社交媒体服务进行捆绑，将会极大促进电子商务的发展。

（4）快递服务更加便捷。电子商务巨头 eBay 推出名为"shoppable windows"（可购物窗口）的虚拟商店，购物者可通过触摸显示屏的方式订购商品，随后送货员会在一个小时以内送货上门。购物者可通过 eBay 开发的移动支付服务 PayPal Here 直接向送货员付款。美国邮政为占领快递市场，率先推出当天快递到家的业务，即"城区速递"。例如消费者在参与了"城区速递"的零售商网站上购物，只要是在下午三点之前订购，都能在当天收到自己心仪的商品。这项业务首先在旧金山开展，随后扩展到一些大城市诸如纽约、芝加哥等。

F. 2. 2　欧盟电子商务发展状况

F. 2. 2. 1　总体情况

通过近五年的发展，欧盟国家互联网用户网络购物的数量有较大幅度的提高，到 2013 年年底，有近 1/3 的欧洲互联网用户使用在线购物，尤其是英国、丹麦、卢森堡、荷兰等国家，使用的比例超出了欧盟 28 个成员国的平均水平，显示出了强劲的发展态势（参见图 F-11)[①]。

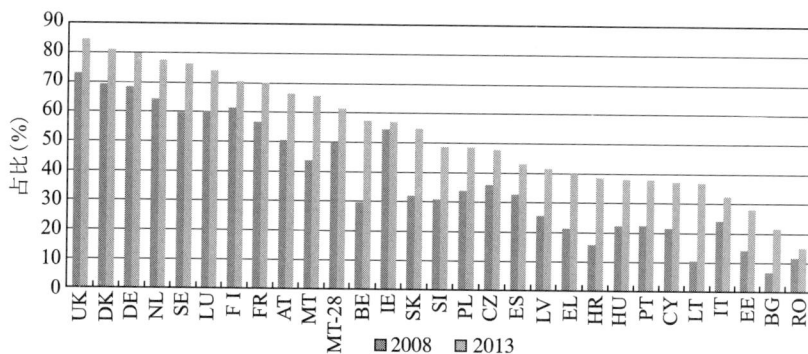

图 F-11　欧盟国家互联网用户通过网络购物的比例（2008 年和 2013 年）

近三年来，欧盟部分国家企业电子商务销售占总销售收入的比重较为稳定，基本维持在 15％左右（参见图 F-12)[②]。

[①]　Eurostat. Internet use statistics-individuals［EB/OL］(2013-12-11). Eurostat website：
　　http://epp. eurostat. ec. europa. eu/statistics _ explained/index. php/Internet _ use _ statistics _ — _ individuals.

[②]　Eurostat. Social media-statistics on the use by enterprises［EB/OL］(2013-12-02) Eurostat website：
　　http://epp. eurostat. ec. europa. eu/statistics _ explained/index. php/Social _ media _ statistics _ on _ the _ use _ by _ enterprises.

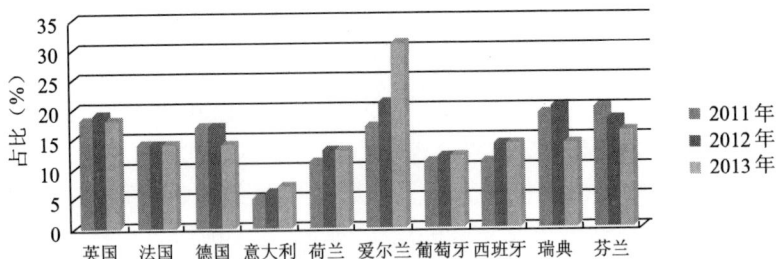

图 F-12 欧盟部分国家企业电子商务销售占总销售收入的比重

从 2013 年欧盟国家企业使用社交网络参与经济活动的构成中可以看出，绝大多数是用于建立企业的品牌形象，主要是集中于住宿、信息交流、房地产以及批发和零售等活动中（参见图 F-13）[①]。

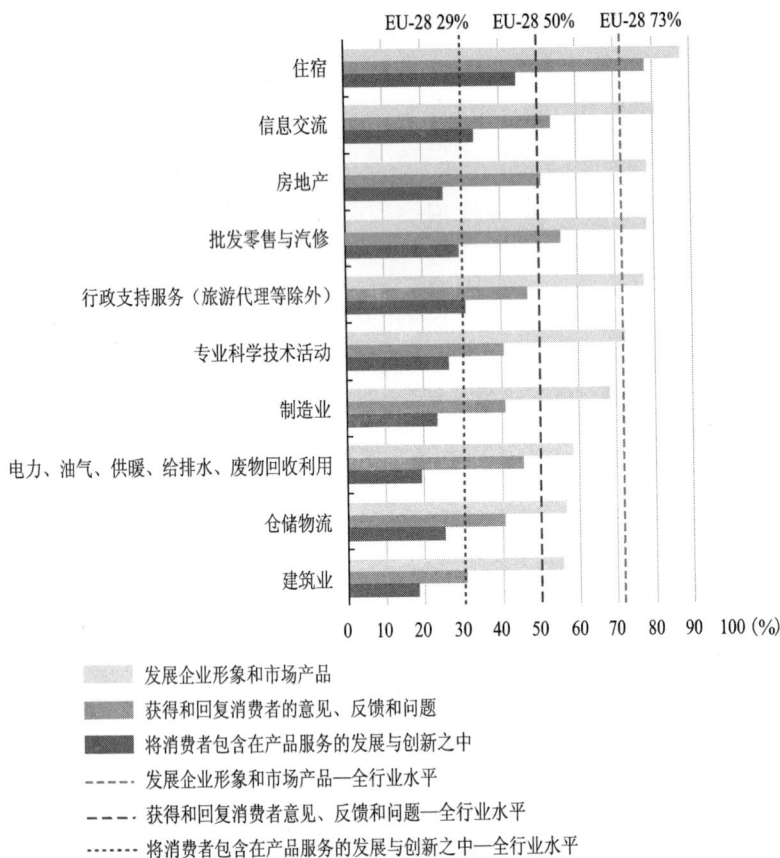

图 F-13 2013 年欧盟国家企业使用社交网络参与经济活动的构成

目前欧洲约有超过 55 万个电子商务网站，有 200 多万人从事电子商务工作。有

[①] Eurostat. Share of enterprises' turnover on e-commerce ［EB/OL］（2013-10-17）Eurostat website：http://epp. eurostat. ec. europa. eu/tgm/table. do? tab=table&init=1&language=en&pcode=tin00110& plu-gin=0.

73％的企业会采用电子商务 B2B 模式进行采购，有 32％的企业只通过 B2B 模式完成采购。根据 2012 年的营业额数据，欧洲排名前 5 名的电子商务发达国家如表 F-5 所示。

表 F-5　2012 年欧盟排名前 5 名的电子商务发达国家　(亿欧元)

排　名	国　别	年营业额	备　注
1	英国	960	
2	德国	500	
3	法国	450	均为 2012 年统计数据
4	西班牙	130	
5	俄罗斯	100	

资料来源：邢镔，2013 欧洲电子商务市场数据分析，中国旅法工程师协会（ACIF）电子商务专业委员会。

F. 2. 2. 2　法国

2013 年，法国电子商务市场持续活跃，其年销售额在全球范围内排名第六。根据法国电子商务与远程销售协会（FEVAD）发布的数据统计分析，有 69％的法国人选择在线方式购物，包括通过电子商务网站、产品目录邮购和电话订购等。其中，通过电子商务网站的购物者中，满意者达 97％。

FEVAD 发布的电子商务最新数据显示，法国在 2013 年，网上超过 600 万次在线交易，线上交易额已增到 511 亿欧元，其中仅 2013 年圣诞节期间销售额就超过 101 亿欧元。较 2012 年增长了 13％。2012 年法国线上交易额为 497 亿欧元，其中电子商务网站的销售额为 450 亿欧元，平均单笔交易的交易额为 84.5 欧元。

法国目前拥有约 138 000 个活跃的电子商务网站，相对于 2012 年增长了 17％以上。有 8 万多人全职从事电子商务工作。统计分析表明，各电子商务网站的发展并不均衡。法国 67％的电子商务年营业额，是由大约 1000 个左右的超大型电子商务网站完成的；比较大的 4700 个网站的月成交量在 5000 单以上；而 43％较小的网站每月只有不到 100 单的交易。表 F-6 是不同层次网站的年营业额情况。

表 F-6　法国不同层次网站的年营业额情况

网站数量（个）	所占比例（％）	年营业额（万欧元）	备　注
约 91 080	66	<3	主要是个人和小微企业经营的网站
约 41 400	30	3～100	中小企业网站
约 5520	4	100～1000	主要是专业性垂直网站
约 1000	0.7	>1000	行业垄断性网站和大型综合类网站

法国的移动电子商务增长势头强劲。在移动互联网上通过智能手机和平板电脑的移动 APP 客户端和网站（应用程序的下载除外）的销售额，2013 年第四季度比 2012 年第四季度增长 97％。在手机和平板电脑上实现了电子商务 11％的营业额。近三年来，通过手机和平板电脑实现的销售额已增加了 5.5 倍。预计 2014 年法国的电子商务总营业额将达到 575 亿欧元，比 2013 年增长 12％左右。

F.2.2.3 德国

根据德国电子商务与远程销售协会（BVH）公布的数据分析，2013 年德国电子商务销售额增长超过 39%。德国、瑞士和奥地利的电子商务研究报告显示，2012—2013年两年时间里，德国电子商务平均增速超过 35%，显示出德国网上交易的快速发展趋势。

根据对消费者的调查，德国在 2013 年以 B2C 模式给消费者售出 391 亿欧元的实物商品，比 2012 年增长 41%。机票、旅行团、演唱会门票或火车票等非实物类电子商品的成交额为 106 亿欧元，比上年上升 9%。电子商务交易中，第一类热销产品为服装、纺织品和鞋帽，销售额达 158 亿欧元（增长 3.7%）；书籍、音像产品等媒体产品占第二位，销售额为 101.12 亿欧元（增长 128%）；第三类是消费类电子产品，达 47.15 亿欧元，销售额下降 6%；家用电器的销售量达到 31.78 亿欧元，增长 46.1%，占第四位。

另有研究显示，德国电子商务在所有年龄段消费群体中，60 岁以上的目标群体表现得最为明显。与 2012 年相比，这个年龄段在网上的订单份额大幅上升近 20%。他们尤其热衷于通过移动设备和 APP 应用程序进行网购。

大量数据和案例表明，德国以互联网和产品目录电话订购为主要形式的交互式交易为越来越多的消费者接受，营业额正在高速增长，尤其在零售行业表现更为突出。为此，通过各种方式，为客户提供最佳的购物体验是成功的关键所在。BVH 预计，2014 年德国的电子商务总成交额将超过 558 亿欧元。

F.2.2.4 英国

英国零售商协会（BRC）发布的数据显示，2013 年英国电子商务销售额增幅在15%～16%之间，且增长速度在短时间内不会放慢。网上购物已经成为英国人日常生活的一部分，成为采购的重要途径。

预计 2014 年英国网上零售市场将增长 17%，网上销售额预计将实现 1435 亿欧元。

相对于欧洲其他国家，英国的移动电商成长速度尤其惊人，通过移动设备产生的销售逐年上涨。2010 年移动电商销售占整个网络零售的 0.9%，2011 年这一数字上涨到 4%，2012 年占比达到 12%，而 2013 年创下 22.7% 的新高。根据英国电子零售协会（IMRG）及商业技术咨询公司 Capgemini 调查数据分析出的英国电子零售报告指出，移动电子商务在英国整个网络销售中的占比，已从 2012 年的 15% 达到 2013 年的 20%以上。也就是说在三年时间内，移动电子商务从占到在线购物营业额的 4% 徒增到20%。随着互联网的使用不断从 PC 端转移到移动端，不可避免的就是移动端将超过PC 端成为网购的首选设备。

IMRG 及 Capgemini 的数据显示，2010 年通过移动设备访问电子商务网站的用户数占比为 2.6%，2011 年增长到 8.2%，2012 年为 21.3%，2013 年已经达到了 30%，即三个网购中有一个订单是通过移动设备下达的。大约 40% 的手机和平板电脑都能访问电子零售网站。在线零售额中 25% 的份额是由移动端下的订单。图 F-14 显示出英国移动电子商务迅速发展的趋势。

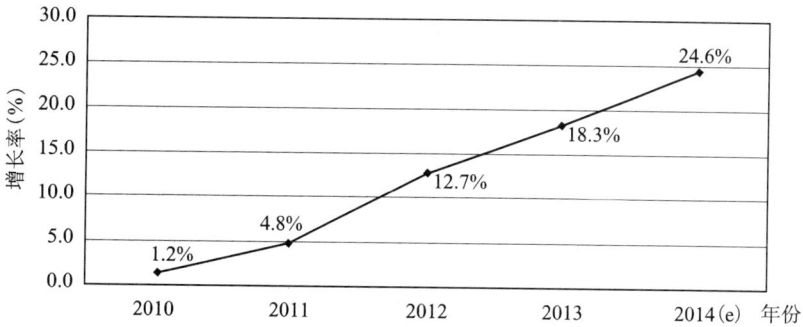

图 F-14　2010—2014 年英国移动电商销售增长率

资料来源：邢镔，欧洲电子商务市场数据分析，中国旅法工程师协会（ACIF）电子商务专业委员会。

F.2.2.5　瑞典

相比较而言，瑞典的电子商务总额不高，但人均却不低。IAB 和 Swedma 的数据显示，瑞典是一个移动互联网发展程度较高的国家，约 80％的年龄在 15～65 岁的网民拥有智能手机，36％的人使用平板电脑。Capgemini 的数据显示，瑞士网民的移动电子商务行为中，首先是下载和使用 App 应用，然后通过搜索引擎搜索产品信息，之后在购物前进行比价操作。大约有 1/3 的网民下载使用优惠券，有 20％左右的人会点击手机/平板电脑上的商品广告，有 86％的瑞典企业已经在开展移动营销，有一半左右的企业计划 2014 年将加大移动电子商务方面的预算，其中有 23％的企业会有比较大的投入，以适应用户逐步转向移动电子商务的需求。这些数据都预示着移动电子商务在瑞典将得到迅速发展。

F.2.3　日本电子商务发展状况

日本移动互联网用户数量呈现逐渐上升的趋势，据估计，日本移动互联网用户数量在 2016 年将达到 930 万，而在 2011 年仅 600 万的移动互联网用户（参见图 F-15）[①]。

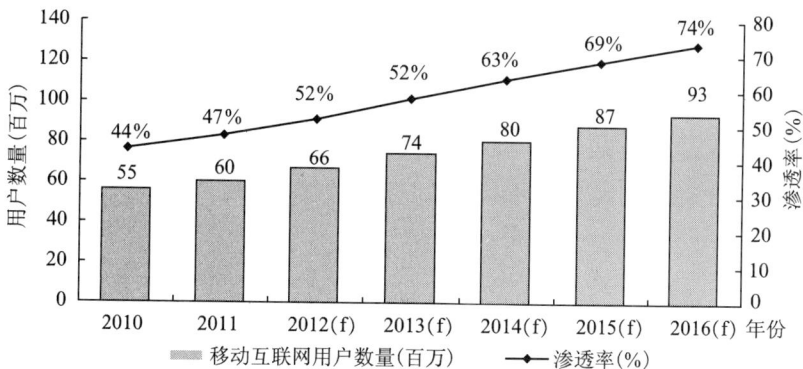

图 F-15　日本移动互联网用户数量及渗透率

日本 B2B 广义电子商务市场规模在 2012 年达到 2 620 540 亿日元，同比增长

---

① 　yStats. Japan B2C E-Commerce Report 2013 ［R/OL］（2013-02）. http://www.ystats.com/uploads/report_abstracts/1007.pdf.

25.7％，而狭义电子商务市场规模在 2012 年达到 1 784 720 亿日元，同比增长 17.5％（参见图 F-16）[1]。而 B2C 市场规模在 2012 年达到 95 130 亿日元，同比增长 3.11％（参见图 F-17）[2]。

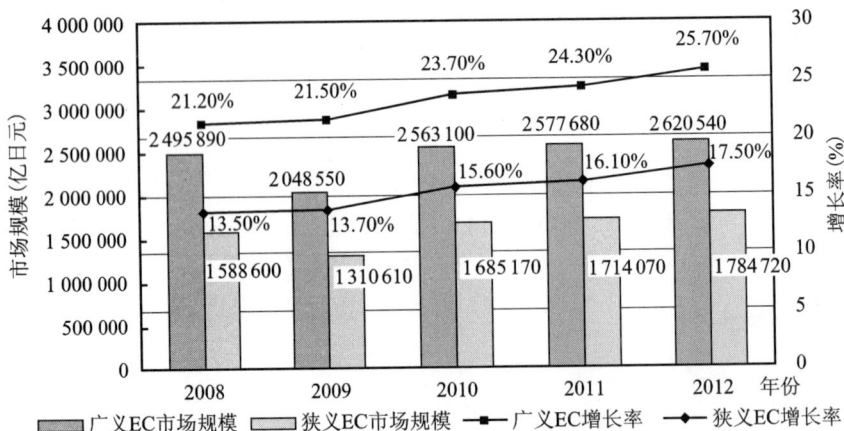

图 F-16 日本 B2B 市场市场规模和增长率

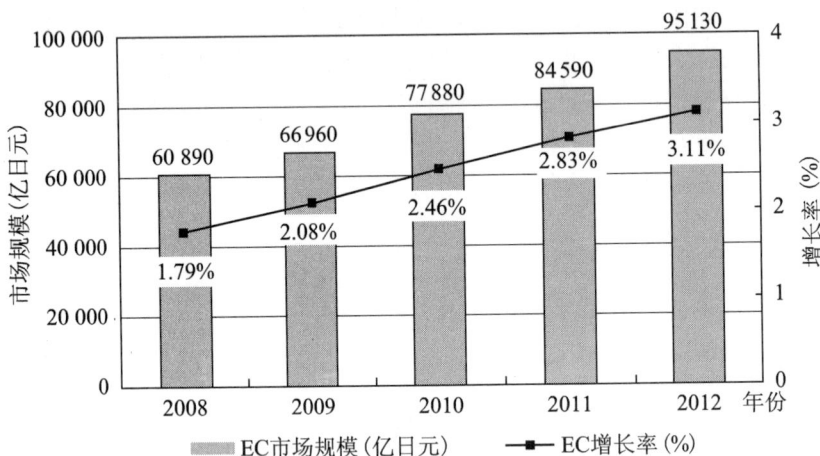

图 F-17 日本 B2C 市场规模和增长率

在日本宏观经济低迷的背景下，电子商务尤其是 B2C 显示出很强的发展活力。2013 年日本的电子商务发展主要呈现出以下几个特点：

1）日本国内电子商务三强鼎立

日本电子商务巨头乐天（Rakuten）拥有约 500 名电子商务顾问，为 4 万家店铺提供全方位支持。从网站设计到销售方式都能进行非常详尽的咨询讲解，乐天大学让新开店者学到各种网络和营销知识。乐天卡、乐天银行、乐天证券等金融部门和乐天旅游等购物以外部门的点数都可以通用，实现了相互促进效果。包括金融在内的"乐天

① 日本经济产业省. 平成 24 年度我が国情报经济社会における基盘整备（電子商取引に関する市场调查）报告书［R/OL］（2013-09-27）. http://www.meti.go.jp/english/press/2013/0927＿04.html.
② 日本经济产业省. 平成 24 年度我が国情报经济社会における基盘整备（電子商取引に関する市场调查）报告书［R/OL］（2013-09-27）. http://www.meti.go.jp/english/press/2013/0927＿04.html.

经济圈"以乐天市场为核心，为维持和提升店铺质量，所需资金全部来自开店费和销售加盟费。

亚马逊日本采取直销模式，销售自己采购的多达 5000 万种的商品。亚马逊在日本国内拥有充足的物流基地，正在增加商品在订购次日就能送到客户家里。现在还与家电及食品厂商合作，尝试开发亚马逊专用的"限量商品"。

相对落后的雅虎日本最近决定不再征收开店费和根据营业额缴纳的加盟费，奋起直追乐天市场和亚马逊日本。雅虎日本的策略是通过"免费"来逆袭两强。雅虎日本还将通过增加"哪些人买过什么"等购物记录，推出精准度更高的网络广告。除电子商务业务外，雅虎日本还将重新审视媒体业务，经营战略转向依靠广告而不是手续费来盈利。实施免费政策后，低质量的开店者肯定会增多，能否同时维持网站的质量，这将决定雅虎日本电子商务今后的发展方向。

2）日本电子商务企业积极开拓新的市场

日本电子商务巨头乐天（Rakuten）以 2 亿美元收购视频网站 Viki。乐天的业务并不局限于电子商务，而是要强化在日本和全球的生态系统。为了与亚马逊等对手竞争，乐天过去两年在全球积极扩张，其中包括巨额投资社交书签网站 Pinterest 以及 3.15 亿美元收购 Kobo 电子书业务。该公司现已挺进 13 个市场。

3）社交软件和运营商进军移动电子商务

日本人气社交软件 LINE 以智能手机为平台进军电子商务。它将推出个人用户之间的服饰、杂货类的交易。LINE 的手机网购服务已经在日本上线，之后将推向海外市场。另外 LINE 还将在年内开展音乐下载服务、研发视频通话等功能，进一步拓展业务范围。

日本最大的电信运营商 NTT DoCoMo 日前正式进军电子商务业务，在其定制的手机上提供一项名为 D-Shopping 的电子商务业务。D-Shopping 中出售的商品以快速消费品为主，包括水、饮料等食品，清洁剂、洗发水等生活用品，以及有机蔬菜直销商品等共计 10 万件商品。运营商进军电子商务虽不足以对日本电子商务巨头乐天和亚马逊构成实质威胁，但是在日本老龄化日趋严重的形势下，它可以凭借日本最大的移动互联网入口、无需注册、使用手机话费进行支付等优点很快被老年人所接受。

4）积极拓展海外市场

日本电子商务巨头乐天在收购美国网络零售商 Buy.com 以后，正在进军美国市场，试图以不同于亚马逊的商业模式挑战后者的霸主地位。乐天首席执行官三木谷浩史（Hiroshi Mikitani）指出，该公司是否能在美国市场上占据更大的份额，关键在于能否对以商铺为中心的战略进行再创造。

日本领先的电子商务平台乐天在西班牙开设一个新的在线商城，销售通常的日用百货，门类包括鞋类、衣物、电子产品和食品。考虑到西班牙人并不经常使用互联网作为商业往来的方式，所以这是一个有待开垦的市场。

作为日本规模最大的电子商务平台，日本乐天集团电子商务登陆奥地利。乐天的奥地利网店将作为国际互联网电子商务平台，主要是为店主提供现成的网上店铺以及支付结算和交易管理服务，乐天还为本网市场订购的所有商品承担支付失败风险。它将通过收取租金和交易手续费实现赢利。这势必会对目前已主导奥地利大部分网络销售业务的德国电子商务企业形成强有力的竞争。

日本住友集团与一家总部设在越南南部胡志明市的电子商务公司签订协议，购买该公司30％的股权，进军越南市场。报道说，住友是日本在线交易平台最大的集团之一，该公司正有效运行一个主营食品杂货等产品的电子商务系统，并基于客户信息收集活动而推出适合的销售策略，而该销售策略将在越南应用实施。

5）开展跨境电子商务业务

近日，日本邮政和新加坡邮政合作，对日本电子商务公司的海外销售业务提供一项新型电子商务贸易商交付服务（EFFECT），它由新加坡邮政 Quantium Solutions 日本子公司运营，并承诺向从事海外销售的客户提供"综合货运支持"，这项服务将提供一站式物流服务，电子商务贸易商可以简化从仓储到交付的流程。该服务可处理小规模交易，降低外包成本，有利于计划向海外扩展电子商务业务的中小型电子商务贸易商。

F.2.4 印度电子商务发展状况

印度电子商务市场总额在2013年达18亿美元，增长率为55％。

1）印度国内网络电子商务公司的发展

表F-6显示了印度国内网络电商 Flipkart 和 SnapDeal 的主要措施。

表F-6 印度国内网络电商 Flipkart 和 SnapDeal 的主要措施

	Flipkart	SnapDeal
融资	通过现有投资者完成了新一轮2亿美元的融资。这也是 Flipkart 迄今为止开展的规模最大的一轮融资	已经获得由 eBay 领投的5000万美元融资
品牌建设	推出了自己的时尚品牌 Flippd，这是 Flipkart 推出的第二个自有品牌，主要产品是男装和男鞋，之后将扩展到包括女装及配饰在内的综合品牌	
电子支付	经过一段时间的试运营以后，向普通大众开放了电子支付服务 Payzippy。Payzippy 的崛起能够激励更多印度人进行网络购物	推出自己的支付系统 Klickpay。但是目前这个支付系统仅在 Snapdeal 的购物网站上作为一个支付手段，但是不排除将来能成为 Paypal 那样适用于任何电子商务平台的支付系统
快递服务	满90卢比当日送达服务	正式推出当日送达服务。如果顾客在当天下午1点钟之前订购符合条件的产品，Snapdeal 将保证货物在订购的当天送到顾客手中

2）在印度的国外网络电子商务公司

（1）亚马逊。亚马逊（Amazon）在印度正式开通电子商务服务市场，印度的亚马逊官方网站（Amazon.in）已正式上线，售卖纸质书籍、电影和电视剧的 DVD 和蓝光版本以及电子产品。亚马逊印度是亚马逊公司第10个针对国别的亚马逊市场。亚马逊在印度设立了第二个仓储物流中心。目前为止修建的这两个仓储配送中心都能储存数百万的货物，能够帮助亚马逊在这些区域加快配送速度。亚马逊此举是为了给商家提供物流基础设施,从而帮助亚马逊的卖家更快发货。亚马逊可以给卖家提供平台仓储物流一站式服务,大大提高卖货效率。

(2)eBay。eBay 印度公司表示将推出 9 小时到货服务,而且不需要支付额外的运输费用,这项服务将首先对热销电子产品品类展开推广。

(3)敦煌网。中国在线外贸平台敦煌网已与印度最大的物流服务公司 DTDC 及服务印度市场的物流公司 DNJ 达成了三方合作,以进一步开拓印度市场。DTDC 除了负责中印国际物流,还将在印度当地建立实体店以展示来自敦煌网的中国产品。而敦煌网将负责提供中国制造的优质产品,DNJ 则作为 DTDC 的合作伙伴,协助 DTDC 完成订单处理、出口运输等工作。

3)物流业的发展

(1)GeoPost 收购 DTDC 股份以拓展印度业务。法国快递包裹公司 GeoPost 近日以 2000 万欧元的价格,收购了印度包裹投递公司 DTDC Courier & Cargo 39.5% 的股份,进入了印度市场。这项战略投资将提升 GeoPost 在印度的地位。此前,该公司只运营着小型合资公司,收购将使 DTDC 的业务与全球市场相连接。

(2)印度 DTDC 新设物流公司服务电子零售商。目前,印度快递公司 DTDC Courier & Cargo 新设了一家专业的物流公司 DotZot,致力于为国内电子零售商提供投递等多项服务。它将是印度国内第一家专为电子商务打造的专业物流公司,业务将覆盖 2300 个城市。其战略意图是为其电商合作伙伴们提供一整套完整的订单履行服务,包括从仓库挑选并包装商品以及运输和投递交付。

F.2.5 韩国电子商务发展状况

韩国电子商务中 B2B 的交易总额占到 90% 以上的份额,而且每年保持了较高的增长率,而 C2C 的交易总额虽然占比很小,却保持了 20.6% 这一非常高的增长速度(参见表 F-7)[①]。

表 F-7 韩国电子商务不同交易类型的交易状况

	2011 年		2012 年		比 2011 年	
	总额 (10 亿韩元)	占比(%)	总额 (10 亿韩元)	占比(%)	变化额 (10 亿韩元)	变化率(%)
B2B	912 883	91.33	1050 985	91.81	138 103	15.1
B2G	58 378	5.84	62 259	5.44	3 880	6.6
B2C	18 533	1.85	19 641	1.72	1 108	6
C2C	9 788	0.98	11 804	1.03	2 016	20.6
总额	999 582	100.00	1 144 689	100.00	145 107	14.5

资料来源:韩国国家统计局,2014 年 3 月。

2013 年韩国在促进电子商务发展方面主要采取了以下措施:

---

① South Korea National Statistical Office. E-commerce and Cyber Shopping Survey in 2012 and in the Fourth Quarter 2012〔EB/OL〕(2013-02-27). Statistics Korea Website:http://kostat. go. kr/portal/english/news/1/12/2/index. board? bmode＝read&bSeq＝&aSeq＝286507&pageNo＝1&rowNum＝10&navCount＝10&currPg＝&sTarget＝title&sTxt.

1）物流业出现行业整合，拓展国际业务

韩国最大的两家快递包裹及物流公司——CJ 韩国快递公司和 CJ GLS 公司将合并为一家营业额达 35 亿美元的公司。合并后的公司将成为快速扩张的消费品集团公司的物流子公司，在韩国市场占据主导地位，以进一步拓展亚洲乃至世界市场。公司今后的目标是把"零售和物流"打造成食品、生物制药和娱乐媒体之外的另一核心业务领域。

2）本国企业积极进军海外市场

（1）韩国电商 Elevenia 进军印尼市场。韩国领先的在线和移动服务平台供应商 SK Planet，宣布推出其开放性电商平台"Elevenia"，正式进军东南亚增长最快的市场——印尼。作为一个开放性电商平台，Elevenia 将提供 24 小时全天候的服务，以尽可能地方便顾客。届时将有 55 万种产品在 Elevenia 上销售，包括时装、化妆品、婴童用品、电器、家具用品、音乐产品和书籍等。

（2）韩国真露借道电商拓展中国市场。韩国海特真露集团与中国国内最大的酒类电商酒仙网在北京正式宣布结成战略合作伙伴关系。此次合作是酒仙网与洋酒生产厂商最紧密的一次战略性合作，预示着酒仙网从此前专注于国内市场，逐渐进入洋酒电子商务这一全新领域。真露酒借酒仙网的渠道优势，成功抢占创新渠道营销制高点，进一步打开在华销售新局面。

3）政府出台各项政策促进网购便利化

（1）改革电子证书制度，打通跨国网购。韩方正在探讨相关方案，使国外买家不用下载控件或电子证书也可以登录韩国购物网站购买商品，通过输入 VISA、Master 等国际通用信用卡卡号购买物品。而现在韩国的电子证书制度过于繁冗，阻碍了中国消费者在中国境内登录韩国购物网站消费。

（2）韩国斥巨资开发 5G 服务。据媒体报道，韩国政府宣布将投资约合 16 000 亿韩元着手开发 5G 移动互联网服务技术，韩国科技部的目标是在六年之内建成新一代的 5G 网络，提供比 4G 网络快 1000 倍的无线上网速度。5G 网络的用户可以在 1 秒钟内下载一部 800M 的电影，而在 4G 网络下需要 40 秒。韩国科技部称，如此之快的速度可以帮助韩国企业赢得海外交易订单。

（3）韩国计划 2015 年完全取消移动用户入网费。韩国科技部、信息与通信技术部、未来规划部提出，到 2015 年完全取消用户签约移动服务时所交的费用。未来规划部估计，这项计划将为移动用户节省高达 5000 亿韩元。

编 后 记

　　《中国电子商务报告（2013年）》（简称《报告》）于4月8日清晨终于完稿。整个编写过程经历了5个月。中国电子商务的高速发展使得对于这一壮丽的历史画面的描写，即使是素描，也变得非常困难。

　　2013年是中国电子商务震撼整个中国，乃至整个世界的一年。在这一年中，我们不断听到电子商务所带来的激动人心的消息：中国网络零售交易额跃居世界第一，中国单日的网络零售额创造了世界纪录；中国电子商务总交易额突破10万亿元人民币大关，增长速度保持在25％以上；互联网金融迅速崛起，倒逼传统金融领域改革；而二维码、打车软件、微信支付的普及，又使得成千上万的中国人真正感受到电子商务带来的低价和便捷。

　　中国的电子商务已经成为中国在世界市场上具有较大影响力的行业。身处这样一个蓬勃发展的新兴行业之中，《报告》编写组的全体成员深深感到责任的重大。党的十八大报告指出，综观国际国内大势，我国发展仍处于可以大有作为的重要战略机遇期。在世界市场虚拟化的大环境下，把握这个战略机遇期需要有互联网的思维和勇于改革的勇气。通过《报告》的编写，反映中国电子商务的最新进展，深入分析互联网市场带来的百年一遇的战略机遇，宣传电子商务的新理念，引导全体人民积极投身到电子商务的创新活动中，从而实现中华民族伟大复兴的中国梦，这是编写组成员义不容辞的历史责任。

　　《报告》坚持"全面、务实、权威、明确"的原则，全面反映了2013年中国电子商务的最新发展，科学总结了电子商务实际运作中的新特点和出现的新问题，客观评述了电子商务对国民经济的深层次影响，前瞻性地描述了电子商务未来发展的趋势，为电子商务的业内人员和即将参与电子商务活动的各界人士提供了很好的参考。

　　2014年4月，《报告》经过多次电子邮件征求意见后，连续召开了不同行业、不同领域的专家、学者和从业人员参加的研讨会，通过严格的评审，完成最后的鉴定。

　　中国国际电子商务中心承担了本《报告》编写的具体组织工作。中心领导悉心指导，有关工作人员本着对中国电子商务发展的高度责任感，在专家联系、研讨会安排、稿件审查等方面投入了大量时间和精力。

　　在本《报告》撰写过程中，得到国家统计局、工业和信息化部、中国电子商务协会、中国互联网协会、各省市自治区政府管理部门的大力支持；中国互联网络信息中心、艾瑞咨询集团、易观国际、赛迪集团等咨询机构提供了大量的数据资料；同时也参考了大量有关部门的研究报告和资料。在此，谨向相关单位和人士表示诚挚的感谢。

每年出版的《中国电子商务报告》已经在国内外产生了较大的影响。2014年3月24日，当《中国电子商务报告（2012）》英文版在联合国国际贸易法委员会第三工作组《跨境电子商务交易网上争议解决：程序规则》起草工作会议上发放时，引起各国代表的高度关注。《中国电子商务报告》将不断提高撰写水平，形成自己独特的风格和体系，更好地发挥宣传和推动作用。编写组希望继续得到广大读者的批评、指正与帮助，以使本书的质量进一步得到提高，在中国电子商务发展中发挥更大的作用。

主　编

2014 年 4 月 22 日

《中国电子商务报告(2013)》版权声明

本书聘请上海泛洋律师事务所刘春泉律师为法律顾问,相关著作权等民事权益归商务部所有,受法律保护。未经许可的盗印、复制、发行、信息网络传播、销售盗版图书等均为侵权行为。任何人发现侵权行为均可向法律顾问、商务部或中国商务出版社举报。对于提供线索并查证属实的,将按照权利人实际获得侵权赔偿的一定比例予以奖励。

举报电话:021-33771200

E-mail:springlaw@hotmail.com